Zu diesem Buch

Immer mehr Väter werden nach Trennung oder Scheidung zu «Besuchsvätern» mit spärlichen Vater-Kind-Kontakten. Manche Väter, vor allem die ohne Trauschein, dürfen ihre Kinder gar nicht sehen. Väter machen sich nicht nur überflüssig. Väter werden auch überflüssig gemacht: von ihren ehemaligen Partnerinnen, von Anwälten, Jugendamtsmitarbeitern, psychologischen Sachverständigen und Richtern.

Der Autor beschreibt die Gefühle, die gesellschaftliche und rechtliche Lage von Vätern nach einer Trennung. Die Absurditäten des Familienrechts werden mit vielen Beispielen und Urteilen dargestellt.

Väter ohne Kinder finden zahlreiche juristische und praktische Ratschläge: Was tun bei «Umgangs-Boykott»? Wie umgehen mit den professionellen Trennungsbegleitern? Wie argumentieren gegen das «Kinder-brauchen-ihre-Ruhe-Credo»? Wie mit der verbliebenen «Besuchszeit» sinnvoll umgehen? …

Väter ohne Kinder ist ein Plädoyer für lebendige Beziehungen zwischen Vätern und Kindern vor und nach Trennung oder Scheidung. Ein Buch für Väter, Mütter und berufliche Trennungsbegleiter.

Aus dem Inhalt:
Mein Kind, dein Kind, unser Kind
Aufbruch im Familienrecht?
Kinder und Väter ohne Trauschein leben gefährlich
Zehn Tips für Väter ohne Trauschein
Kuhhandel um das Kind
Hinweise für den Umgang mit Anwälten,
Jugendamtsmitarbeitern, Gutachtern
Warum grenzen Mütter Väter aus?
«Wie fühlt sich das eigentlich an, Vater zu sein»?
Kinder ohne Väter
Väter auf Visite – Stunden gehetzter Zärtlichkeit
Perspektiven für Teilzeitväter
Weniger Streit durch mehr Hilfe und Beratung

Andreas Schmidt, Studium der Sozial- und Wirtschaftsgeschichte, Soziologie, Psychologie und Volkswirtschaftslehre, lebt als freier Journalist in Hamburg. Veröffentlichungen in Zeitschriften und Zeitungen, Redakteur im Hörfunk. *Väter ohne Kinder* ist seine erste Buchveröffentlichung.

Andreas Schmidt

Väter ohne Kinder

Sorge, Recht und Alltag
nach Trennung oder Scheidung

rororo
Rowohlt

rororo Mit Kindern leben
Lektorat Bernd Gottwald
Redaktionsassistenz Sven Brouwers

Umschlaggestaltung Peter Wippermann/Jürgen Kaffer
(Foto Anthony A. Boccaccio/The Image Bank)

Für Anna-Sophie

Originalausgabe
Veröffentlicht im Rowohlt Taschenbuch Verlag GmbH,
Reinbek bei Hamburg, Juli 1993

Satz Times PostScript Linotype Library, PM 4.2
Langosch Grafik + DTP, Hamburg
Gesamtherstellung Clausen & Bosse, Leck
Printed in Germany
1290-ISBN 3 499 19398 1

INHALT

Einleitung

«Es ist eines der fundamentalsten Grundrechte der Menschen, Kontakt zu ihren Eltern bzw. der Eltern zu ihren Kindern zu haben.»
(Willi Butollo, Psychotherapeut).

«Wenn Väter ihre Kinder nach Trennung oder Scheidung kaum oder gar nicht mehr sehen dürfen, liegt das dann nicht an ihnen, den Vätern?» – «Haben diese Väter ihren Nachwuchs nicht auch schon vorher links liegengelassen?»

Diese Fragen wurden mir während der Recherchen zu diesem Buch immer wieder gestellt. Kein Wunder: Alltägliche Vaterlosigkeit, für die Väter verantwortlich zeichnen, ist weit verbreitet. Souverän jonglieren viele Väter in der Firma mit Millionenbeträgen. Aber wenn man sie nach dem Namen des Klassenlehrers oder nach den drei besten Freunden ihrer Kinder fragt, müssen sie passen. Im Haushalt und in der Familie beschränken sie sich auf seltene Gastauftritte. Für Kinder sind diese Väter rätselhafte Randfiguren. Mutter berichtet von ihrem anstrengenden Leben, irgendwo da draußen, im Büro, im Flugzeug, auf der Autobahn. Präsent sind sie vor allem in Tagträumen, selten im lebendigen Miteinander.

«Väter ohne Kinder» – das Thema dieses Buches ist eine andere Form der Vaterlosigkeit: Es geht um eine unfreiwillige, eine nicht von Vätern gewählte Entfremdung von ihren Kindern nach Trennung oder Scheidung. Es geht um Väter, die mit dem Auseinanderbrechen einer Partnerbeziehung zu «Besuchsvätern» werden, zu «Schattenvätern» mit spärlichen Vater-Kind-Kontakten. Um Väter, die für ihre Kinder sorgen, die ihnen nicht den Rücken kehren wollen, auch jetzt, wo sie nicht mehr gemeinsam mit ihnen unter einem Dach leben. Aber sie dürfen es nicht. Ihr «Umgangsrecht» reicht nicht aus, um eine lebendige und liebevolle Verbindung aufrechtzuerhalten oder wiederaufzubauen.

Manche Väter werden vollständig von ihren Kindern ferngehalten. Für Väter ohne Trauschein heißt es nach Trennung von ihrer Partnerin besonders häufig: «Null-Umgang» mit dem Kind. Denn im Vergleich zu verheirateten Vätern räumt ihnen unser Bürgerliches Gesetzbuch nur ein eingeschränktes «Besuchsrecht» ein.

Auch ich war lange Zeit Vater ohne Kind. Verdrängen wollte ich meine Tochter, die bei unserer Trennung erst zehn Monate alt war, nicht.

Mir war klar, daß sie mich nicht vermißte. Ich vermißte sie! Ich wollte sie weiterhin begleiten, ihr zeigen, daß ich mit der Trennung nicht aus der Welt bin. Ich wollte meine Tochter weiterhin lieben dürfen. Aber wie?

Über ein Jahr schlugen alle Vermittlungsversuche fehl. Ich fühlte mich ohnmächtig und hilflos. Manchmal hatte ich auch eine mächtige Wut im Bauch. Aber erzwingen wollte ich nichts. So schwankte ich zwischen (wirkungslosem) Aktionismus – Briefe, Bitten, Telefonate; Gespräche mit Freunden, Verwandten, Pastoren, Trennungsberatern und Jugendamtsmitarbeitern – und Resignation. Immer fremder wurde mir meine Tochter. Konnte ich in Gedanken vorerst noch Situationen mit ihr nacherleben, reichte es später meistens nur noch für Momentaufnahmen, für das Bild des fröhlichen Babys im Hochstuhl, das auf meinem Schreibtisch steht.

Mit der Zeit kamen Zweifel: Wäre es vielleicht besser, meine Tochter zu vergessen? Sollte ich sie nicht «in Ruhe lassen», so, wie es mir eine Freundin geraten hatte? Meine Tochter kennt mich doch gar nicht mehr. Bin ich für ihren weiteren Weg nicht nur ein «Störfaktor», mit dem sie zwar Geburtsurkunde und Überweisungsträger, aber keine gemeinsame Geschichte verbindet?

Zum Glück kam es dann doch anders!

Mein Informationsstand sah nach der Trennung ungefähr so aus: Als nicht verheirateter Vater hat man wohl keine Rechte. Wie «rechtlos» ich war, aber auch, welche Möglichkeiten es gibt, Vater-Kind-Beziehungen zu wahren, das wurde mir erst nach einiger Zeit klar.

In Ortsgruppen der Verbände *Väteraufbruch für Kinder* sowie *DIALOG zum Wohle des Kindes* lernte ich Väter mit und ohne Trauschein kennen, denen es ähnlich ging wie mir. Ich traf auf Väter, die ihre Kinder lieben, die unter dem zunehmenden Sichfremdwerden leiden. Auf Väter mit minimalen oder keinen Kontakten zu ihren Kindern. Auf enttäuschte, traurige und mutlose Väter. Auf Väter, die ihre Kinder bereits aufgegeben hatten. Und auf Väter, die sich auf gar keinen Fall mit ihrem schmalen Umgangsbudget abfinden, die den Kontakt mit ihren Kindern nicht aufgeben und weiterhin in ihrer Elternverantwortung bleiben wollen.

Diese Väter erzählten von ihren Kindern, die am meisten unter der mangelhaften Kooperation ihrer Eltern leiden. Kinder wollen ihre Väter nach Trennung oder Scheidung nicht verlieren. Für ihre weitere Entwicklung brauchen sie eine gute, eine würdevolle Beziehung zu beiden Elternteilen. Mütter und Väter, die ihren Kindern den Kontakt zum anderen Elternpart versagen, schaden ihren Kindern in der Regel.

Die Väter redeten auch über ihre Gefühle, über ihre Sehnsucht nach den Kindern. Sie berichteten von den Problemen, aber auch von den Möglichkeiten, die ihnen und ihren Kindern die neue «Besuchsvater-Rolle» eröffnete. Die meisten Väter hatten über Jahre mit ihren Kindern zusammengelebt. Nach der Trennung fanden die Begegnungen gewöhnlich nur noch im Stundenmaß statt. Manche Väter mußten ihre Kinder vor verschlossener Haustür abholen. Bei anderen gestalteten sich die seltenen Zusammenkünfte zu konspirativen Treffen: einmal im Jahr, unter Aufsicht der Mutter, im Eiscafé oder in der großen Pause, heimlich, am Rande des Schulhofs. Mitunter betrachtete ihre frühere Partnerin schon Postkarten und Weihnachtsgeschenke als «störendes Element».

Wir sprachen auch über *unsere* Fehler, über *unsere* Versäumnisse: in der Beziehung mit unserer Partnerin und zu unseren Kindern. Väter ohne Kinder sind alles andere als «große Helden in Not»!

In den Diskussionen mit diesen Vätern, vor allem in den Gesprächen mit Dir, lieber Johannes, entstand die Idee zu diesem Buch. Es folgten Interviews mit Vätern, die nicht in einem Verein organisiert waren. In einer Großstadt wie Hamburg war es kein Problem, binnen eines Tages zwanzig Väter ohne Kinder für ein Gespräch zu gewinnen. Aber Väter ohne Kinder leben nicht nur in den Metropolen. Auch in Kleinstädten und auf dem Land sprach ich mit ihnen. Es gibt junge und alte Väter ohne Kinder. Sie sind verheiratet oder auch nicht. Väter ohne Kinder arbeiten in allen Berufen: als Bankkaufleute, Sachbearbeiter, Lehrer, Studenten, Akademiker, Arbeiter, Verkäufer, Pfarrer, Polizisten usw.

«Meine Ex-Frau möchte einen ‹eindeutigen› Schlußstrich unter unsere Partnerschaft ziehen.» – «Sie möchte mit sich selbst und mit den Kindern zur Ruhe kommen.» – «Sie befürchtet, ich würde ihre Beziehung zum neuen Partner stören und mit (ausgiebigen) Kontakten auch die Beziehung zwischen den Kindern und ihrem neuen sozialen Vater gefährden.» So oder ähnlich antworteten die meisten Väter auf die Frage, warum sie ihre Kinder nur selten oder gar nicht mehr sehen dürften.

Der Wunsch nach Abgrenzung, nach Ruhe ist verständlich: Die Gefühle der ehemaligen Partner schwanken nach der Trennung; depressive und aggressive Verhaltensmuster wechseln oft schlagartig. Man fühlt sich betrogen und verraten. Man ist verletzt, möchte sich mitunter auch rächen für die Verletzungen, für die nicht eingehaltenen Versprechen. In dieser labilen Phase treffen Mütter und Väter auf Trennungs- und Scheidungsbegleiter: auf Anwälte, Jugendamtsmitarbeiter, psychologische Sachverständige und Richter, die in der Regel keinerlei Versuche unternehmen, die Situation zu entschärfen. Meistens bewirken ihre «Interventionen» sogar genau das Gegenteil.

Wie professionelle Trennungsbegleiter dazu beitragen, daß Kinder einen Elternteil, zumeist den Vater, unnötigerweise verlieren, werde ich ausführlich darstellen. Auch die Arbeitsgrundlage dieser Berufsgruppen, den Rechtsrahmen, der Eltern nach Trennung oder Scheidung erwartet. Trennungs- und Scheidungsväter sollten sich mit einigen Paragraphen und mit der Arbeitsweise ihrer Anwender gut auskennen. Ich habe deshalb einige Gerichtsbeschlüsse und Hinweise zusammengetragen, die Vätern helfen können, die Beziehung zu ihren Kindern so lebendig wie möglich zu erhalten.

Vor jeder gerichtlichen Auseinandersetzung um das «Sorge- oder Besuchsrecht» sollten Eltern jedoch keinen Versuch auslassen, ihre Streitigkeiten selbständig und selbstverantwortlich beizulegen! Information, Beratung und Vermittlung können einen wichtigen Beitrag für bessere, längerfristige und frühzeitigere Lösungen leisten. Der Gang zum Gericht sollte *immer*, auch bei scheinbar «aussichtslosen Fällen», am Ende der Bemühungen um den Kontakt zum Kind stehen. Denn Anwaltsbriefe und richterliche Ladungen führen meistens zu mehr Streit, nicht zu mehr Kooperation zwischen den Eltern.

Ich empfehle allen Vätern, die zur Zeit Probleme haben, die Beziehung zu ihren Kindern aufrechtzuerhalten, zuerst das Kapitel 10 («Perspektiven für Teilzeitväter») und 11 («Weniger Streit durch mehr Hilfe und Beratung») zu lesen. Hier finden sich Anregungen für einen möglichst positiven Nachtrennungsalltag – für Kinder, Mütter und Väter. Auch festgefahrene Positionen können aufgebrochen werden. Oft bedarf es dazu der Hilfe sachverständiger und sensibler Trennungsbegleiter. Davon gibt es heute schon einige, vor allem in Trennungs- und Scheidungsberatungsstellen, mitunter auch in Jugendämtern und an Gerichten. Sie ermutigen getrennt lebende Eltern, wieder ins Gespräch zu kommen, damit ihre Kinder sowenig wie möglich belastet werden.

Auf diese Verständigung, auf diese Wiederherstellung der Dialogfähigkeit zwischen Mutter und Vater, kommt es vor allem an, wenn das Ende der Partnerschaft nicht zum Aus für die Kind-Vater-Beziehung werden soll. Sie ist der Schlüssel, mit dem Väter wieder zu Vätern *mit*

Kindern werden können. «Väter ohne Kinder» heißt nicht «Väter gegen alleinerziehende Mütter»! Das Buch wendet sich an Väter *und* Mütter, aber auch an professionelle Scheidungsbegleiter, Experten und Familienpolitiker.

«Väter ohne Kinder» ist ein Plädoyer für lebendige, für liebe- und kontaktvolle Beziehungen zwischen Vätern und Kindern vor und nach Trennung oder Scheidung. «Väter ohne Kinder» ist kein Lobgesang auf biologisches Vater-Sein. «Väter ohne Kinder» heißt *nicht* «Ein schlechter Vater ist besser als gar kein Vater». Ebensowenig heißt es «Leibliche Väter ohne Kinder gegen soziale Väter mit Kindern». Immer mehr Kinder wachsen mit sozialen Vätern, mit den neuen Partnern ihrer Mütter, auf. Mit diesen Vätern entwickeln viele Kinder liebevolle Beziehungen. Die sozialen Väter können für sie sogar wichtiger werden als die leiblichen. Das ist jedoch noch lange *kein* Grund, leibliche Väter, die ihre Kinder begleiten, die Väter bleiben oder werden wollen, wie einen Blinddarm zu entfernen – frei nach dem Motto: «Der eine ist jetzt nicht mehr wichtig für dich, mein Kind. Du hast jetzt ja einen anderen.»

Für Kinder ist die ungefährdete Beziehung zu Mutter und Vater in der für sie oft unverständlichen und verunsichernden Trennungssituation *besonders* wichtig. Sie wollen sich der Liebe und Zuwendung beider sicher bleiben können und beide lieben dürfen. Gerade jetzt wollen sie nicht auch noch einen der für sie wichtigsten Menschen verlieren.

Kinder können mit verschiedenartigen «Vaterbezügen» leben. Sehr gut sogar, vorausgesetzt, andere hindern sie nicht daran. Wenn ihre leiblichen und sozialen Eltern keine Tabus, keine undurchlässigen Grenzen aufbauen, ist es für Kinder ganz normal, daß ein anderer Vater mit ihnen zusammenlebt und ihr «richtiger» Vater woanders wohnt.

Viele Mütter und viele soziale Väter betrachten diesen Vater als Konkurrenten ihrer jungen Familiengemeinschaft. Und die beiden Väter des einen Kindes sind oft der Ansicht, nur eine, das heißt: *ihre* Monopolstellung sei für alle das beste. Kinder und Jugendliche, das zeigt auch das Gespräch mit Kira (S. 200ff.), sehen das anders. Sie können von ihren Vätern, die sie lieben, die sich für sie verantwortlich fühlen und die sie beständig und verläßlich begleiten, sogar profitieren.

Trennungsziffern steigen. In Zukunft dürften auch immer mehr soziale Väter zu Vätern ohne Kinder werden. Zur Zeit sind die Bindungen zwischen Kindern und sozialen Eltern durch unsere «Familienparagraphen» rechtlich ungeschützt. Auch für soziale Väter und Kinder darf das Ende einer Partnerschaft nicht zum Beziehungs-GAU werden. Genauso müssen die Bindungen zwischen Kindern und ihren leiblichen Vätern, die meist auch soziale Väter sind bzw. waren, abgesichert werden. Egal ob mit oder ohne Trauschein! Väter, die für ihre Kinder dasein wollen, stehen zu ihnen – auch nach erneuter Trennung ihrer Ex-Partnerin.

Auch Kinder, die aufgrund frühzeitiger Elterntrennung nie mit ihren leiblichen Vätern zusammengelebt haben, sollten diese kennenlernen. Und zwar nicht via Foto, sondern persönlich. Je früher, desto besser! Kinder wollen wissen, woher sie kommen. Beide Eltern sind ein Teil ihrer Identität. Mütter und Väter, die das bedenken, ersparen ihren Kinder später die oft aufreibende Suche nach dem «großen Unbekannten». Manche Kinder haben die Trennung ihrer Eltern nie miterlebt. Hier liegen sogar Chancen, behutsam eine Beziehung zum anderen Elternpart aufzubauen.

Es gibt allerdings auch eine nicht unbedeutende Anzahl von Kindern, die zu ihrem Wohl von ihren leiblichen Müttern und Vätern getrennt leben, wie die Lebensläufe vieler Adoptiv- und Pflegekinder zeigen.

Ich habe in diesem Buch bewußt auf die Darstellung «spektakulärer Fälle» verzichtet, obgleich es auch hier zahlreiche Beispiele gibt: Väter ohne Kinder, die aus ihrer Verzweiflung heraus ihre eigenen Kinder entführen; Morde und Selbstmorde infolge von Trennung und Scheidung (Experten gehen von mehr als tausend Fällen pro Jahr aus); Heimunterbringungen außerehelich geborener Kinder nach dem Tod ihrer Mutter trotz gewachsener Vater-Kind-Beziehungen, obwohl ihre Väter für sie sorgen wollen. Die Bannmeile (500 Meter) zwischen einem nicht verheirateten Vater und seinem Kind; die Haftstrafe für einen Vater, der sein Kind trotz eines gerichtlich verordneten Kontaktverbots auf der Straße ansprach und mit ihm ein Eis essen ging; der Vater, der in seinem Zorn über die willkürlichen Kontaktsperren seiner ehemaligen Partnerin gegen deren Haustür schlägt, sie beschädigt und vom Landgericht ein Ordnungsgeld von DM 500000 angedroht bekommt, sollte er die Mutter noch einmal «persönlich, telefonisch oder postalisch belästigen»...

Bei ausführlicher Darstellung dieser Fälle hätte der Eindruck entstehen können, daß Väter ohne Kinder und Kinder ohne Väter eine exotische Minderheit darstellen. Das sind sie aber schon lange nicht mehr. In diesem Buch geht es um die *alltägliche* Entfremdung zwischen Vätern und Kindern nach Trennung oder Scheidung. Es geht um ein Sichauseinanderleben, für das sich beide nicht entschieden haben: weder die Väter noch die Kinder.

Zuerst werde ich den familienrechtlichen Rahmen und die Arbeitsweise des Systems professioneller Trennungsbegleiter, anschließend die «lebensweltliche» Ebene darstellen. Ein «Quereinstieg» in das Buch ist aber ohne Probleme möglich. Die einzelnen Kapitel sind so gestaltet, daß sie auch für sich gelesen werden können.

Mein Dank gilt allen Vätern, Müttern und Kindern, die mir von ihrer Geschichte, von ihren Verletzungen und Ängsten, von ihren Hoffnungen und Fortschritten berichtet haben. Ihre Namen habe ich selbstverständlich verändert. Wichtige Einblicke vermittelten mir auch die Gespräche mit Wissenschaftlern und Trennungsbegleitern, die kein Blatt vor den Mund nahmen und deutliche Kritik an der Praxis unserer herkömmlichen «Trennungs- und Scheidungsabwicklung» übten.

Und ich danke Euch, Daniela, Inge, Johannes und Johannes, Karin, Marko, Norbert, Reinhold, Verena, Viktoria und Werner, für Eure Anregungen, für Eure Hilfe. Und für Eure Eingriffe, die mich zur rechten Zeit von Tastatur und Bildschirm entfernten.

1. Väter ohne Kinder

«Die Hälfte aller Eltern sind Väter.» So lautete vor einigen Jahren der Slogan einer Plakataktion. Wen wollte sie ansprechen? Die Väter, keine Frage. Freundlich wurden sie angemahnt: Verbringt mehr Zeit mit euren Kindern! Fühlt euch für sie gemeinsam mit eurer Partnerin verantwortlich und zuständig!

Väter ohne Kinder und Kinder ohne Väter hat es schon immer gegeben. Mutter sorgt, Vater schafft heran: Nach diesem Modell organisiert sich die Mehrzahl der Lebensgemeinschaften mit Kindern. Betreuung, Versorgung und Erziehung der Kinder liegen fest in den Händen der Mütter. Nur wenige Väter kommen hier über eine Nebenrolle hinaus. Väter assistieren in der Freizeit und am Wochenende.

«Die Hälfte aller Eltern sind Väter.» Würde dieses Plakat heute noch einmal gedruckt, müßte die Zielgruppe erweitert werden: um viele Mütter. Und um viele Trennungsbegleiter, die von den gescheiterten Partnerschaften anderer leben: Anwälte, Jugendamtsmitarbeiter, psychologische Sachverständige und Richter. Sie machen viele Väter nach Trennung oder Scheidung zu Vätern ohne Kinder.

Plötzlich wendet sich Mutter-Sein gegen Vater-Sein, erschweren Mütter ihren früheren Partnern die Kontakte mit *ihrem* Kind. Die meisten beruflichen Trennungsbegleiter sehen dabei hilflos zu. Häufig bestärken sie Mütter, die auf die alleinige Zuständigkeit für die gemeinsamen Kinder pochen, sogar noch in ihrem Abgrenzungsverhalten, in ihrem Mißbrauch von Elternrechten.

So wird Vater zum Zaungast, häufig sogar zur Nullnummer degradiert: zum Überweisungsträger, der gar keine Verantwortung mehr trägt für seine Kinder.

Überflüssige Väter?

Auf drei Eheschließungen kommt heute eine Scheidung. 150000 Kinder sind jährlich vom Ende der Partnerschaft ihrer Eltern betroffen. Trennung der Eltern, das bedeutet für die meisten Kinder: Trennung vom Vater. Aus ihrem täglichen Miteinander werden Besuchszeiten, werden Begegnungen im Wochen- oder Monatstakt.

Die Hälfte aller Trennungs- und Scheidungskinder verliert den Kontakt zu ihren Vätern *vollständig*; Väter mit Trauschein liegen unter, Väter ohne über dem Durchschnitt. «Hat Ihr Kind noch Kontakt mit dem leiblichen Vater?» Diese Frage stellte das Deutsche Jugendinstitut (DJI) im Rahmen der Umfrage «Familien 1984»[1] alleinerziehenden Müttern. 58,3 Prozent der ledigen und 40 Prozent der geschiedenen Mütter antworteten mit Nein.

Gemeinsame elterliche Verantwortung ist für die große Mehrheit der Eltern nach einer Trennung ein Fremdwort. Zu diesem Ergebnis kommt auch die Studie der Hamburger Soziologin Anneke Napp-Peters aus dem Jahre 1988: 41 von 100 Kindern haben keinerlei Kontakt mehr zum getrennt lebenden Elternteil. Nur bei jedem vierten Kind ist die Beziehung zum Vater nach Trennung oder Scheidung «eng und herzlich». Bei 54 von 100 Trennungseltern ist der Kontakt zum Ex-Partner vollständig abgebrochen, oft in weniger als zwölf Monaten.[2]

Die meisten Wissenschaftler sind sich in der Analyse dieser Untersuchungen einig: Verlieren Kinder ihren Vater nach Trennung oder Scheidung, liege das stets an den flüchtenden Vätern; die wollen sich nämlich nicht mehr um ihre Töchter und Söhne kümmern und schränken «von sich aus» den Kontakt ein, brechen ihn ganz ab oder lassen ihn gar nicht erst entstehen. In der Tat entziehen sich viele Väter ihrer Verantwortung und verlieren zunehmend Interesse an ihren Kindern. Auch dann, wenn ihre ehemalige Partnerin dem Kind-Vater-Kontakt nicht im Wege steht, ihn vielleicht sogar fordert und fördert. Immer wieder halten sie ihre Besuchszeiten nicht ein und tun so, als hätten sie kein Kind, das auf sie wartet. Wahrscheinlich machen diese Väter sogar die Mehrheit der *abwesenden* Väter nach Trennung oder Scheidung aus.

Doch Väter machen sich nicht nur überflüssig. Väter werden auch überflüssig gemacht.

Väter, die ihre Kinder aufgeben, *weil* ihre früheren Partnerinnen den Kind-Vater-Kontakt auf Sparflamme halten, die resignieren, *weil* sie als nicht notwendiger Umgangspapa ausgegrenzt werden, sind bisher von der Zunft der Väter- und Trennungsforscher kaum beachtet worden. Dabei hat der Anteil dieser Väter, die ihre Kinder *nicht von sich aus* links liegenlassen, in den letzten Jahren deutlich zugenommen.

«Gerade richtig» finden zwei Drittel aller alleinerziehenden Mütter die Zeit, die der Vater mit dem gemeinsamen Kind verbringt, fanden die Wissenschaftler vom DJI heraus. «Gerade richtig» – das bedeutet für viele Kinder und Väter: möglichst selten oder gar nicht. Denn 56 Prozent der alleinerziehenden Mütter versuchen, den nichtsorgeberechtigten Vater «soweit wie möglich aus der Erziehung der Kinder herauszuhalten», so ein Ergebnis der Umfrage. «Ein Drittel bis die Hälfte aller allein sorgeberechtigten Mütter sind negativ gegenüber dem väterlichen Umgangsrecht eingestellt», bestätigt Waltraut Walbiner vom Münchener Staatsinstitut für Frühpädagogik und Familienforschung.

Auch Mütter leisten also in Sachen Mager- bis Nulldiät für Väter und Kinder einen bedeutenden Beitrag. Auch sie drosseln deren Beziehungsmotor. Mitunter bringen sie ihn auch ganz zum Stillstand: Viele Mütter betrachten ihre Ex-Partner nach der Trennung als Unruhefaktoren auf ihrem Hoheitsgebiet und verhalten sich so, als gäbe es den Vater nicht mehr. Manche befürchten, Kind-Vater-Kontakte würden den Aufbau ihrer neuen Familie stören – der Vater würde das «neue Gleichgewicht» ins Wanken bringen.

Ein Verhaltensmuster mit Folgen: Bei Jugendämtern, Beratungsstellen und Gerichten häufen sich die Klagen von Vätern, denen der Kontakt mit ihren Kindern minimiert oder verwehrt wird.

Väter mit Kindern

Daß Kinder nach der Trennung bei ihren Müttern bleiben, finden die meisten Väter normal. Nur 20 Prozent beantragen im Scheidungsverfahren das alleinige Sorgerecht. Als Vollzeitverdiener wären die meisten Väter schon rein zeitlich nicht in der Lage, ihre Kinder alleine zu betreuen. Trotzdem möchte die Mehrzahl der Väter mit ihren Kindern weiterhin eine Beziehung aufrechterhalten.

Väter bewegen sich heute auf einem Terrain, das für vorangegangene Vätergenerationen mehr oder minder unbekannt war. Väter mit Kindern sind nicht nur Werbeträger für Waschmaschinen, Stilles Wasser und Lebensversicherungen. Auch im Alltag sind sie nicht zu übersehen: Auf der Straße bleiben sie stehen und putzen ihren Kindern die Nase. Am Wochenende gehen sie mit ihnen einkaufen. Man sieht Kinder und Väter auf Sport- und Spielplätzen, beim Radfahren im Stadtpark und in den Mutter-Kind-Abteilen der Bahn. Auch in der Kleinkindbetreuung stehen immer mehr Väter ihren Mann. Väter wissen nicht nur, was in den Windeln drin ist, sie wechseln sie auch.

Väter lassen sich immer selbstverständlicher auf ihre Kinder ein. Noch in den fünfziger Jahren hatten Väter, die mit dem Kinderwagen durch die Stadt schoben, einen hohen Unterhaltungswert. Heute nehmen die meisten an Säuglingspflege- und Schwangerschaftsgymnastik-Kursen teil. Neunzig von hundert Vätern sind bei der Geburt des Kindes dabei.

179 Minuten verbringen Väter (nach Angaben ihrer Partnerinnen) an einem durchschnittlichen Wochentag mit ihren Kindern unter dreizehn Jahren; Mütter kommen auf 416 Minuten, stellt die 1992er *Brigitte*-Untersuchung «Kinderbetreuung in Deutschland» fest.[3] Keine Frage: *Die Lasten der Kinder- und Familienarbeit sind unverändert ungleich verteilt!* Mütter übernehmen den Großteil der Versorgung, Väter konzentrieren sich auf Spiel- und Freizeitaktivitäten. Wenn das Kind zwei bis drei Jahre alt ist, erreicht ihr Pflege- und Betreuungsanteil, ihre Mithilfe im Haushalt das Maximum und sinkt danach stetig.

Solange Väter voll berufstätig sind, wird sich an der herkömmlichen Aufgabenverteilung zwischen Partnern mit Kindern nicht viel ändern. So lange werden die «neuen Väter» Randerscheinungen bleiben. Die Anzahl der Hausmänner beläuft sich auf wenige zehntausend. Nur jeder sechzigste Vater ist Erziehungsgeldempfänger, wobei 70 Prozent vor Inanspruchnahme nicht erwerbstätig waren. Den Anteil der teilzeitarbeitenden Väter beziffern Familiensoziologen auf 3 Prozent.

In Schweden sind die Väter schon weiter: Fast jeder vierte Vater nahm dort Mitte der achtziger Jahre «Elternurlaub», und zwar für durchschnittlich 47 Tage während des ersten Lebensjahres seines Kindes. Jeder dritte Tag, an dem sich schwedische Eltern bei Krankheit ihrer Kinder beurlauben ließen, wurde von Vätern genommen. Und jeder fünfte Vater mit Kindern unter sieben Jahren ging einer Teilzeitarbeit nach. Sechs Jahre lang haben schwedische Väter das Recht, ihre Erwerbsarbeit (ohne Lohnausgleich) um ein Viertel zu reduzieren.[4]

In Deutschland lohnarbeiten immer mehr Mütter, zumindest teilzeitweise: 72 Prozent der Mütter in den neuen und 50 Prozent der Mütter in den alten Bundesländern mit Kindern unter dreizehn Jahren sind berufstätig. Kindergärten, Kindertagesstätten und Kinderkrippen, Tagesmütter, Freundinnen sowie Oma und Opa übernehmen einen immer größeren Part an der Kinderbetreuung.

Bisher liegen in Deutschland keine Untersuchungen darüber vor, wie sich diese Entwicklung auf die Beteiligung der Väter in den Familien auswirkt. Der amerikanische Väterforscher Michael Lamb hat in Familien mit zwei erwerbstätigen Eltern folgendes festgestellt: Vaters Anteil an «direkter Interaktion» – der Vater liest seinem Kind etwas vor – mit den Kindern steige (bezogen auf die Aktivitäten seiner Partnerin) von 20 bis 25 Prozent auf 33 Prozent. In puncto «Verfügbarkeit» – der Vater liest Zeitung, das Kind spielt – verbesserten sich Väter von einem Drittel auf zwei Drittel. Unverändert, so Lamb, bleibe der Anteil an «Verantwortung» – der Vater weiß, wann sein Kind zum Arzt muß etc.: Er liege gewöhnlich bei null.[5]

Aktiv werden Väter vor allem nach Feierabend und am Wochenende. Ein Verhalten, das übrigens von den meisten Müttern (noch) gebilligt wird: «Die Zeit, die mein Partner mit den Kindern verbringt, finde ich gerade richtig», sagten 71 Prozent der Mütter in der Umfrage des Deutschen Jugendinstituts von 1984. Auch acht Jahre später geben zwei Drittel der Mütter in der *Brigitte*-Untersuchung an: «Mein Partner kümmert sich insgesamt genug um die Kinder.»

Verbindliche Vaterschaft erst nach Trennung oder Scheidung?

«Der Vater will in der Familie nicht den Platz einnehmen, den man ihm einräumt, aber er will sich auch nicht aus ihr entfernen. Er kommt nicht, und er geht nicht. Diese hartnäckige und eigentümliche Verweigerung einer richtigen Vaterschaft ist der wahre Kern der vielbeschworenen Krise der modernen Gesellschaft.»[6]

Das behaupten zwei Wiener Väterforscherinnen, die eine Politologin, die andere Kunstsoziologin. Väter, die für ihre Kinder wichtig sind, Väter, die sich um ihre Kinder kümmern wollen, gibt es für Cheryl Benard und Edit Schlaffer nicht. Die 1991er Auslese ihres Publikationsmarathons, «Sagt uns, wo die Väter sind», verstehen die beiden Leiterinnen der Wiener «Ludwig-Boltzmann-Forschungsstelle für Politik und zwischenmenschliche Beziehungen» als eine Dokumentation «männlicher Abwesenheit in fast unzähligen Varianten», als ein Porträt «überflüssiger Väter».

Zeit und Interesse für ihre Kinder entwickelten Väter erst *nach* der Trennung von ihrer Partnerin, meint das Vielschreib-Duo:

- «aber nur unter dem Gesichtspunkt der Kriegführung gegen die Mutter»,
- «weil sie ihr Bemühen um die Vaterrechte als Kampf gegen die Frau austragen»,
- «um so mehr, als sie sich als Rivalen der Mutter begreifen und deshalb alle Möglichkeiten nutzen wollen, um die Mutter ‹auszustechen›»[7].

Eine Analyse, die einer genaueren Betrachtung eigentlich nicht wert wäre. Denn das Väter-Sample, das die beiden Autorinnen vorstellen, genügt nicht einmal den Ansprüchen eines soziologischen Proseminars. Die 18 deutschen Väter, die im Buch zu Wort kommen, gehören folgenden Berufsgruppen an: fünf Manager, leitende Angestellte und Werbefachleute; zwei Unternehmer; ein «Medienzar»; ein Journalist; ein Gynäkologe; ein Intendant; ein Facharbeiter; ein Professor; ein Universitätsassistent; ein Student und ein Anwalt; ferner lernt der Leser noch einen beruflich nicht identifizierbaren «linken Sozialdemokraten» und einen Yuppie mit BMW und «Antiquitäten beladener Wohnung» kennen. Ein wahrlich repräsentatives Väter-Grüppchen (eigener Milieusaft?), das da mit den Wienerinnen über ihr Vater-Sein geplaudert hat...

Aber die Thesen von Benard und Schlaffer sind in der aktuellen familienrechtlichen Debatte ein durchaus einflußreicher Standpunkt: Vätern gehe es nach der Trennung *in erster Linie* um ihr «Recht als Erzeuger und Eigentümer des Kindes», um «Besitzansprüche» und «Verfügungsrechte», kurz: *um Macht.*

Väter, die für ihre Kinder Verantwortung übernehmen wollen, dies aber nicht dürfen, sind nach Ansicht solcher Diskussionszirkel ein zu vernachlässigendes Phänomen. Da ist allenfalls von «militanten Vätergruppen» und «Männerbünden» mit dem Stigma der Ewiggestrigen die Rede, die vor allem eines zum Ziel hätten: Sie wollten ihren Frauen das Leben zur Hölle machen. Und Väter bekommen zu hören, daß «in Einzelfällen die mangelnde Einsicht von Frauen in das Bedürfnis ihrer Kinder nach (weiterbestehendem) Kontakt zum Vater bedauert werden mag».[8]

Es mag einige dieser «militanten Väter» nach Trennung oder Scheidung geben. Gewöhnlich geht es Vätern jedoch um etwas anderes: Sie wollen die Beziehung zu ihren Kindern nicht abreißen lassen, wollen ihre emotionale Bindung durch regelmäßiges Miteinander aufrechterhalten. Es geht ihnen um Nähe, um Intimität, um Gegenwart mit ihren Kindern.

Viele Väter spüren sehr deutlich, daß es vor allem ihre Kinder sind, die unter den viel zu seltenen Treffen leiden. Daß Trennungs- und Scheidungskinder beständige und lebendige Beziehungen zum nicht sorgeberechtigten Vater brauchen, belegen mittlerweile Bibliotheken füllende Studien.

Gemeinsames Sorgerecht als Regelfall nach Trennung oder Scheidung? Sorgerechtliche Mitverantwortung für Väter ohne Trauschein? Oder wenigstens ein «Besuchsrecht» für nicht verheiratete Väter und ihre Kinder? Die meisten Interessenvertreterinnen von Alleinerziehenden-Organisationen, namentlich einige Spitzenfunktionärinnen des «Verbandes alleinstehender Mütter und Väter» (VAMV), winken rigoros ab, wenn solche Forderungen in der Öffentlichkeit diskutiert werden (s. S. 41ff.): Erst müsse der Vater seine Verantwortung in der Familie übernehmen, dann könne man über eine «Ausweitung von Väter-Rechten» sprechen, begründen sie ihre ablehnende Haltung.

«Wir brauchen keine neuen Gesetze, weil die Mehrzahl der Väter nicht an ihren Kindern interessiert ist», wird die VAMV-Landesvorsitzende in Nordrhein-Westfalen, Carola Schewe, nicht müde zu wiederholen. Außerehelich geborene Kinder haben ihrer Meinung nach nur ein «theoretisches Recht» auf ihre Väter. Und diese Väter sollten «nicht immer auf die Tränendrüse drücken», wenn sie ihre Kinder nicht sehen dürfen. Denn sobald die Kinder volljährig seien, könnten sie ja Kontakt zu ihnen aufnehmen …[9]

Daß väterliche Verantwortungs- und Versorgungsdefizite nicht durch starres Festhalten an althergebrachten – patriarchalischen ! – Paragraphenwerken, sondern auch durch eine Reform des Familienrechts aufgebrochen werden könnten, übersehen solche VAMVlerinnen. Eher vermitteln sie den Eindruck, vornehmlich für den Erhalt des Obhutsmonopols über ihre Kinder, nicht für mehr Väterengagement zu kämpfen. Ihre (zutreffende!) Kritik an väterlichen Versäumnissen wird oft zum Schlüsselargument, mit dem erziehungswillige und -fähige Trennungs- und Scheidungsväter, die sich mehr und verantwortlicher um ihre Kinder kümmern wollen, in die Schranken gewiesen oder vollständig ausgegrenzt werden.

Bei allem Klagen über desinteressierte Väter: Sind die interessierten überhaupt erwünscht? Oder sollen sie durch die steten Hinweise auf *die* flüchtigen Väter auf Distanz gehalten werden? Wieviel «väterliche Verantwortung» ist denn nötig, bis unser Familienrechtsrahmen, der viele Kind-Vater-Beziehungen nach Trennung oder Scheidung auf Eis legt, geändert werden könnte?

Und was würden diese Lobbyistinnen wohl Kindern aus nichtehelichen Lebensgemeinschaften sagen, denen unser «Familienrecht» nach Trennung ihrer Eltern nicht einmal ein «Umgangsrecht» mit dem Vater zusichert? Vielleicht: Mein liebes Kind, es tut mir leid, aber die meisten Väter sind noch nicht soweit. Erst wenn wir zwischen Frauen und Männern eine paritätische Aufteilung der Haus- und Familienarbeit erreicht haben, darfst du deinen Papa wiedersehen?

Mit diesem Aufrechnen kommen wir nicht weiter.

«Das ist etwas, was einem wirklich die Luft abschnürt»

Väter ohne Kinder – was denkst du, wenn du das hörst?

«Das hat mit der Geschichte unserer westlichen Gesellschaft zu tun. Bei der Mehrheit der Väter ist die Bereitschaft, für ihre Kinder zu sorgen, unterentwickelt. Es gibt jedoch viele Väter, da ist es genau umgekehrt: Die wollen, aber dürfen nicht für ihre Kinder sorgen. Unser Familienrecht schlägt die alle über einen Leisten.»

(Hans-Peter, 40, fordert für seine Ex-Partnerin und sich die gemeinsame elterliche Verantwortung)

«Menschen, die Empfindungen haben, die eine gemeinsame Geschichte mit ihren Kindern haben, werden daran gehindert, diese Beziehung zu leben.»

(Besuchsvater Dietmar, 37, hat drei Kinder)

«Wenn das so weitergeht, dann klingelt irgendwann ein 18jähriger an meiner Haustür. Ich sage: ‹Betteln und Hausieren verboten!› Und er sagt: ‹Ich bin dein Sohn!›»

(Clemens, 29, durfte seinen Sohn in den letzten drei Jahren nicht sehen)

«Das ist eine Verlassenheit auf beiden Seiten, die wir selbst angerichtet haben. Die nicht Kinder, sondern ihre Eltern angerichtet haben. Das ist etwas, was einem wirklich die Luft abschnürt.»

(Pastor Holger, 37, traut andere Menschen: «Aber niemand traut mir als nichtehelichem Vater zu, auch nach der Trennung von meiner Freundin für meine Tochter zu sorgen!»)

«Ich will es manchmal am liebsten ganz laut herausschreien: Ich empfinde genausoviel für meine Töchter wie meine Ex-Freundin! Aber da bin ich anscheinend ein Rufer in der Wüste.»

(Jens will sich im Verein «Väteraufbruch für Kinder» dafür einsetzen, den Vater auch in seiner Emotionalität wahrzunehmen. «Dazu brauchen wir andere Gesetze *und* ein anderes Väter-Bewußtsein!»)

Mein Sohn,
Es kommt auch Glück,
Wie wilder Mohn,
Vom Wind ein Stück.

Die Zeit
Vergeht nicht nur für mich,
Mein Herz das steht,
Denk ich an dich.

(Peer, 25, kann als Vater ohne Trauschein seit zwei Jahren nicht den Nachweis erbringen, daß «ein persönlicher Umgang mit dem Vater dem Wohle des Kindes dient»; § 1711 [2] Bürgerliches Gesetzbuch.)

«Ich muß mich als Vater rechtfertigen, daß ich mein Kind sehen will, obwohl das doch eine ganz natürliche Sache ist. Das ist nicht wiederbringbar, was uns da weggenommen wird.»

(Bodo, 42, Tischler, Null-Umgang)

«Ich habe meine Kinder im Regal auf Fotos, das ist alles. Ich kann mir auch alte Videoaufnahmen anschauen.»

(Michael, 35, hat seine Kinder im letzten Jahr nur einmal gesehen – während des Gottesdienstes, drei Bankreihen von Mutter, Tochter und Sohn entfernt).

«Vor allem nachts, wenn ich träume, oder in den ersten Minuten des Aufwachens, da gibt es verzweifelte Situationen über die Unsinnigkeit dieser Blockade. Die Trennung von meinen Kindern ist ja nichts Natürliches. Sie ist auf unnatürliche Weise, per Richterakklamation, herbeigeführt worden.»

(Rolf, 47, empfindet die juristische Formel «Umgangsrecht» als Zumutung für einen liebenden Vater)

Mein Kind, dein Kind, unser Kind

Glaubt man den Demoskopen, dann werden die Trennungs- und Scheidungszahlen in immer neue Höhen schnellen. Wird gelebtes Vater-Sein zum Auslaufmodell? Gehören Vaterlosigkeit und Verlust der väterlichen Verwandtschaft zur Normalbiographie der heranwachsenden Generation? Wird Vaterschaft zur «serial-monogamen Beteiligung an wechselnden Familieneinheiten», wie Benard und Schlaffer vermuten?

Oder stehen wir vor ganz neuen Formen familiären Zusammenlebens? Werden Mütter und Väter in Zukunft auch nach einer Trennung in ihrer gemeinsamen Verantwortung für die gemeinsamen Kinder verbleiben?

Das Grundmodell der lebenslangen Kernfamilie verliert seine Monopolstellung: Im April 1991 lebten in Deutschland zwei Millionen Kinder in knapp 1,5 Millionen «Ein-Eltern-Familien» – fast jede sechste Familie. 1272000 Frauen erziehen ihre *minderjährigen* Kinder (1748000) nach Angaben des Statistischen Bundesamtes alleine; zum Vergleich: 204000 Männer sorgen alleine für ihre Kinder (266000). Diese Zahlen stellen natürlich lediglich eine statistische Momentaufnahme dar; oftmals leben die erfaßten Mütter und Väter kurze Zeit später wieder mit einem neuen Partner zusammen.[10] Ilse Ridder-Melchers, Ministerin für Gleichstellung von Mann und Frau in Nordrhein-Westfalen, geht davon aus, daß heute jede vierte Mutter schon einmal alleinerziehend war oder derzeit ist.

Wissenschaftler schätzen, daß allein in den alten Bundesländern (Stand 1988) 600000 Kinder zusammen mit sozialen Eltern leben – 540000 mit einem «Stiefvater» und 60000 mit einer «Stiefmutter».[11] Manche beziffern die Anzahl der «Stieffamilien und stieffamilienähnlichen Lebensgemeinschaften» sogar auf 2,6 Millionen[12]. Von einem *System des Kindertauschs* ist bereits die Rede: «Wohnväter» oder soziale Väter folgen den leiblichen Vätern und werden zu «Alltagsstiefvätern» für die Kinder ihrer neuen Partnerin. Für ihre eigenen leiblichen Kinder werden sie «Besuchs- oder Teilzeitväter». Diese Kinder wiederum leben häufig mit einem neuen «sozialen Vater» zusammen.

In Zukunft dürften immer mehr Erwachsene auf einen verzweigten Familienstammbaum zurückblicken. Nach Trennung ihrer Eltern könnte er ständig gewachsen sein: Erst lebte das Kind mit Kai, seinem leiblichen Vater, und Mami. Dann alleine mit ihr. Später kam Stefan dazu, mit Julia, seiner Tochter aus erster Ehe. Der Kontakt zu Kai brach dabei nicht ab. Aber Mutter heiratete Thorsten, und von dem bekam sie noch Jim. Und Rita, aber da wohnte das Kind schon wieder bei Kai, besuchte regelmäßig seine Mutter und fuhr mit Stefan in Urlaub.

Familienäste verzweigen sich. Sie kreuzen sich. Manche Äste brechen auch ab. Wird es nach Trennung oder Scheidung weiterhin der Vater-Kind-Ast sein?

Das werden Mütter und Väter selbst entscheiden, vor allem ihre Fähigkeit, nach gescheiterter Partnerschaft die fortbestehende Elternverantwortung zu gestalten. Wichtig ist aber auch der «rechtliche Rahmen», der greift, wenn Familien sich trennen. Und wie seine «Anwender», die professionellen Scheidungsbegleiter, ihn in der Praxis umsetzen.

2. Aufbruch im Familienrecht?

«Die Menschen machen doch in der Regel genau das, was man ihnen vorschreibt – ob das nun das Sorgerecht oder nur der Sicherheitsgurt ist.»
(eine Mutter)

«Ehe und Familie stehen unter dem besonderen Schutze der staatlichen Ordnung.»
(Art. 6 Abs. 1 Grundgesetz)

Einander beizustehen, sich zu lieben, in guten wie in schlechten Tagen... Immer weniger Paare halten sich an ihr damaliges Versprechen. Auf drei Eheschließungen kommt Anfang der neunziger Jahre eine Ehescheidung. Dreißig Jahre zuvor lag das Verhältnis noch bei elf zu eins. In Hamburg und Berlin wird mittlerweile fast jede zweite «Dauerlebensgemeinschaft» vorzeitig beendet.

Bei jeder zweiten Scheidung geht es auch um Kinder. Familienrichter entscheiden in diesem Fall zumeist darüber, welcher Elternpart das Sorgerecht bekommt und welcher nicht. Ihre Arbeitsgrundlage ist der Paragraph 1671 aus dem Bürgerlichen Gesetzbuch: «Wird die Ehe der Eltern geschieden, so bestimmt das Familiengericht, welchem Elternteil die elterliche Sorge für ein gemeinschaftliches Kind zustehen soll», steht dort im ersten Absatz.

Weil zwei Partner sich trennen, wird einem von ihnen, «im Namen des Volkes», das Sorgerecht entzogen, muß einer seine elterliche Verantwortung einbüßen und erhält ein «Umgangsrecht», lautet die Philosophie dieses Verfahrens – dessen Ergebnis fast immer heißt: Mutter sorgt, Vater besucht. Neun von zehn Müttern erhalten die alleinige elterliche Sorge, oft sogar schon während der «Trennungszeit», mit einem «vorläufigen Sorgerechtsentscheid». Väter bekommen das nacheheliche Alleinsorgerecht zumeist nur dann, wenn ihre Kinder älter sind und sich für ein Zusammenleben mit ihnen entschieden haben. Viele Väter melden ihre Sorgerechtsambitionen gar nicht erst an: «Keine Aussicht auf Erfolg! Im Zweifelsfall kommt das Kind zur Mutter», bekommen sie von ihren Anwälten bereits im Vorfeld zu hören.

Ein Signal, das Trennungseltern anzeigt, wie wichtig und bedeutsam sie beide weiterhin für ihre Kinder sind, geht von dieser einseitigen Sorgerechtszuteilung sicherlich nicht aus. Eher ein Wettkampf-Appell, der bei den Betroffenen die Weichen auf Konfrontation stellt. Anstatt zu signalisieren: «Du, Mutter, und auch du, Vater, beide bleibt ihr für eure Kinder verantwortlich, denn eure Kinder wollen euch als Eltern behalten!», behindert die klassische Auswahlstrategie die weitere Zusammenarbeit zwischen den Trennungspartnern. Sie verführt den Sorgeberechtigten geradezu, die Kinder im Konfliktfall als Instrument der Druckausübung zu benutzen.

Kritiker sprechen von einer «*Cut-off-Ideologie des Familienrechts*», von einem «*Disqualifizierungsmodell*». Der Bielefelder Psychologe Prof. Dr. Uwe-Jörg Jopt bezeichnet die Sorgerechtaufteilung deutscher Familienrichter als «einseitiges Entmündigungsritual». Ein Selektionsprinzip mit fatalen Folgen: Die ohnehin in einem hohen Spannungszustand befindlichen Eltern werden durch das einseitige Votum des Richters noch zusätzlich polarisiert. Ihre Unversöhnlichkeit wird oft noch größer, wird festgeschrieben und fortgesetzt. Ihre Verständigung über die Kinder wird zusätzlich belastet.

Es ist müßig, darüber zu spekulieren, wer bei dieser Konflikteskalation mehr Schuld hat: Der Streitfaktor Mensch oder der vorhandene gesetzliche Streitrahmen und das System von Trennungsbegleitern, das sich der «streitenden Parteien» annimmt. Sicher dürfte aber folgendes sein: Die trennungsbedingte Blindheit ehemaliger Partner wird im Rahmen der herkömmlichen Aufteilungspolitik von Sorge *oder* Nicht-Sorge fast immer *verschärft*. Wird einer Seite die Möglichkeit geboten, den anderen auszugrenzen, ist eine gemeinsame Elternverantwortung über die Hürde der Trennung hinweg kaum aufrechtzuerhalten.

Das bedeutet nicht, daß die rechtliche Position «alleinige Sorgerechtsinhaberin» Kinder und Väter *von vornherein* in die Abstiegszone drückt. Viele Eltern sind sich sehr wohl darüber einig, daß ihre Zuständigkeit für die Kinder nicht mit dem staatlichen Zertifikat «Sorgerecht» steht und fällt. Viele Mütter sind aber der Ansicht, in der Nachtrennungs-Ära eine «Lizenz» zu besitzen, die Väter aus der Sorge für ihre Kinder zu entlassen. Da sitzt der «ent-sorgte Ex» schnell auf der Auswechselbank, von wo aus er nur selten den familialen Rasen betreten darf. Einige Väter fliegen ganz aus dem Familien-Kader. Sie müssen auf der Tribüne Platz nehmen und würden alles dafür tun, wenigstens ab und zu einmal das Ersatztrikot überzustreifen.

Scheidung im Minutentakt

Alle drei Minuten wird in Deutschland eine Ehe geschieden. In den Jahren 1985 bis 1989 traten *durchschnittlich* 177 907 Paare *pro Jahr* vor den Scheidungsrichter – 50 752 im Osten und 127 155 im Westen. Mit geschieden wurden im Schnitt 143 397 minderjährige Kinder (s. S. 153).

Drei von vier Geschiedenen heiraten noch einmal. Die Wiederscheidungsquote liegt mit 40 Prozent noch höher als die der Erstscheidungen (33 Prozent). Für das Jahr 2000 prognostizieren Familienstatistiker 200 000 bis 250 000 Ehescheidungen.

1990 ist die Zahl der Scheidungen in den neuen Ländern auf 31 917 zurückgegangen; im westlichen Teil der Republik betrug sie 122 869. Im Jahr darauf wurden in Deutschland rund 136 000 Ehen geschieden – darunter nur noch 9000 östlich der Elbe.[13] Familienstatistiker erklären den deutlichen Rückgang der Scheidungen in den fünf neuen Bundesländern mit der Umstellung auf das westdeutsche Scheidungsrecht. Vor allem aus wirtschaftlichen Gründen scheuen viele ostdeutsche Paare zur Zeit den Weg zum Familiengericht. Zudem dauern Scheidungen mit Einführung des «Trennungsjahres» jetzt länger.

Deutsches Familienrecht – Schlußlicht in Europa

«Kernfamilien», «Stieffamilien», «Nachscheidungsfamilien» und «Mehrelternfamilien». «Fortsetzungselternschaft», «gemeinsame Elternschaft», «multiple Elternschaft» und «parallele Elternschaft». Leibliche und soziale Eltern, Eltern mit und Eltern ohne Trauschein: Die familialen Lebenswelten verändern sich. Die unauflösliche Union zwischen Frau und Mann ist passé. Die «klassische Kernfamilie» – Mama, Papa, zwei Kinder – wird zur Lebensform auf Zeit. Jedes zweite in den 1990er Jahren geborene Kind dürfte nicht gemeinsam mit Mutter und Vater seine Volljährigkeit erreichen.

Familien sind in Bewegung, Gesetz und Rechtsprechung nicht. Seit Jahren sehen die Bonner Familienhüter den Eruptionen an der «Basis» tatenlos zu. Das überkommene Familienrecht hat noch immer die «Normalfamilie» mit konfliktfrei und lebenslang *verheirateten* Eltern im Visier.

Auch der Blick ins Ausland verdeutlicht: Im Familienrecht ist Deutschland in der ersten Hälfte der neunziger Jahre ein Entwicklungsland. Der Heidelberger Rechtswissenschaftler Erik Jayme bezeichnete die Bundesrepublik bereits 1981 als «das Schlußlicht in Europa im Familienrecht».[14] Und seitdem hat sich nichts getan: Die jahrein, jahraus angekündigte Erneuerung des Kindschaftsrechts köchelt in den Ministerien – weiterhin auf Sparflamme. Reformentwürfe liegen zumeist in den Schubladen der Justizbeamten, selten auf dem Verhandlungstisch.

Am krassesten klaffen Recht und Realität im Nichtehelichenrecht auseinander. Väter ohne Eheurkunde haben nach dem Bürgerlichen Gesetzbuch (Stand 1993) nicht einmal ein «Recht auf Umgang» mit ihren Kindern. «Für den Rechtsvergleicher erscheint das deutsche Nichtehelichenrecht heute nicht allein als Schlußlicht der europäischen, sondern vielmehr der gesamten internationalen Entwicklung»[15], stellt die Baseler Rechtsprofessorin Ingeborg Schwenzer fest (mehr dazu in Kapitel 3 und 4). Das deutsche Familienrecht ist «gewissermaßen in einem Stadium steckengeblieben, das die anderen Rechtsordnungen in ihrer Entwicklung bereits überwunden haben»[16], notiert die Direktorin des Internationalen Sozialdienstes, Ingrid Baer.

Zwar können *Scheidungs*-Eltern seit dem Urteil des Bundesverfassungsgerichts vom 3. November 1982 die gemeinsame elterliche Sorge beantragen. Aber im Jahre elf nach dem Karlsruher Urteil ist diese «neue» Sorgemöglichkeit noch immer nicht in das Gesetzbuch eingegangen, wie das in den meisten europäischen Ländern schon lange der Fall ist.

Kein Wunder, daß die meisten deutschen Juristen das gemeinsame Sorgerecht weiterhin sehr skeptisch, als Ausnahmefall, betrachten und an strenge Auflagen knüpfen. Sorge oder Nicht-Sorge: Mit diesem gedanklichen Rahmen können Anwälte und Richter mehr anfangen. «Eltern, die nach der Scheidung weiterhin die Verantwortung für ihre Kinder teilen, wären doch ein ideales Paar – die brauchen sich nicht zu trennen», lautet ein unter Rechtsvertretern weitverbreiteter Gemeinplatz (Ausnahme s. S. 129ff.).

Auch das Familienrecht in der Ex-DDR war schon einmal weiter. Jedenfalls für zwei Tage. Nach der «Wende» hatte die Volkskammer das «Familiengesetzbuch» der Deutschen Demokratischen Republik gründlich umgestaltet. Danach galt das *gemeinsame Erziehungsrecht* auch nach einer Scheidung. Väter konnten die Zuständigkeit für ihr Kind nur dann verlieren, wenn ihre ehemalige Partnerin dies beim Gericht beantragte – und umgekehrt. Familienrichter hatten also nur dann über das Sorgerecht zu entscheiden, wenn ein Elternteil dies ausdrücklich verlangte. Sonst blieb alles so, wie es war: Gemeinsame Sorge auch nach Auflösung einer Paarbeziehung.

Erstmals im deutschen Sprachraum wurde das «Umgangsrecht» – ein schlimmes Wort für Kinder und Eltern! – als *Recht des Kindes* verankert: Dieses Recht konnten *alle* Kinder für sich in Anspruch nehmen, ganz gleich, welche rechtliche Form des Zusammenlebens ihre Eltern gewählt hatten.

Ein langes Leben war dem kinder- und elternfreundlichen Paragraphenwerk nicht vergönnt: Genau zwei Tage, vom 1. bis zum 3. Oktober 1990, galt dieses «48-Stunden-Gesetz». Dann kam die deutsche Einheit. Leider wurde dabei auch das Familienrecht gleichgeschaltet. Nur das westdeutsche Vormundschafts- und Pflegewesen mußten die neuen Bundesländer nicht übernehmen.

Aus dem «Gesetz zur Änderung des Familiengesetzbuches der DDR» (vom 20.7.1990, GBl DDR 1990 I 1088)

§ 25 (1) Über das elterliche Erziehungsrecht für die minderjährigen Kinder entscheidet das Gericht nur auf Antrag eines Elternteils.

§ 27 (1) Für den Fall, daß nach der Scheidung nur ein Elternteil das Erziehungsrecht im ganzen innehat, behält das Kind das Recht, regelmäßige persönliche Beziehungen und unmittelbare Kontakte zu beiden Eltern zu pflegen. Es ist Sache der Eltern, sich über die Art und Weise dieser Beziehungen zu einigen und sie so zu regeln und zu verwirklichen, daß die Erziehung und Entwicklung des Kindes durch beide Eltern gefördert und jede Beeinträchtigung des Verhältnisses des Kindes zu einem Elternteil unterlassen wird.

Den im «48-Stunden-Gesetz» vorgezeichneten Perspektivenwandel – weg von Elternrechten, hin zu Kinderrechten – hat unser Familienrecht noch nicht vollzogen. Dabei standen die Zeichen 1991 noch auf Reformkurs. Dem Deutschen Bundestag lag ein einmaliges Dokument zur Ratifizierung vor, ein «Meilenstein in der Geschichte der Vereinten Nationen», wie das Bundesjustizministerium mehrfach bekräftigte: Die *UN-Konvention über die Rechte des Kindes*.

Zehn Jahre lang hatten junge UN-Funktionäre an diesem «Kinder-Pakt» gebastelt. Das Ergebnis konnte sich sehen lassen: Erstmals in der Geschichte wurden weltweit verbindliche Maßstäbe für Rechte von Kindern und Jugendlichen geschaffen. Dazu gehört nach Ansicht der Vereinten Nationen auch «das *Recht des Kindes*, das von einem oder beiden Elternteilen getrennt ist, regelmäßige persönliche Beziehungen und unmittelbare Kontakte zu beiden Elternteilen zu pflegen», Art. 9 (3). Nach der Konvention gelten für *alle* Kinder gleiche Rechte, ganz gleich, ob sie «ehelich» oder auch nicht zur Welt kommen.

Das hört sich gut an. Die Sache hat nur einen Haken: Die UN-Kinderrechtskonvention gilt in der Bundesrepublik Deutschland nicht.

Die zwanzig anwesenden Abgeordneten (bei der Verabschiedung des Tierschutzgesetzes ein Jahr zuvor saßen erheblich mehr Volksvertreter auf ihren Bänken), die das Abkommen am 14. November 1991 «verabschiedeten», setzten es im gleichen Atemzug wieder außer Kraft. Denn sie votierten nicht nur für die 54 UN-Artikel, sondern gleichzeitig auch *für* eine «Erklärung, welche die Bundesregierung bei der Hinterlegung der Ratifikationsurkunde abzugeben beabsichtigt»[17]... und damit *gegen* das Vertragswerk. Denn in den Vorschaltklauseln steht: «Die Bundesrepublik Deutschland erklärt zugleich, daß das Übereinkommen innerstaatlich keine unmittelbare Anwendung findet.»

«Die Frage nach den Wirkungen der Konvention auf das innerstaatliche Recht ist darum leicht zu beantworten», gesteht der Leiter der deutschen Kinderrechte-Delegation am UN-Verhandlungstisch, Dr. Hans A. Stöcker: «Solche Wirkungen gibt es nicht.»[18]

«Ein einzigartiger Etikettenschwindel auf Kosten der Kinder», wettern die wenigen kritischen Beobachter, denen der juristische Eiertanz nicht entgangen ist. Mitglieder von *DIALOG Zum Wohle des Kindes* empfangen die Bonner «Familienhardliner» auf Diskussionsveranstaltungen seitdem mit wuchtigen Transparenten wie «Stoppt die Kinder-Apartheid in Deutschland!»[19] Einige Familienrechtler bezeichnen die Vorbehalte aus dem Bundesjustizministerium (BMJ) als «völkerrechtswidrig», weil sie Sinn und Zweck der Konvention aushebeln, vgl. Art. 51 (2). Der Münchener Journalist Dr. Christian Ullmann hält die «rechtswahrende Erklärung» der Bundesregierung für einen «Rückfall in eine Völkerrechtsdoktrin der Vorkriegszeit». Es gebe in Deutschland «einen stillschweigenden Konsens zwischen Exekutive und Rechtsprechung (wahrscheinlich darüber hinaus auch der Gesetzgebung), völkerrechtliche Verträge in der Rechtsprechung nicht zu beachten».[20]

Fast alle Staaten der Vereinten Nationen, darunter auch der Vatikan, haben die Konvention bereits unterzeichnet. Vorbehalte haben dabei nur vier Länder angemeldet: die Bundesrepublik Deutschland, Irak, Iran und Saudi-Arabien. Auch die Deutsche Demokratische Republik hatte das Abkommen ohne Wenn und Aber ratifiziert.

«Internationale Abkommen sind häufig in einer Sprache formuliert, die dem deutschen Gesetzgeber Schwierigkeiten bereitet. Um das zu verhindern, sind in der Erklärung klarstellende Bemerkungen enthalten, die in engem Kontakt mit den Mitgliedern der Kinderkommission [als einziges Gesetzgebungsorgan der Welt leistet sich der Deutsche Bundestag einen derartigen Ausschuß; A.S.] entstanden sind.»[21]

So lautete die Begründung der Bundesregierung für das Kinderrechte-K.o. Aber «Sprachschwierigkeiten» allein waren es nicht, die den «Meilenstein in der Geschichte der Vereinten Nationen» so sang- und klanglos untergehen ließen. Der Hauptgrund liegt woanders: Weite Passagen unseres Sorge- und «Umgangsrechts» sind mit dem UN-Menschenrechtspakt für Kinder nicht vereinbar. Aufmerksame Scheidungs- und Trennungs-Väter – egal ob mit oder ohne Trauurkunde – hätten sofort das Sorgerecht für ihre Kinder einfordern können, nicht verheiratete Väter auch das «Recht auf Umgang».

Die UN-Konvention über die Rechte des Kindes

vom 20. November 1989 – Auszüge[22]

Art. 2 (1) Die Vertragsstaaten achten die in diesem Übereinkommen festgelegten Rechte und gewährleisten sie jedem ihrer Hoheitsgewalt unterstehenden Kind ohne jede Diskriminierung unabhängig von der Rasse, der Hautfarbe, dem Geschlecht, der Sprache, der Religion, der politischen oder sonstigen Anschauung, der nationalen, ethnischen oder sozialen Herkunft, des Vermögens, einer Behinderung, der Geburt oder des sonstigen Status des Kindes, seiner Eltern oder seines Vormunds.

(2) Die Vertragsstaaten treffen alle geeigneten Maßnahmen, um sicherzustellen, daß das Kind vor allen Formen der Diskriminierung oder Bestrafung wegen des Status, der Tätigkeiten, der Meinungsäußerungen oder der Weltanschauung seiner Eltern, seines Vormunds oder seiner Familienangehörigen geschützt wird.

Art. 4 Die Vertragsstaaten treffen alle geeigneten Gesetzgebungs-, Verwaltungs- und sonstigen Maßnahmen zur Verwirklichung der in diesem Übereinkommen anerkannten Rechte. Hinsichtlich der wirtschaftlichen, sozialen und kulturellen Rechte treffen die Vertragsstaaten derartige Maßnahmen unter Ausschöpfung ihrer verfügbaren Mittel[23] und erforderlichenfalls im Rahmen der internationalen Zusammenarbeit.

«Kinder sind kleine Menschen, die große Rechte brauchen.»

(Schlußsatz von Bundesjustizminister a.D. Dr. Klaus Kinkel in seiner Rede zur Kinderkonvention vor dem Deutschen Bundestag)

Art. 9 (1) Die Vertragsstaaten stellen sicher, daß ein Kind nicht gegen den Willen seiner Eltern von diesen getrennt wird, es sei denn, daß die zuständigen Behörden in einer gerichtlich nachprüfbaren Entscheidung nach den anzuwendenden Rechtsvorschriften und Verfahren bestimmen, daß diese Trennung zum Wohl des Kindes notwendig ist. Eine solche Entscheidung kann im Einzelfall notwendig werden, wie etwa, wenn das Kind durch die Eltern mißhandelt oder vernachlässigt wird oder wenn bei getrennt lebenden Eltern eine Entscheidung über den Aufenthaltsort des Kindes zu treffen ist.

(3) Die Vertragsstaaten achten das Recht des Kindes, das von einem oder beiden Elternteilen getrennt ist, regelmäßige persönliche Beziehungen und unmittelbare Kontakte zu beiden Elternteilen zu pflegen, soweit dies nicht dem Wohl des Kindes widerspricht.

Art. 18 (1) Die Vertragsstaaten bemühen sich nach besten Kräften, die Anerkennung des Grundsatzes sicherzustellen, daß beide Elternteile gemeinsam für die Erziehung und Entwicklung des Kindes verantwortlich sind. Für die Erziehung und Entwicklung des Kindes sind in erster Linie die Eltern oder gegebenenfalls der Vormund verantwortlich. Dabei ist das Wohl des Kindes ihr Grundanliegen.

Art. 51 (2) Vorbehalte, die mit Ziel und Zweck dieses Übereinkommens unvereinbar sind, sind nicht zulässig.

Wie lange ist eine Familie noch eine Familie?

Ganz unnütz scheint die Pseudoratifizierung der UN-Kinderrechtekonvention auch für deutsche Kinder und Eltern nicht gewesen zu sein. Im November 1991 war aus dem Bundesjustizministerium erstmals zu vernehmen, daß «ausdrückliche Regelungen über die Möglichkeit einer gemeinsamen elterlichen Sorge nötig sind» – für geschiedene Paare, für dauernd getrennt lebende Ehepartner und für ehelose Eltern.

Vorerst bleibt es jedoch beim Ankündigungsmarathon zur Reform des Familienrechts. Die Bundesregierung bildete erst einmal eine «Arbeitsgruppe» (vgl. S. 67ff.), die bis zu den Bundestagswahlen im Herbst 1994 einen – weiteren – «Expertenentwurf» vorlegen soll. Noch einmal soll dieses Gremium unsere Familienparagraphen unter die Lupe nehmen, obgleich bereits zahlreiche Gutachten, Kommissionsberichte, Fraktionsentwürfe sowie Juristen- und Familiengerichtstag-Beschlüsse vorliegen (die Vorschläge von 1992 finden sich auf S. 76ff.).

Bis mindestens 1996 bedeutet das für Kinder, Mütter und Väter: Im deutschen Familienrecht nichts Neues.

Auch die sorgfältige Klärung der Problemlage und deren definitorische Bewältigung durch Forschungsaufträge an die Wissenschaft läuft auf Hochtouren. Rechtswissenschaftler und Familienpsychologen sind seit nunmehr anderthalb Jahrzehnten emsig am Forschen. Gewöhnlich kreisen sie um die Kardinalfrage: Ist eine Familie nach der Trennung überhaupt noch eine Familie?

Der Berliner Psychologe und Gutachter Dr. Rainer Balloff faßt die anhaltenden Expertengespräche zusammen: «Die beiden herausragenden Lösungsmodelle, die derzeit in der Scheidungsdiskussion von Bedeutung sind und lebhaft und kontrovers diskutiert werden und die scheinbar unvereinbar gegenüberstehen, Scheidung als Bruch eines familiaren Kontinuums (Konfliktmodell) und Scheidung als Übergang zwischen der ursprünglichen und einer reorganisierten Familie (Reorganisationsmodell), kennzeichnen zwei Lager, die häufig unversöhnlich gegeneinander kämpfen.»[24]

Konfliktmodellianer (auch Bindungstheoretiker genannt) machen sich vornehmlich Gedanken darüber, welcher Elternteil dem Kind nach der Scheidung stabilere Bindungen biete. Diesen gelte es im Rahmen des Scheidungsverfahrens zu ermitteln und mit dem alleinigen Sorgerecht auszustatten. Das lehnen ihre Kontrahenten, die Anhänger des *Reorganisationsmodells* (auch systemischer Ansatz genannt; Reorganisation = Neugestaltung familiarer Beziehungen nach Trennung oder Scheidung), ab. Sie betonen, daß aus Sicht der Kinder der «psychologische Organismus Familie», die Beziehung zu Mutter *und* Vater, weiterbestehe. Wie kann, fragen sie sich, Elternverantwortung auch nach Trennung oder Scheidung aufrechterhalten werden?

Der passende juristische Rahmen heißt für sie: fortbestehendes (gemeinsames) Sorgerecht.

Befürworter des gemeinsamen Sorgerechts betonen insbesondere seine psychologische Wirkung: Es gibt keine Gewinner und keine Verlierer im «Kampf um das Kind» – ein gutes Fundament, um anschließend für die Kinder praktische Lösungen anzugehen. Natürlich können auch Ex-Partner ohne gemeinsames Sorgerecht «unterderhand» gemeinsames oder paralleles Eltern-Sein praktizieren. Aber die Kooperationsbereitschaft sinkt gewöhnlich, wenn einem Elternteil die Sorge ab- und dem anderen zuerkannt wird.

Auch das Bundesverfassungsgericht hat mittlerweile in seinem Beschluß vom 7. Mai 1991 (vgl. S. 65ff.) auf die «bewußtseinsgestaltende und verhaltenslenkende Kraft» des geschriebenen Rechts hingewiesen: «Ein gemeinsames Sorgerecht ist (...) geeignet, den Eltern ihre gemeinsame Verantwortung für das Kind deutlich zu machen und zur Stetigkeit der Beziehungen beizutragen.»[25] In diesem Zusammenhang vermerkt der Göttinger Familienrechtler Michael Coester: «Die mögliche psychologische Wechselwirkung von rechtlicher Elternschaft und Verantwortungsgefühl, oder umgekehrt von Entrechtung und faktischem Rückzug vom Kind sollte nicht außer acht gelassen werden: Wer die rechtliche Elternverantwortung behält, wird eher bereit sein, sich um die Kinder zu kümmern, als der, dem die Zuständigkeit für die Kinder ausdrücklich abgesprochen wird.»[26]

Scheidungseltern, die sich bereits heute für das gemeinsame Sorgerecht entscheiden, scheinen ihren Entschluß nicht zu bereuen: Einer

Umfrage des Allgemeinen Sozialdienstes München zufolge sind Nachscheidungsfamilien in der bayerischen Metropole sehr zufrieden mit ihrer Wahl. 90 Prozent dieser Eltern würden sich wieder für diese Sorge-Variante entscheiden. Nur 6 Prozent würden dies nicht mehr tun.[27]

Vor allem die Kinder profitieren vom gemeinsamen Sorgerecht ihrer Eltern: Kinder mit sorgerechtlich gleichberechtigten Eltern sehen ihren Vater häufiger als Kinder, deren Eltern sorgerechtlich gespalten sind. Das ist die einhellige Meinung von Mitarbeitern in westdeutschen Trennungs- und Scheidungsberatungsstellen. Ihre Eltern entlasten sich in Betreuung und Versorgung mehr als andere Eltern. Und auf diese lebendigen Beziehungen zu Mutter und Vater kommt es für Kinder ja entscheidend an: Ausnahmsweise besteht in der Scheidungsforschung Einigkeit darüber, daß Kinder die Scheidung von Mama und Papa um so besser verkraften, je intensiver sie die Beziehung zu beiden halten können.

Dänische Paare haben es leichter

Während sich in West-Deutschland Ende der achtziger Jahre erst 1 bis 2 Prozent der Scheidungspaare auf die gemeinsame Sorge für ihre Kinder einigten, waren es im Nachbarstaat *Dänemark* – bereits ein Jahr nach Einführung dieser Sorgemöglichkeit – 35 Prozent. 1992, zehn Jahre nach der Entscheidung des Bundesverfassungsgerichts, hat sich der Anteil bei uns auf 3 bis 4 Prozent erhöht; in allen skandinavischen Ländern liegt er mittlerweile über 50, in Finnland sogar schon bei 70 Prozent.

Sind dänische Frauen und Männer anders veranlagt als ihre deutschen Artgenossen? Eher unwahrscheinlich. Die «Konfliktanlagen» dürften bei einem Scheidungspaar aus dem dänischen Sønderborg keine anderen Merkmale aufweisen als bei einem Paar aus dem 40 Kilometer entfernt liegenden Flensburg. Wut, Verzweiflung, Trauer und Trennungsschmerz machen nicht an der Staatsgrenze halt.

Auffällige Unterschiede hingegen gibt es bei den «Scheidungsapparaten» beider Staaten: Scheidungsurkunden können in Deutschland nur nach einem gerichtlichen Urteil ausgestellt werden; für Scheidungswillige besteht Anwaltszwang. Ganz anders im Königreich: Nur 6 Prozent der dänischen Scheidungspaare ziehen mit ihrem Anliegen vor den Richter, die Hälfte von ihnen hat keine Kinder. Die große Mehrheit einigt sich unter Anleitung eines erfahrenen Beamten über

Sorgerecht, Unterhalt, Wohnungszu- und Vermögensaufteilung. Der Beamte dient beiden Seiten als juristischer Ratgeber und Schlichter. Können die Eltern sich nicht über die Zukunft ihrer Kinder einigen, kann er einen Kindersachverständigen hinzuziehen. Der unterrichtet Mutter und Vater dann über die Interessen der Kinder und hilft ihnen, gemeinsam eine Lösung zu finden.

94 von 100 dänischen Scheidungspaaren gelangen so, ohne Anwalt oder Richter, zu einer einvernehmlichen Lösung. Der Beamte protokolliert das, was beide vereinbart haben, und stellt eine «Genehmigung» aus. Sie hat Rechtswirkung wie ein Urteil.

«Unser Scheidungsverfahren betrachtet die Eltern als Verhandlungspartner. Es inspiriert und motiviert sie, offen und vernünftig miteinander zu verhandeln. Vor allem darüber, wie sie durch Zusammenarbeit die bestmöglichen Bedingungen für ihre Kinder herbeischaffen können», erklärt der dänische Familienrechtsreformer Dr. Hendrik Andrup. Auf Fachtagungen in der Bundesrepublik sagt er deutlich, was er vom deutschen Scheidungsmodell hält: «Es wird ein Kampfpodium aufgestellt. Es zwingt Eltern, um das Sorgerecht zu kämpfen. Also kämpfen die Leute.»

Neue Gesetze allein, das zeigt auch dieser kurze Ausflug in Richtung Norden, können Eltern nicht für mehr Nachscheidungsverantwortung mobilisieren. Die Rechtsfigur «gemeinsames Sorgerecht» nur auszusprechen reicht nicht aus. Entscheidend ist vielmehr, *wie* das System von Trennungsbegleitern gemeinsam mit den Betroffenen das Projekt postpartnerschaftliche Elternschaft angeht.

Diesen Gedanken greift bei uns erstmals das Kinder- und Jugendhilfegesetz (KJHG) vom 1. Januar 1991 auf. Es sieht Beratungsangebote in Fragen der Partnerschaft, Trennung und Scheidung vor. Die Jugendamtsmitarbeiter sind jetzt angehalten, «günstigere Bedingungen» dafür zu schaffen, daß beide Eltern auch nach Trennung oder Scheidung ihrer «fortbestehenden elterlichen Verantwortung gerecht werden können».

Diese neuen, unverbindlichen Angebote halten einige Familienrechtsreformer für unzureichend. Sie fordern eine *Beratungspflicht* für Trennungs- und Scheidungspaare mit Kindern. Qualifizierte Berater sollten versuchen, Eltern für die Bedürfnisse ihrer Kinder zu sensibilisieren und dabei ein deutliches Signal zu setzen: «Euer Kind wird euch beide auch in Zukunft weiter brauchen. Deshalb solltet ihr versuchen, eure Konflikte für die Kinder zu entflechten.» Noch mangelt es in den Jugendämtern jedoch an Mitarbeitern, die derartigen Aufgaben gewachsen sind. Das Angebot an Trennungs- und Scheidungsberatungsstellen freier Träger ist ebenfalls völlig unzureichend und müßte zügig ausgebaut werden (mehr dazu in den Kapiteln 5 und 11).

Momentan wird Eltern das gemeinsame Sorgerecht im Scheidungsfall nur dann erteilt, wenn *beide* dies ausdrücklich fordern, der Richter die Lösung für «kindeswohlverträglich» hält und Mutter und Vater voll erziehungsfähig sind (Ausnahme, s. S. 130f.). Normalerweise wird dem Vater die elterliche Sorge genommen. In Interessenverbänden, aber auch unter Familienrechtlern und Psychologen wächst die Kritik: *Gemeinsame elterliche Sorge als Regelfall nach Trennung oder Scheidung*, lautet die Forderung. Der juristische Sorge-Rahmen soll unangetastet bleiben, ganz gleich, wo das Kind nach der Trennung seinen Lebensmittelpunkt hat.

Das Sorgerecht soll *nicht* länger *automatisch* als Folge einer Scheidung – im «(Ent-)Scheidungsverbund» von Unterhalt, Zugewinnausgleich etc. – behandelt, die Regelung der Elternverantwortung aus der staatlichen Zwangsaufsicht entlassen werden. Nur *auf Antrag* eines Elternteils würde der Richter dem anderen Part das Sorgerecht zukünftig entziehen dürfen (s. § 25 [1] aus dem «Zwei-Tages-Gesetz», S. 31), und zwar erst dann, wenn Beratungsangebote nicht dazu beitragen konnten, die gemeinsame Elternverantwortung aufrechtzuerhalten. Dieser Elternteil müßte nachweisen können, warum die gemeinsame Verantwortung zerschlagen, warum der ehemalige Partner aus der Mitverantwortung für das Kind entlassen werden soll.

Alleiniges Sorgerecht also nur dann, wenn ein Elternteil begründen kann, warum dies *zum Wohle des Kindes zwingend erforderlich* ist. Nun wäre der Familienrichter nicht länger angehalten, bei Trennung oder Scheidung den «geeigneteren Elternteil» ausfindig zu machen. Und die «Parteien» wären nicht mehr genötigt, den Richter zu überzeugen, warum sie der bessere Sorgerechtskandidat sind und nicht der andere. Viele häßliche Schriftsätze und unnötige Konflikte könnten so vermieden werden: eine gute Voraussetzung dafür, daß Verständigungsprozesse zwischen den Eltern wieder in Gang kommen.

«Es kann davon ausgegangen werden, daß bei Fortbestehen des gemeinsamen Sorgerechts als dem gesetzlichen Regelfall Anträge auf Alleinsorge nur in engbegrenztem Umfang gestellt werden würden»[28], vermutet die Präsidentin des Landgerichts Kassel, Reglindis Böhm. Viele Familienrechtler stimmen ihr zu. Franz Dickmeis, Präsident des Verbandes *Anwalt des Kindes*, fordert deshalb ein *duales Scheidungs-*

system: Nur bei «strittigen Fällen» sollten Gerichte eingreifen, und das auch erst «nach Ausloten sämtlicher Einigungs- und Vermittlungsmöglichkeiten zwischen dem Paar». Das Scheidungsverfahren müsse ausgesetzt werden, wenn beide Partner ein außergerichtliches Verständigungsverfahren annehmen oder wenn gemeinsame Beratung oder Einzelberatung aussichtsreich erscheint, um selbstbestimmte Regelungen zu ermöglichen.

Ansonsten dänische Verhältnisse: Die «einverständliche Eheaufhebung» würde – ohne jeglichen Anwaltszwang – von einer neutralen und weisungsunabhängigen Stelle vorgenommen werden, die beide Eltern begleitet und berät.

Eltern für ein gemeinsames Sorgerecht vor und nach der Trennung

«Nur das gemeinsame Sorgerecht zu fordern und sich ansonsten einen feuchten Kehricht darum zu scheren, daß die Mehrzahl der Väter der Verantwortung ihren Kindern gegenüber nicht gerecht wird, ist genauso perspektivlos wie das Gegenteil: sich für intensivere Vater-Kind-Beziehungen einzusetzen, aber zu verschweigen, wie rechtlich vogelfrei diese Beziehungen heute sind. Das gemeinsame Sorgerecht ist Teil einer emanzipativen Strategie für mehr väterliches Engagement und für gleichberechtigtere Rollenverteilungen zwischen den Eltern.»
(Werner Sauerborn, *Väteraufbruch für Kinder*)

«Das alleinige Sorgerecht ist wie eine Waffenlieferung in Krisengebiete. Damit der Dialog zwischen den Eltern erhalten bleibt, ist es unerläßlich, daß Mutter und Vater davon ausgehen, im Falle einer Trennung weiterhin für ihr Kind zuständig zu bleiben.»
(Reinhold Schoeler, *DIALOG Zum Wohle des Kindes*)

«Sorgerecht gleich Versorgung gleich Betreuung: Mit dieser Gleichung operieren viele Gegner des gemeinsamen Sorgerechts. Wäre es da nicht folgerichtig, daß Väter gleich nach der Geburt ihrer Kinder bei den Standesämtern um den Entzug der elterlichen Verantwortung nachsuchten? Der Antrag könnte folgendermaßen lauten: ‹Hiermit verzichte ich auf das Sorgerecht für Kerstin Sorg-Los, das gemeinsame Kind von meiner Ehefrau, Martha

Sorg, und mir, Herbert Los. Ich bitte darum, meine rechtliche Mitverantwortung für Kerstin zu annulieren, weil meine Partnerin den überwiegenden Teil der Betreuung und Versorgung übernehmen wird.›»
(ein Vater)

«Kein Mensch käme auf die Idee, einem Kapitän, einem Handwerker auf Montage oder einem Versicherungskaufmann, dessen Tochter in einem Internat lebt, das Sorgerecht zu entziehen.»
(Renate Koch, *DIALOG Zum Wohle des Kindes*)

«Mit dem fortbestehenden Sorgerecht des Vaters hat die Mutter ein gutes Pfand in der Hand.»
(Franz Dickmeis, *Anwalt des Kindes*)

Für und wider das gemeinsame Sorgerecht

Feministinnen gehören zu den größten Gegnern des gemeinsamen Sorgerechts bei Trennung oder Scheidung. Schlagworte wie «Macht», «Selbstbestimmung» und «Gleichstellung» beherrschen ihre Argumentationsketten. Das Interesse der Kinder gerät dabei oft aus den Augen.

«Bevor an eine erneute Ausweitung von Väterrechten gedacht wird, muß gezielte Politik zur realen Einlösung von gesellschaftlicher Gleichstellung der Geschlechter – und damit Machtgleichheit zwischen beiden – erfolgen und muß von daher die Geschlechterhierarchie, die unsere Gesellschaft grundlegend prägt, erst *aufgehoben* sein», fordert die Feministin Dr. Anita Heiliger vom Deutschen Jugendinstitut.[29] Gegen die «Verallgemeinerung des nachehelichen gemeinsamen Sorgerechts» argumentiert auch ihre Mitstreiterin Dr. Marlene Stein-Hilbers: «Das ohnehin bestehende (nacheheliche) Machtgefälle zwischen Männern und Frauen würde verstärkt. Vätern würde damit eine durch soziale Tatsachen nicht zu rechtfertigende Einflußmöglichkeit auf die Lebensgestaltung der mit dem Kind zusammenlebenden Mutter eröffnet.»[30]

Immer mehr angestammte Männerbastionen werden von Frauen geentert, auch dank des beherzten Einsatzes von Frauenrechtlerinnen. Gut so! Doch mit dem Mutter-Kind-Beziehungs-Trumpf spielen Feministinnen sicherlich die falsche Karte aus, wenn es um Emanzipation geht. Denn die «reale Einlösung von gesellschaftlicher Gleichstellung der Geschlechter» dürfte nur über *mehr* väterliches Engagement – auch nach Trennung oder Scheidung – für die Kinder, über *mehr* Entlastung der Mütter im Haushalt und in der Kinderbetreuung laufen, nicht über weniger (oder sollen sich Männer hier etwa gar nicht emanzipieren?)! Mitunter ist diese Karte sogar ausgesprochen *kinderfeindlich*, wenn etwa Sibylla Flügge, Mitherausgeberin der feministischen Rechtszeitschrift *STREIT,* schreibt: «Der Vorteil, den sich Mütter von der faktischen Alleinverantwortung versprechen können, ist die Liebe des Kindes, aber auch die daraus resultierende Kontroll- und Herrschaftsgewalt.»[31]

Vereine wie *Väteraufbruch für Kinder* firmieren unter den meisten Feministinnen als «Männerbünde», denen es ausschließlich um «mehr Väterrechte» gehe. Die Kritik geht zumeist an die falsche Adresse: Gerade in diesen Vätergruppen sind viele Väter organisiert, die nicht bloß über (andere) Kind-Vater-Beziehungen reden, sondern sie auch selbst *leben oder gelebt haben.* Cheryl Benard und Edit Schlaffer, die beiden Wiener Megaexpertinnen in Sachen Vaterschaft, pflegen das Wort «Vätergruppe» in ihren Abhandlungen stets mit dem Zusatz «militant» zu versehen. Vermutlich haben sie sich noch nie die Mühe gemacht, bei ihren Recherchen in der bundesdeutschen Beziehungslandschaft einmal einen Blick in die Programme dieser Gruppen zu werfen, geschweige denn, mit ihren Mitgliedern zu reden.

Schnell könnten sie dann nämlich feststellen, daß viele «militante Väter» ihre Kinder weit über der bundesdeutschen Väter-Versorgungsnorm betreuen bzw. bis zur Trennung betreut haben. Sie plädieren – *neben* dem gemeinsamen Sorgerecht – nicht nur für eine bessere Vereinbarkeit von Beruf und Familie, für mehr Teilzeitarbeit und Vaterschaftsurlaub; sie setzen diese Forderungen – als Pioniere – auch persönlich um, solange ihnen kein Umgangsstorno mit ihren Kindern auferlegt worden ist.

Liebe Cheryl Benard, liebe Edit Schlaffer, sollten Sie wieder einmal mit dem Taxi durch die Bundesrepublik brausen, schauen Sie doch bitte einmal bei mir vorbei. Ich werde Ihnen dann eine Adressenliste mit solchen Väter-Exemplaren überreichen, die Sie für Ihre «Portraitsammlung sagenhafter männlicher Verantwortungslosigkeit» nicht ablichten wollten. Wenn Sie ein wenig Zeit haben, würde ich Ihnen gerne noch eine Frage von Werner Sauerborn vom *Väteraufbruch für Kinder* weiterreichen:

«Was macht es für einen Sinn, wenn Frauen Vaterabwesenheit beklagen und gleichzeitig an einem patriarchalischen Familienrecht festhalten, das viele verantwortungsbewußte und erziehungsfähige Väter ausgrenzt?»

Gemeinsame Sorge nach der Trennung bedeutet in der Praxis nur im Ausnahmefall, daß beide Eltern die Kinder zu gleichen Teilen versorgen. Den größten Anteil in puncto Betreuung der Kinder, das zeigt der «gemeinsame Sorgealltag» in Deutschland sowie in anderen Ländern, trägt auch hier die Mutter. Nur in jedem fünften Fall leben die Kinder beim Vater.

Wie Mutter und Vater das gemeinsame Sorgerecht *tatsächlich* ausgestalten, liegt ganz bei ihnen. Paritätische Erziehung – eine Woche ist das Kind hier, die nächste da – praktizieren in der Tat nur wenige Scheidungseltern. Meistens scheitert das «Zwei-Nester-Modell» («Pendelmodell») schon aus organisatorischen Gründen: Mutter und Vater wohnen nicht nah genug beieinander, nur einer hat einen kindgerecht ausgestatteten Haushalt, der Vater ist voll berufstätig usw. In der Regel entscheiden sich Nachscheidungsfamilien für das «Residenzmodell»: Das Kind hat seinen Lebensmittelpunkt bei der Mutter, verbringt aber trotzdem viel Zeit bei und mit dem außerhalb lebenden Vater.

Ist Kindern deswegen die fortbestehende sorgerechtliche Verbundenheit zum Vater zu verweigern? Ich meine: Nein. Denn in der Regel wird das gemeinsame Sorgerecht von Mutter und Vater einen Beitrag für lebhaftere und stetigere Kind-Vater-Kontakte leisten. Von den Vätern mit gemeinsamem Sorgerecht, die vom Allgemeinen Sozialdienst München befragt wurden (s. S. 36f.), sahen die Hälfte ihre Kinder mehrmals in der Woche, 26 Prozent täglich, 16 Prozent einmal in der Woche, 7 Prozent einmal im Monat und nur 1 Prozent weniger als einmal im Monat. Diese Werte liegen weit über dem bundesdeutschen Durchschnitt. Doch selbst, wenn die formale gemeinsame Sorge nur geringfügige Auswirkungen auf väterliches Engagement nach der Scheidung haben sollte, wie zwei Studien aus den Vereinigten Staaten berichten[32], wäre dies *kein* Argument gegen, sondern für einen neuen gesetzlichen Rahmen!

Bisher war es dem «Umgangsberechtigten» nicht möglich, sich beim Lehrer nach schulischen Leistungen zu erkundigen oder das Kind in ärztliche Behandlung zu geben. Anders beim gemeinsamen Sorgerecht: Beide Eltern bleiben vertretungsberechtigt. In Grundsatzfragen, zum Beispiel bei der Wahl des Kindergartens und bei Schulausbildung, hätte der Vater mitzureden. Sicherlich bleibt es da nicht aus, daß einige Ex-Partner nicht auf einen Nenner kommen. Ein weiteres Argument gegen gemeinsame Elternverantwortung nach Trennung oder Scheidung?

Es sind auch andere Lösungen denkbar als der Entzug der elterlichen Sorge: Interessant ist in diesem Zusammenhang ein Blick auf das englische und walisische Kindschaftsrecht. Durch den *Children Act* von 1989 wurde es völlig neu geregelt.

«Unser neues Gesetz nimmt genau wie die UN-Kinderrechtekonvention Abschied von der Idee, daß Kinder Eigentum der Eltern sind, über die der Inhaber des Sorgerechts ‹Gewahrsam› und zu denen der andere nur ‹Zugang› habe», erklärt die Londoner Rechtsprofessorin Brenda Hoggett. «Gerichtliche Entscheidungen berühren jetzt nicht mehr die elterliche Verantwortung (*‹joint responsibility›*) als solche, sondern nur noch entscheidungsbedürftige praktische Einzelfragen.»

Wenn sich Mutter und Vater in *Einzelfragen* nicht einigen können, kann der Richter entscheiden: Wer von den Eltern betreut das Kind ganz oder überwiegend? Bei wem hat das Kind seinen Lebensmittelpunkt, wer bekommt das Aufenthaltsbestimmungsrecht? Wie oft, wie lange, wann und wo soll das Kind mit dem anderen Elternteil, aber auch mit anderen Personen (Großeltern, sozialen Eltern und Geschwistern) zusammentreffen können? Wer zahlt wem wieviel Unterhalt? Geht das Kind auf die Gesamtschule oder auf die Rudolf-Steiner-Schule? Soll die Mandeloperation durchgeführt werden oder nicht? Auch zu ganz speziellen Problemen kann der Richter Anordnungen erlassen. Hierbei hat er soweit wie möglich die Präferenzen des Kindes zu berücksichtigen.

Dieses Modell erscheint sinnvoll: Auch wenn bei uns das «Antragsverfahren» (alleinige Sorge nur noch auf Antrag eines Elternteils) eingeführt werden sollte, müßten sich die Eltern zukünftig darüber einigen, bei wem das Kind seinen überwiegenden Aufenthalt hat und welche Aufgaben wie geteilt werden. Wenn sie das nicht können, brauchen sie Beratung und Hilfe. Erst wenn die nichts bringt, könnte ein Richter zu genau umrissenen Bereichen sein Votum abgeben. *Grundsätzlich* würden beide Eltern aber weiterhin für ihr Kind (sorgerechtlich) verantwortlich bleiben.

Was nicht heißt, daß Mutter und Vater alles gemeinsam entscheiden müssen: Der Elternteil, der das Kind allein oder überwiegend betreut, sollte berechtigt sein, für das Kind in den alltäglichen Bereichen von Erziehung, Fürsorge und Vertretung («Rechtsgeschäfte des täglichen Lebens») allein Entscheidungen zu treffen. Genauso müßte der andere Elternteil für die Zeit des Zusammenseins mit dem Kind alle alltäglichen Fragen und Probleme selbständig lösen können.

Eine andere familienrechtliche Plattform mit dem gemeinsamen Sorgerecht als «Trennungsnorm» dürfte auf Scheidungspaare beruhigender wirken als das derzeitige juristische Angebot. Kontakte der Kinder zu beiden Eltern werden dabei eher gefördert als behindert; trennungsbedingte Konflikte zwischen den Ex-Partnern werden nicht noch zusätzlich angeheizt. Es lohnt sich also, das morsche familienrechtliche Gebälk gründlich zu renovieren – selbst dann, wenn dies nur wenigen Trennungs- und Scheidungsfamilien zu mehr Verständnis für belebte Kind-Eltern-Beziehungen animieren sollte.

Überzogene Hoffnungen sind dabei fehl am Platze. Das gemeinsame Sorgerecht ist kein Allheilmittel! Niemand kann Eltern zur gemeinschaftlichen Verantwortung für ihre Kinder zwingen, auch keine noch so ausgefuchsten Familienparagraphen, auch kein flächendeckendes Netz qualifizierter Trennungs- und Scheidungsberatungsstellen. Zuerst einmal ist das gemeinsame Sorgerecht ein Fundament, auf dem zwei getrennt lebende Ex-Partner für ihre Kinder Verantwortung übernehmen können. Den Kindern ist es egal, auf welche rechtliche Form der Fürsorge ihre Eltern sich einigen. Aus ihrer Sicht bleibt das gemeinsame Sorgerecht ein Fetzen Papier, eine Sonntagsformel, solange ihre Eltern keine nachpartnerschaftliche Koalition für sie bilden.

Kinder haben erst dann gewonnen, wenn zwischen Mutter und Vater ein atmosphärischer Wechsel stattfindet: Weg von Haß, Kampf und Sprachlosigkeit hin zu möglichst viel Zusammenarbeit für die Kinder. Denn Kinder wünschen sich eine «Nachscheidungs-Ordnung» mit so viel Mutter und soviel Vater wie möglich. Sie wollen sich nicht abrupt für den einen und gegen den anderen Elternteil entscheiden.

Nicht auf den Rechtstitel, sondern die Kooperationsbereitschaft der Eltern kommt es also an. Vielleicht ist es deshalb besser, nicht länger vom gemeinsamen Sorgerecht, sondern nur noch von gemeinsamer Elternverantwortung oder einfach von Elternverantwortung zu sprechen.

Denn nur Kinder haben ein Sorgerecht. Ihre Eltern haben die Pflicht, diesem Recht auf Liebe und Fürsorge nachzukommen – auch nach Trennung oder Scheidung.

3. Vater werden ist nicht schwer, Vater ohne Trauschein sein dagegen sehr!

«Das Lebensschicksal der Kinder kommt oft unter die Räder, wenn Erwachsene sich streiten und nicht davor zurückschrecken, diesen Streit auf dem Rücken der Kinder auszutragen. Hier muß das Recht die Kinder schützen!»
(Bundesjustizminister a. D. Dr. Klaus Kinkel am 14. November 1991 vor dem Deutschen Bundestag)

Verglichen mit seinem Artgenossen ohne, ist der Vater mit Trauschein ein Vater de luxe. Verheirateten Vätern steht die «elterliche Sorge» für ihr Kind automatisch mit der Geburt zu – Väter ohne Eheurkunde hingegen haben kraft Gesetz nicht zu sorgen, sondern bloß Unterhalt zu zahlen. Ansonsten sind sie rechtlich gesehen von jeder Verantwortung entbunden, ob sie das wollen oder nicht.

Natürlich können ehescheue Eltern ihre Kinder gemeinsam versorgen. Mit dem rechtlichen Fundament «gemeinsame Sorge» dürfen sie ihre gemeinsame Elternverantwortung aber vorerst nicht abrunden. Auch dann nicht, wenn sie dies ausdrücklich wünschen oder wenn Kind plus Mutter und Vater in trauter Eintracht zusammenleben. Selbst als Alleinerziehender hat der nicht verheiratete Vater keine sorgerechtliche Zuständigkeit für sein Kind. Denn der Gesetzgeber ordnet das Sorgerecht pauschal und ausnahmslos der Mutter zu: «Das nichteheliche Kind steht, solange es minderjährig ist, unter der elterlichen Sorge der Mutter», bestimmt der Paragraph 1705 (1) unseres Bürgerlichen Gesetzbuches.

Nicht ehelich beschreibt zunächst einmal, was solchen Kindern *nicht* zukommt: der Status der ehelichen Geburt. Für den Alltag von Kindern und Vätern ohne Trauschein bedeutet das: mehr Hindernisse. Ob es sich um die Einrichtung eines Sparbuches, die Anmeldung im Kindergarten oder um die Frage «Zahnspange ja oder nein?» handelt – Mutter entscheidet allein.

Schon früh merkt der ehelose Vater, daß er anders ist als die anderen Väter. Vergeblich versucht er, sein Kind beim Standesamt anzumelden. «Ohne eine schriftliche Einwilligung der Mutter läuft gar nichts», bekommt er dort zu hören. Juristisch gesehen ist so ein Vater auch nicht befugt, sich beim Arzt über den Gesundheitszustand seines Kindes zu informieren. Genausowenig darf er das Entschuldigungsschreiben an die Klassenlehrerin aufsetzen. Auch zum Elternvertreter kann er sich nicht wählen lassen, es sei denn, er lebt in Berlin oder Hessen.[33]

Und wenn Vater Schulz und Tochter Maier ihren Urlaub an der Atlantikküste verbringen wollen? Schon so mancher Grenzbeamte hat solchen Reisegemeinschaften die Anfahrt zur Hölle gemacht. Hat dieser Mann da denn überhaupt das Recht, mit diesem Kind unterwegs zu sein? In Einzelfällen wurden Kinder und Väter so lange festgehalten, bis grünes Licht von der zuständigen Meldebehörde eintraf. Da halfen auch schriftliche Vollmachten der Mutter nicht immer weiter. Ein Grenzhüter ließ Vater und Sohn nicht passieren, weil er die Echtheit des Dokuments anzweifelte. Die Unterzeichnerin der Vollmacht hatte den Schlagbaum wenige Minuten zuvor auf einem Motorrad passiert und war schon vorgefahren. Nach fünf Stunden erlöste sie die beiden aus dem Schlamassel.

Die Liste der Merkwürdigkeiten ließe sich noch erweitern. Zum Glück gibt es immer mehr Ärzte, Lehrer, Grenzer und Polizisten, denen es egal ist, unter welcher Steuerklasse Eltern für ihre Kinder sorgen.

Trend zur Familie ohne Trauschein

Jedes sechste Kind wird im ersten Drittel der neunziger Jahre von Eltern ohne Ehezertifikat erwartet. 80 228 Kinder wurden 1991 in Deutschland-West ohne standesamtliche Kür ihrer Eltern geboren. Ihr Anteil verdoppelte sich innerhalb von einundzwanzig Jahren von 5,5 Prozent (1970) auf 11,1 Prozent (1991). – Zum Vergleich: Schweiz (1988) = 6,5 Prozent; Österreich (1984) = 21,5 Prozent. – Noch rasanter verlief die Entwicklung in den jüngeren Bundesländern und Ost-Berlin: Im selben Zeitraum verdreifachte sich hier die Quote der außerhalb einer Ehe geborenen Kinder von 13,3 Prozent auf ca. 41 Prozent.[34]

In den Metropolen ist der Hang zur vor- oder außerehelichen Nachkommenschaft besonders ausgeprägt. Ohne besonderen Segen wurde im Jahre 1992 in Hamburg und Bremen jedes fünfte, in West-Berlin und Ost-Berlin jedes vierte Kind geboren – im Ostteil der Hauptstadt bereits jedes zweite. Diese Zahlen bestätigen den internationalen Trend: In Schweden lag der Anteil außerehelicher Geburten bereits Ende der achtziger Jahre bei 50 Prozent. Auch in Dänemark gab es 1992 zwischen Eltern mit und ohne Trauschein ein Kopf-an-Kopf-Rennen. Frankreich und Großbritannien haben die 30-Prozent-Marke erreicht.

Natürlich sind auch diese Angaben lediglich Momentaufnahmen. Über den weiteren Weg dieser Familien, über deren Familienalltag sagen sie nichts aus. Vielleicht heiraten die Eltern später. Dann würden ihre Kinder durch nachträgliche «Legitimation» als eheliche Kinder in die Statistik eingehen. Leben die Kinder überhaupt mit ihrem Vater zusammen? Oder allein mit ihrer Mutter? Oder mit Mami und einem neuen sozialen Vater?[35]

Der *Trend zur «realexistierenden Familiengründung» ohne Jawort* ist an den bundesdeutschen Familienhütern lange Zeit spurlos vorbeigezogen. Nach wie vor stehen «Ehe und Familie» unter dem «besonderen Schutze» des Grundgesetzes – aber nur die *vollständige Ehefamilie.* Werner Sauerborn vom Verband *Väteraufbruch für Kinder* beschreibt die antiquierten Rahmenbedingungen zutreffend: «Als hätte sich in den letzten zwanzig Jahren nichts geändert, geht unser Nichtehelichenrecht vom nichtehelichen Vater als Desperado aus, der sein Kind im Urlaub, im Suff oder als Seitensprung aus einer gut bürgerlichen Ehe heraus gezeugt hat und von seinem Nachwuchs nichts wissen will.»

Die «Väter» des sogenannten «Nichtehelichengesetzes» (genau: «Gesetz über die rechtliche Stellung der nichtehelichen Kinder» vom 19. August 1969) hatten noch die «gefallene» Mutter im Visier, die vom Mann ins Unglück gestürzt und von der Gesellschaft allein gelassen wurde. «Die nichteheliche Mutter muß den Schutz eines Ehemannes entbehren», hieß es in der Begründung zum Gesetzestext.

Ein Blick in das Schrifttum der sechziger und frühen siebziger Jahre offenbart, welch Geistes Kind die damaligen «Reformer» waren. So lesen wir in einer von der damaligen Bundesregierung in Auftrag gegebenen Studie von 1961 mit dem Titel «Kinder ohne Familie – Das Schicksal des unehelichen Kindes in unserer Gesellschaft»:

«Die unehelichen Mütter aber bringen in ihrer oft einfältig tumben Natur, die sie in der Regel ja unehelich hat niederkommen lassen, nicht die Kraft zum endgültigen Bruch auf; ihn [den Vater ihres Kindes, A.S.] zu heiraten, bringen sie aber auch nicht über sich.» Des weiteren: «Die wenigen unehelichen Väter, die doch zu ihrem unehelichen Kinde Kontakt pflegen, zeigen sich zum Teil von äußerst abseitiger, kritischer oder sogar asozialer Natur.»[36]

Ein Jahr später erfahren wir in einem «soziologischen Beitrag zur Reform des Nichtehelichenrechts»: «(Es) muß grundsätzlich klar bleiben, daß es sich hier um eine anormale Form der Bevölkerungserneuerung handelt.»[37]

Noch neun Jahre später konstatiert der Theologe Horst Herrmann «die Auswirkungen einer sogenannten ‹Herren-Magd-Moral› (...), welche die uneheliche Zeugung dem sozial niederstehenden Mädchen aufbürdet, während sie dem Vater als ‹Kavaliersdelikt› nachgesehen wird. Das meist jugendliche Alter der Väter sowie deren Interesselosigkeit am Schicksal ihres Kindes bewirken zudem, daß die Mütter an ihnen keine Stütze haben, was ihre und ihres Kindes ohnehin schon prekäre Situation noch verschlimmert.»[38]

Schon seit Jahren entspricht dieses unserem «Nichtehelichenrecht» zugrunde liegende Bild des gleichgültigen Vaters und der jungen, hilflosen, sitzengelassenen Mutter nicht mehr der Familienwirklichkeit: Heutzutage erkennen Väter ohne Trauschein ihre Kinder im Rahmen der obligatorischen «Vaterschaftsfeststellung» in der Regel *freiwillig* an – die Quote der «transparenten Väter» hat sich in West-Deutschland von 62,6 Prozent (1975) auf 82,9 Prozent (1989) erhöht.

Meistens bleibt es aber nicht nur bei dieser formalen «Anerkennung»: Immer häufiger werden Kinder *in* eine *Gemeinschaft* von Mutter und Vater ohne Ehezertifikat *hineingeboren*. Nach Auskunft verschiedener Jugendämter beträgt die Quote dieser Familien – bezogen auf die Gesamtzahl aller außerehelichen Geburten – 30 bis 65 Prozent in den alten und 75 bis 80 Prozent in den neuen Bundesländern.[39] Die Väter in diesen «nichtehelichen Lebensgemeinschaften» beteiligen sich überdurchschnittlich an der Pflege und Versorgung ihrer Kinder.[40]

Dessenungeachtet stellt der Gesetzgeber Müttern außerehelich geborener Kinder in den alten Bundesländern automatisch einen «Pfleger» zur Seite. Diese «staatlich verordnete Zwangshilfe» ist weltweit einmalig. Drei Aufgaben hat so ein *Amtspfleger:*

1. Er ermittelt die Vaterschaft.

2. Er sorgt dafür, daß die Unterhaltsansprüche des Kindes gesichert sind.
3. Und er vertritt das Kind in Erbschaftsangelegenheiten.

475 319 Zwangspflegschaften gab es am 31. Dezember 1990 im westlichen Teil unserer Republik. In der ehemaligen DDR war und ist dieses Rechtsinstrument unbekannt; hier erhalten Mütter ohne Trauschein die *volle* elterliche Sorge. Nur wenige nicht verheiratete Paare wissen, daß die Amtspflegschaft auf Antrag der Mutter aufgehoben (1990 in 14915 Fällen) werden kann. Bereits vor der Geburt des Kindes kann die Mutter beantragen, daß die Pflegschaft nicht eintritt (§ 1707 [1] BGB, vgl. S. 79). Freiwillig weisen die Jugendämter jedoch nur selten auf diese Möglichkeit hin. Das überrascht nicht: Ihr Personalbestand rekrutiert sich auch entsprechend den vorhandenen «Pflegschaftsfällen».

Kinder und Väter ohne Trauschein leben gefährlich

Wußtest du schon vor der Geburt deiner Tochter, was passieren könnte, wenn eure Beziehung scheitert?

Überhaupt nicht. Ich hatte im Hinterkopf, daß es da ein Jugendamt gibt, dem du angeben mußt, daß du der Vater bist. Aber ich habe nie die Vorstellung gehabt, daß die Rechte, die einer Mutter zustehen, gegen dich benutzt werden könnten. Daß man als nichtehelicher Vater kein Recht auf Kontakt mit seinem Kind hat, habe ich erst erfahren, nachdem meine Freundin ausgezogen ist. Da denkst du doch vorher nicht dran, daß dir dieses Recht, dein Kind zu sehen, einfach genommen werden kann!

Ich bekenne mich zu meiner Vaterschaft, aber von Staats wegen werde ich beschränkt auf die Rolle des Zahlvaters. Und warum? Nur weil es keine Ehe gegeben hat. Das einzige, was dich noch wertvoll macht, ist, daß du die Vaterschaft übernommen hast und daß der Staat nicht für dieses Kind zu zahlen braucht. In dieser Hinsicht bist du eine erwünschte Existenz. Alles andere aber wird dir genommen. Du wirst zu einem bloßen Erzeuger herabgedrückt. Es geht einem schon unter die Gürtellinie, wenn man eigentlich nur noch über einen Dauerauftrag daran erinnert wird, daß man Vater ist.

Warum darfst du deine Kinder nicht sehen?
Weil die Mutter das Recht hat, den Umgang mit dem Vater zu unterbinden.

Wo steht das?
Weiß ich nicht genau, in welchem Paragraphen das steht. Ich weiß auch nicht, was für ein Gesetz das ist. Aber ich bin sicher, meine ehemalige Partnerin würde sich nicht querstellen, wenn ich als nichtehelicher Vater ein verbrieftes Besuchsrecht hätte.

Auszüge aus einem Gespräch mit zwei nicht verheirateten Vätern. Beide haben drei Jahre lang mit ihren Kindern zusammengelebt. Trotzdem haben sie seit der Trennung keinen Kontakt mehr zu ihnen. Ihre Ex-Partnerinnen wollen es so. Und unser Bürgerliches Gesetzbuch (BGB) macht es möglich.

Kinder und Väter ohne Trauschein, die eine enge Beziehung aufbauen, leben gefährlich. Denn sobald nichteheliche Paare sich trennen, liegen die Vater-Kind-Begegnungen (fast) allein in den Händen der Mutter. Wie es ihr gefällt, kann sie die Kontakte fördern oder drosseln, zulassen oder ganz unterbinden. Die Anweisung für diesen Freibrief lautet: *«Derjenige, dem die Personensorge für das Kind zusteht, bestimmt den Umgang des Kindes mit dem Vater»* (§ 1711 [1] BGB).

Und «derjenige» heißt in diesem Fall stets: die Mutter. Sie gestattet oder untersagt die Zeiteinheiten für Kind und Vater. Legt sie nach der Trennung ihr Veto ein, bedeutet das für viele Väter und Kinder: Null-Umgang. Dem Vater verbleibt dann lediglich «die Befugnis, Auskunft über die persönlichen Verhältnisse des Kindes zu verlangen» (§ 1711 [3] BGB).

Grundsätzlich haben Väter, die ohne Gottes und Staates Segen für Nachwuchs gesorgt haben, kein «Recht auf Umgang» mit ihren Töchtern und Söhnen, mag die Beziehung zuvor noch so innig und lebendig gewesen sein. Im Vergleich dazu steht der nicht sorgeberechtigte *Scheidungs*-Vater noch gut da: Sein Kind darf er selbst dann sehen, wenn die Ehe bereits vor der Geburt aufgelöst wurde (§ 1634 [1] BGB).

Wenn die Mutter will, kann sie ihrem Kind erlauben, den Vater zu besuchen, mit ihm auf den Spielplatz zu gehen oder mit ihm zu verreisen. Aber viele Mütter, die keine Ehe mit dem Vater ihres Kindes eingegangen sind, wollen das nicht. Noch stärker als geschiedene Mütter neigen sie dazu, ihren «Ex» auf Distanz zu halten.

Natürlich geht es auch hier um Blockaden der Mütter *und* um väterlichen Eskapismus! Väter ohne Trauschein gesellen sich noch schneller und noch öfter in die Fraktion flüchtender Väter als geschiedene Väter. Haben etwa 60 Prozent aller Scheidungsväter Kontakt mit ihren Kindern, liegt die «Umgangsquote» bei ehelosen Trennungsvätern und Kindern nur bei 40 Prozent (vgl. S. 17f.). Von ihrem Kind, von Verantwortung und Sorge, wollen viele (erst einmal) nichts wissen. Oft bemüht sich die Mutter verzweifelt darum, daß der Herr Papa wenigstens ab und zu einmal für sein Kind da ist. Vergeblich.

Aber die Vater-Kind-Realität nach der Trennung ist nicht nur Ausdruck väterlicher Versäumnisse. Der Vater ohne Trauschein ist auch der Prototyp des unfreiwilligen Vaters ohne Kind. Ehelose Väter machen den größten Teil der Väter aus, die jeglichen Kontakt zu ihren Kindern verlieren, obwohl sie das gar nicht wollen. Unsere Paragraphen bestärken viele Mütter geradezu, diese Väter ihrer Kinder auszugrenzen.

Stellt die Mutter sich quer und sind alle Vermittlungsversuche gescheitert, kann der Vater ohne Trauschein ein Umgangsrecht beantragen. Zuständig ist dafür das *Vormundschaftsgericht* im Bezirk/Kreis der Mutter; die zweite – und letzte – Instanz wäre das Landgericht. Bevor der Vormundschaftsrichter die Eltern anhört, fordert er vom Jugendamt eine Stellungnahme an. Die Sozialarbeiterin führt dann mit den Eltern Gespräche und schlägt dem Richter anschließend eine «Umgangsregelung» vor. Häufig lehnt er den Kontakt zwischen Kind und Vater aber auch vollständig ab.

Gewöhnlich vergehen vom Zeitpunkt des Antrags bis zur Ladung vor den Richter drei bis vier Monate. Mitunter dauert es auch länger: Zwei Väter berichteten mir, daß sie sich anderthalb Jahre (!) gedulden mußten, bis ihr Richter sich aufraffte, einen – abschlägigen – Beschluß zu verkünden. Die Verfahrensdauer bis zur ersten Instanz entsprach dabei jeweils einem Drittel des Lebensalters ihrer Kinder.

Die meisten Richter erteilen das Recht auf Umgang nur dann, wenn der Vater überzeugend darlegen kann, daß sein Kind davon profitieren wird: *«Wenn ein persönlicher Umgang mit dem Vater dem Wohle des Kindes dient, kann das Vormundschaftsgericht entscheiden, daß dem Vater die Befugnis zum persönlichen Umgang zusteht»*, heißt die entsprechende Rechtsanweisung (1711 [2] BGB). Was das Verb «dienen» in diesem Zusammenhang bedeutet, davon haben Richter häufig eine sehr eigenwillige Auffassung: «Ein Ausschluß des Besuchsrechts ist bereits dann möglich, wenn Zweifel bestehen, ob der Umgang positiv nützt, obgleich er nicht schadet», erläuterten mir drei Amtsrichter fast wortgleich.

Väter, die lange mit ihren Kindern zusammengelebt haben, dürften wenig Schwierigkeiten haben, die «Dienlichkeit» ihres Umgangs nachzuweisen. Aber die Rechtssprechungspraxis sah lange und sieht zu einem großen Teil noch immer anders aus. Denn oft spielt Mutter einen Joker aus, der bei Richtern, Jugendamtsmitarbeitern und Gutachtern gewöhnlich einen nachhaltigen Eindruck hinterläßt: Ausführlich schildert sie die Konflikte und Streitigkeiten, die zwischen dem Ex-Partner und ihr noch bestünden. Regelmäßige Vater-Kind-Kontakte würden sie – und somit auch das Kind – sehr belasten. Folglich müsse der Umgang knapp gehalten oder gänzlich ausgesetzt werden.

Häufig zieht dieses «Argument». Nur selten ermahnen Richter die Anwesenden, ihre Differenzen zum Wohle ihrer Kinder beizulegen. Vielmehr steht für sie schnell fest, daß Kinder zuerst einmal vor allem ihre Ruhe bräuchten, also diene der Kind-Vater-Kontakt nicht dem Kindeswohl, nein: er widerspreche ihm sogar (vgl. Kap. 6).

Ein destruktiver Argumentationskreis, der viele Ex-Partner noch unversöhnlicher und Vater-Kind-Beziehungen noch unverbindlicher werden läßt. Mehrere Väter berichteten mir, daß die tatsächlichen Streitigkeiten denen aus Schriftsätzen und mündlichen Verträgen weit nachstanden. Doch solange Gerichte die strittige Vergangenheit der Eltern als Argument zur Ausgrenzung des Vaters anerkennen und darauf verzichten, Streitpotential zwischen den Eltern abzubauen, ist nichts leichter, als es aufzubauen!

Das Erfolgsrezept «Streitnachweis» hat sich mittlerweile auch in einem «Rechtsratgeber für Mütter nichtehelicher Kinder» (erschienen 1992) niedergeschlagen. Zehn Hamburger Anwältinnen und Richterinnen (!) liefern Müttern *Tips zum Umgangs-Boykott.* Auszüge aus dem *kinderfeindlichen*, Vater-Kind-Beziehungen gefährdenden «Ratgeber»:

«Selbst wenn der Vater gute Gründe für eine Besuchsregelung vorbringt, kann er das Besuchsrecht nicht durchsetzen, wenn Sie dieses aus grundsätzlichen Überlegungen ablehnen.» Wie solche «grundsätzlichen Überlegungen» aussehen, erklären die Autorinnen gleich im nächsten Satz: «Es soll vermieden werden, daß das Besuchsrecht des Vaters Konflikte für Sie verursacht, die die Beziehung zwischen Ihnen und Ihrem Kind beeinträchtigen können.» Falls die Ratsuchende es jetzt noch nicht begriffen hat – drei Seiten später steht es noch einmal klipp und klar: «Sie müssen sich nicht einigen, schon gar nicht, wenn Sie Zweifel haben, ob ein Umgang des Vaters Ihrem Kind guttut.»

Und wenn zwischen Vater und Kind bereits Kontakte bestanden? In diesem Fall muß die Beziehung «über einen längeren Zeitraum unterbrochen» werden, denn: «Je länger keine Verbindung bestand, desto weniger spricht dafür, daß der Umgang dem Wohl des Kindes dient.» Die Juristinnen machen keinen Hehl daraus, daß ihr Ratgeber «von Frauen für Frauen» ist, *nicht* für das Kind: «einerseits will es den Kontakt zum Vater, andererseits verspürt es die ablehnende Haltung der Mutter gegenüber den Besuchen. (...) Aus unserer Sicht dürfen Besuche in einer solchen Situation nicht stattfinden.»[41]

Wie andere Juristen Kontaktstorni zwischen nicht verheirateten Vätern und ihren Kindern begründen, dazu einige Arbeitsproben aus bundesdeutschen Gerichtsstuben – «Beschlüsse in Umgangssachen» der Jahrgänge 1990 bis 1993.

«Geborgenheit beim Vater kann es naturgemäß nicht geben»

Aus Gerichtsbeschlüssen zum «Umgangsrecht nichtehelicher Väter»

- «Nach § 1711 Abs. 1 BGB hat grundsätzlich die Mutter das Recht zu bestimmen, ob und in welcher Form der Vater Umgang mit den Kindern haben kann oder nicht. *Eine negative Entscheidung ist in der Regel zu akzeptieren ...*»

- «Der Kindesvater versuchte nach der Trennung immer wieder, sei es telefonisch, sei es brieflich, sei es durch persönliche Besuche, Kontakte aufzunehmen. Auch hat er seine Tochter S. in K. auf der Straße *ohne Einwilligung der Mutter angesprochen ...*»

- «Aus einem *Vergleich des Rechts der Eltern ehelicher Kinder*, wonach ein Elternteil, dem die Personensorge nicht zusteht, die Befugnis zum persönlichen Umgang mit dem Kind behält, ergibt sich, daß die *Umgangsbefugnis des nichtehelichen Vaters* nach § 1711 Abs. 2 BGB eine *Ausnahmeregelung* ist und *deswegen* eng ausgelegt werden muß ...»

- *«Es kommt nicht darauf an, von welchem Elternteil letztlich die Spannungen in die Beziehungen hineingetragen wurden.* Auf jeden Fall meint das Gericht, daß sich diese Spannungen auf die Kinder übertragen, und es muß befürchtet werden, daß jedes Zusammentreffen mit dem *Vater* die weitere *ungestörte Entwicklung der Kinder stören* wird ...»

- «Von der mit dem Kind zusammenlebenden *Mutter*, die den weitaus überwiegenden Teil der Belastungen bei der Sorge für das Kind zu tragen hat, kann *nicht ohne zwingenden Grund* verlangt werden, *Vorbehalte gegen den Umgang*, die immerhin in der Regel ihren Ursprung im früheren Zusammenleben mit dem Vater und der (subjektiven) Kenntnis seiner Person haben, *zurückzustellen, wie dies eher bei dem Vater möglich ist, der nicht mit den Nachwirkungen seines Umgangs mit dem Kind konfrontiert wird.* Der *Mutter* wird durch den Umgang des Kindes mit dem Vater die *zusätzliche Aufgabe* zuteil, *eventuelle* (!) *Irritationen*, belastende Vorkommnisse oder im Einzelfall auch die Folgen einer systematischen Verwöhnung des Kindes mit diesem nach dem Besuchskontakt *aufzuarbeiten*, während dem Vater Gelegenheit gegeben wird, das Zusammensein mit dem Kind in einer Art Feriensituation zu gestalten» (Landgericht Berlin, 21. Juni 1990).

- «Offensichtlich ist der *Vater nicht in der Lage, die grundlegende rechtliche und faktische Struktur der Beziehung ausreichend* zu *realisieren*, nämlich einerseits seine Position als nichtehelicher Vater, dem kein elterliches Sorgerecht, sondern im Rahmen des § 1711 BGB nur ein Verkehrsrecht zusteht, über das grundsätzlich die Mutter zu befinden hat, und andererseits sein Kind als Mitglied der neuen Familie, die ihm Integrationschancen und *Geborgenheit* bieten kann, die es *auf der Seite des Vaters n a t u r g e m ä ß nicht geben* kann» (Landgericht Hamburg, 14. November 1990).

- «Der Kindesvater erklärt, daß er nicht mehr versuchen wird, seine Tochter C. irgendwo vorsätzlich zu sehen oder Kontakt mit ihr aufzunehmen, wenn dies nicht zuvor mit der Kindesmutter abgesprochen worden ist. Dem Kindesvater wird *Kontaktaufnahme* mit C. in der Art gestattet, daß er berechtigt ist, C. *Briefe* zu *schreiben*. Die Kindesmutter erklärt, daß sie bereit ist, dem Kindesvater *halbjährliche Entwicklungsberichte* über C. zuzusenden sowie einmal jährlich ein Foto beizufügen, auch Kopien von ergangenen Zeugnissen» (Amtsgericht Frankfurt a. M., 20. November 1990).

- «Der Antrag des nichtehelichen Vaters, seiner Tochter zum Geburtstag, zu Weihnachten, zu Neujahr, zu Ostern oder herausragendem Urlaub eine Grußkarte mit drei Sätzen handschriftlichem Text zu schicken, wird zurückgewiesen (...)

Gründe: (...) M. ist derzeit sieben Jahre alt und noch nicht in der Lage, emotionale Eindrücke, die sie im Umgang mit ihren Eltern gewinnt und verarbeiten muß, in ausreichendem Maße zu artikulieren, insbesondere nicht ihre Ängste und ihr Bedürfnis, zumindest von der Mutter akzeptiert zu werden. In diesem Zusammenhang können auch *Grußkarten einfacher Art ein störendes Element in der kontinuierlichen Entwicklung des Kindes darstellen, denn* zumindest *die Kindesmutter wird* auf derartige, sich jährlich häufiger wiederholende, wenn auch einseitige Kontaktaufnahmen des Vaters *negativ reagieren*, was nach Ansicht des Gerichts das Kind gefühlsmäßig mitbekommt und worauf es nach Ansicht des Gerichts nicht positiv reagieren kann. *Es mag sein, daß durch die Haltung der Mutter das Kind in seiner späteren Entwicklung beeinträchtigt werden wird.* Es ist aber nicht ersichtlich, daß die Einstellung des Vaters, unbedingt in irgendeiner Form Kontakte zu seinem Kind zu bekommen, dem Wohle von M. mehr entspräche» (Amtsgericht Riedlingen, 25. November 1991).

- «Mehrere Anträge der Genfer Arbeitsgruppe, die Gleichstellung der nichtehelichen Kinder ausdrücklich im Konventionstext (der UN-Konvention über die Rechte des Kindes, A.S.) zu verankern, sind gescheitert. *Damit hat sich die Nichtgleichstellung ehelicher und nichtehelicher Kinder im Familien- und Erbrecht, die auch in den Menschenrechtstexten eine alte Tradition hat, auch in der Kinderkonvention durchgesetzt*» (Landgericht Essen, 28.1.1993).

Hervorhebungen vom Autor

«Rechte: keine – Pflichten: finanzieller Art»

Aus Briefwechseln nicht verheirateter Väter

Liebe Natalie,
die Rücksendung des Pakets für Susannas Geburtstag hat meine Eltern sehr getroffen. Seit Dienstag sind sie bei mir zu Besuch. In Sichtweite meiner Wohnung liegt einer der schönsten Spielplätze von Köln, mit einer richtigen Seilbahn, auf der man in einem Reifen von einer Station zur anderen gleiten kann.

Meine Eltern lassen mich fragen, ob es für Dich vielleicht möglich wäre, am Samstag dort einmal mit Susanna auszuprobieren, ob dieser

Spielplatz wirklich so gut ist. Vielleicht eine Viertelstunde lang dort spielen, und wie es der Zufall so will, die alten Leutchen vom Osterspaziergang sitzen dort auf einer Bank und schauen zu? Meine Mutter wird am Samstag 76 Jahre alt, und es ist so, daß sie einfach großen Jammer hat nach ihrer Enkeltochter.

Ich guck dann von ferne, denn wenn Susanna schon nicht ihren Vater sehen darf, warum sollen denn auch noch ihre Großeltern darunter leiden müssen? Viele Grüße, und erzähl Susanna ein spannendes Märchen

Claus

* * *

Sehr geehrter Herr T.,
der letzte Besuch unseres Enkelsohns Michael am vergangenen Sonntag in Ihrer Wohnung zeigte nach zweistündiger Dauer folgende Veränderungen am Kind: Wie aufgezogen, plapperte der Kleine fast unaufhörlich «pa, pa, pa, pa» und nickte dabei nervös mit dem Kopf. Er schlief spät ein, und nachts kam sein Unterbewußtsein ebenfalls nicht zur Ruhe. Zweimal mußten wir ihn beruhigen, immer wieder plapperte er diese Worte.

Unter diesen Umständen werden Sie verstehen, daß wir eine weitere Zusammenkunft nicht mehr dulden. Uns liegt das Wohl und Wehe unseres Enkelkindes sehr am Herzen, und wir werden uns mit allen Mitteln dafür einsetzen, daß die physische und psychische Entwicklung des Kindes von negativen Einflüssen verschont wird.

Bitte beachten Sie folgende Fakten:

Unsere Tochter kam freiwillig und ohne unser Dazutun zu uns nach Hause. Das Kind trägt ihren/unseren Namen und gehört <u>laut Gesetz</u> zur Mutter.

Daraus resultiert folgendes für Sie:

Rechte: keine.

Pflichten: finanzieller Art.

Es liegt allein im Ermessen der Mutter, ob und wie viele Zugeständnisse überhaupt an den Erzeuger des Kindes gemacht werden.

Wir raten Ihnen dringend, von Belästigungen uns gegenüber Abstand zu halten. Andernfalls werden wir unseren Rechtsanwalt einschalten.

Hochachtungsvoll ...

* * *

Liebe Katrin,
über alle Fragen von Rechten und Pflichten hinaus möchte ich dich noch einmal flehentlich bitten, mir wieder zu ermöglichen, was bis vor kurzem noch möglich war: unsere Tochter zu sehen.

Jedes Lächeln von Gudrun, jeder fröhliche Jauchzer gibt Dir tagtäglich tausendfach neue Freude und ein stetiges Glücksgefühl. Aus jedem strahlenden Lächeln strahlt Dich zur Hälfte auch der Vater an.

Wenn Du einmal die Zeit eines Monats mit hundert Prozent ansetzt und zweimal einen halben Nachmittag im Laufe eines Monats für einen Besuch dagegenrechnest, dann sind das 0,5 Prozent. Der zweihundertste Teil Deines Glücks – für mich ist er das ganze.

Laß mir doch bitte dieses winzige Stückchen meines Vaterseins, bitte…

Es grüßt Dich lieb Dein Jürgen

* * *

Sehr geehrter Herr Richter,
das beigefügte Foto zeigt unseren Sohn Stefan, wie er im Hause des Vaters hüpft und summt und sich wohl fühlt. Das Foto hat mein Bruder vor wenigen Monaten bei einem der regelmäßigen Besuche von Stefan bei mir aufgenommen. Ich hatte es Stefans Mutter zum Nikolaustag zugeschickt, aber es kam fünf Tage später wieder zurück – denn sie hat mir den Krieg erklärt, weil ich die «Frechheit» besaß, das Besuchsrecht zu beantragen.

Warum ich Ihnen dieses Foto schicke? Ein zweiter Abzug hängt in meinem Arbeitszimmer über meinem Schreibtisch, und wenn ich mich während der Feiertage in Arbeit vergrabe, dann werde ich dieses Foto sehen und hoffen, daß Stefan vielleicht einen Tag des nächsten Weihnachtsfestes bei seinem «Papi» sein wird.

Mit den besten Wünschen für ein ruhiges Weihnachtsfest und ein erfreuliches neues Jahr …

* * *

An das Amtsgericht T.
O Richter,
wie bist Du so hart!
Für uns alle unfaßbar
wurde uns durch des Obersten Richters Hand
unsere über alles geliebte Tochter und Enkeltochter

Antonia
* 17.10.1984

genommen.
In tiefer Trauer
die rechtlosen Ausgestoßenen
der ledige Vater Norman N.
und die Großeltern väterlicherseits, die ihr Enkelkind wohl nicht mehr sehen werden.
Die Trauerarbeit findet im engsten Familienkreise statt. Anstelle zugedachter Blumen wird um Spenden für den Verein «Nichtverheiratete Väter flehen um Gnade» gebeten.

B., den 11. September 1991

... Nach zwei Tagen – Schallgeschwindigkeit für ein deutsches Gericht – kam die Antwort ...

Amtsgericht T., 13.09.1991

Sehr geehrter Herr N. !

In der Pflegschaftssache
Antonia L.
wird Ihre Traueranzeige vom 11.09.1991 hier als Beschwerde gegen den Beschluß vom 30.08.1991 behandelt. Die Akte ist zur weiteren Bearbeitung an das Landgericht in S. abgegeben worden.

Hochachtungsvoll
P.
Richter am Amtsgericht
Beglaubigt:
M., Justizangestellte

Der nicht verheiratete Vater – ein Sonderling

Für Väter ohne Trauschein und ihre Kinder hat sich der Gesetzgeber noch einige weitere *Sonderregelungen* ausgedacht:

1. Sollte das Kind seinen Lebensmittelpunkt von der Mutter zum Vater verlegen, kann letzterem nicht das *Sorgerecht* übertragen werden. Das gilt auch dann, wenn die Mutter nicht willens oder in der Lage ist, ihr Kind zu erziehen. Stirbt die Mutter, ist das Kind juristisch gesehen Vollwaise. Auf Antrag beim Vormundschaftsgericht kann der Vater als Vormund benannt werden (s. S. 82f.).

Dem Amtsgericht Melsungen (Beschluß vom 18.09.1992 – Az. 4 X 24/92; abgedruckt in: FamRZ 1993, H. 1, S. 108–110) erscheint es «verfassungsrechtlich bedenklich, daß de lege lata [vom Standpunkt des geltenden Rechts aus, A.S.] eine Übertragung des Sorgerechts für ein nichteheliches Kind auf den Vater bei einem ‹Ausfallen› der Mutter wegen Betreuungs- und Erziehungsunfähigkeit nicht möglich ist». Die bestehende Rechtslage sei «dadurch gekennzeichnet, daß, anders als bei ehelichen Kindern, zunächst eine *hohe Eingriffsschwelle* (Kindeswohlgefährdung bei der Mutter) überschritten sein muß und weiter der *Fortbestand* der dann möglichen Betreuung durch den Vater weitgehend *ungesichert* ist.» Der Richter beschloß deshalb im vorliegenden Fall (das Kind lebt seit drei Jahren beim Vater und möchte bei ihm bleiben; die Mutter ist in stationärer Behandlung eines psychiatrischen Krankenhauses), «daß auch bei einer weiteren Stabilisierung der Mutter das Kind von einem rechtlich gesicherten Aufenthalt beim Vater ausgehen kann, soweit und solange seine emotionalen Bindungen an den Vater und sein nachdrücklicher Wunsch dies erfordern, auch wenn künftig eine konkrete Kindeswohlgefährdung [durch die Mutter] nicht mehr vorliegt».

Anders das Bayerische Oberste Landesgericht: In zwei am 9. März 1993 veröffentlichten Entscheidungen betont es ausdrücklich, der Gesetzgeber habe zu Recht «nichteheliche Kinder» den Müttern zugesprochen. Nur deren Fehlverhalten durch mißbräuchliche Ausübung der elterlichen Sorge, Gefährdung des Kindes durch verschuldetes Versagen oder Vernachlässigung rechtfertigten den Entzug von Personen- und Vermögenssorge. Keine Rolle spielt nach diesen Urteilen, ob die Kinder selbst lieber beim Vater leben wollen. Die beiden Aktenzeichen: 1 Z BR 79/92 und 1 Z BR 92/92.

2. In den fünf neuen Bundesländern haben nichtehelich geborene Kin-

der die gleichen Erbansprüche wie eheliche Sprößlinge. Nicht aber im Westteil der Republik: Stirbt der Vater, steht dem Kind lediglich ein *Erbersatzanspruch* gegen den/die direkten Erben zu. Hierbei handelt es sich um einen reinen Geldanspruch. Wertmäßig entspricht dieser zwar dem gesetzlichen Erbteil eines «ehelichen» Nachkommens, aber oft geht das außerehelich geborene Kind leer aus. Denn niemand kann die restlichen Erben daran hindern, den «dinglichen Nachlaß» unter sich zu verteilen.

Ein außerehelich geborenes westdeutsches Kind im Alter von 21 bis 26 Jahren kann von seinem Vater einen *vorzeitigen Erbausgleich* in Geld verlangen. Dazu der Rechtsratgeber «Ehe ohne Trauschein»: «Die Höhe des Ausgleichsbetrags beträgt das Dreifache des Unterhalts, den der Vater dem nichtehelichen Kind im Durchschnitt in den letzten fünf Jahren jährlich bezahlt hat oder hätte zahlen müssen»[42] (§ 1934 d BGB).

Der Vater kann das Erbrecht seines außerhalb einer Ehe geborenen Kindes testamentarisch aufbessern, indem er den Erbteil erhöht und den Erbersatzanspruch in einen echten Erbanspruch verwandelt.

3. Während bei *Adoptionen* ehelich geborener Kinder unter anderem die Einwilligung von Mutter *und* Vater notwendig ist, interessiert die Meinung des Vaters nicht, solange er nicht mit der Mutter verheiratet war. Will der neue Ehepartner der Mutter das Kind (sein «Stiefkind») adoptieren, bedarf es keiner Einwilligung des Vaters ohne Trauschein (1747 [2] BGB). So kann es passieren, daß Kinder und ihre leiblichen Väter von einem Tag auf den anderen nicht mehr verwandt sind! Mit der Adoption verliert der Vater auch sein eingeschränktes «Besuchsrecht»; gleichzeitig erlöschen sämtliche Unterhalts-, Erb- und Erbersatzansprüche des Kindes an ihn.

2956 außerehelich geborene Kinder (mit deutscher Staatsangehörigkeit) wurden im Jahre 1990 adoptiert, größtenteils von «Stiefvätern». Der Leiter der «Gemeinsamen Zentralen Adoptionsstelle» der Bundesländer Bremen, Hamburg, Niedersachsen und Schleswig-Holstein, Rolf Bach, berichtet, daß etwa jeder fünfte Vater ohne Trauschein versuche, die Adoption zu verhindern – die Aussicht auf Erfolg ist gleich null. Der leibliche Vater kann die Adoption seines Kindes lediglich hinauszögern, indem er selbst die Adoption oder die Ehelicherklärung seines Kindes beantragt. Dieser Antrag muß vorrangig bearbeitet werden, wird aber stets zurückgewiesen, denn in beiden Fällen ist die Zustimmung der Mutter erforderlich. Die aber wird sie nicht geben, weil sie sonst ihr Sorgerecht verlieren würde.

4. Der Paragraph 1741 (3) aus unserem Bürgerlichen Gesetzbuch ist weltweit einmalig. Ledige Mütter können demnach ihre *eigenen* Kinder adoptieren («Eigenadoption»). Auch hier gilt: Die Zustimmung des Vaters ohne Trauschein ist nicht vonnöten; Gegenanträge laufen ins Leere.

Bei Fremd- und Eigenadoption erlischt das Verwandtschaftsverhältnis zwischen Vater und Kind vollständig und unwiderruflich. Hat der Richter die «Annahme als Kind» ausgesprochen, gibt es für den Vater keine weitere Beschwerdemöglichkeit. Denn was bei Zwistigkeiten um Heckenhöhen, verbeulte Kotflügel und Gartenzwerge im Vorgarten von Mehrfamilienhäusern möglich ist, gilt nicht für außereheliche Kind-Vater-Beziehungen: Gegen den Bescheid eines einzigen Vormundschaftsrichters gibt es keine weiteren Rechtsmittel.

Mittlerweile lehnen die meisten Richter Adoptionen ab, wenn Vater und Kind mehr als nur Überweisungsträger austauschen. Sie werden den Adoptionsantrag auch dann abweisen, wenn der nicht verheiratete Vater beim Vormundschaftsgericht bereits um ein «Besuchsrecht» nachgesucht hat, denn sonst könnten diese Anträge ja von Mutter oder «Stiefvater» stets ausgehebelt werden.[43] Eigenadoptionen werden auch dann zurückgewiesen, wenn der Vater seine Unterhaltsverpflichtungen regelmäßig und ausreichend erfüllt hat oder wenn sein Kind von ihm eine Erbschaft erwarten kann. Ende 1992 lagen dem Bundesverfassungsgericht zwei Verfassungsbeschwerden gegen das «Nichtehelichen-Adoptionsrecht» vor.

Väteraufbruch

Wandel und Festhalten an Althergebrachtem – die Familienuhren in deutschen Gerichtsstuben ticken ganz unterschiedlich: Noch kommen die Beziehungen zwischen Kindern und Vätern ohne Trauschein nicht überall zum Zuge. Während die Direktorin des Amtsgerichts Riedlingen einem ehelosen Vater am 25. November 1991 (Az. GR I 55/91) untersagt, seiner Tochter «eine Grußkarte mit drei Sätzen handschriftlichem Text» zu schreiben (s. S. 55), gewährt ihre Kollegin vom Amtsgericht Berlin-Spandau am 23. Juni 1992 (Az. 50 VIII 35559) einem nicht verheirateten Vater ein «Umgangsrecht», obwohl sich die Mutter vehement dagegen ausspricht und ihren Kindern, so die Richterin, ein «negatives Bild über Männer» vermittelt.

Der Berliner Vater darf mit beiden Kindern fürs erste die ganzen Herbstferien sowie zwölf Tage in den Weihnachtsferien in seinem baden-württembergischen (!) Wohnort zusammensein. Begründung: «Der Mißbrauch des Sorgerechts (durch die Mutter) kann nicht dazu führen, das Besuchsrecht auszuschließen, vielmehr wird das Gericht, sofern die Mutter ihr Verhalten nicht ändert, die Frage eines Sorgerechtsentzugs zu prüfen haben.»

Seit Ende der achtziger Jahre tendieren immer mehr Richter dazu, ehelosen Vätern und ihren Kindern ein «Umgangsrecht» einzuräumen. Generell scheinen die Gerichte in größeren Städten – hier leben die meisten nichtehelichen Lebensgemeinschaften – das größte Verständnis für Kind-Vater-Beziehungen zu haben. Sie zielen in ihren Entscheidungen vor allem darauf ab, «daß ein Umgang mit dem Vater *regelmäßig* dem Wohl auch des nichtehelichen Kindes dienen wird, weil ihm dieser Kontakt eine möglichst normale Entwicklung bietet und sein Selbstverständnis hinsichtlich seiner Person und Herkunft erleichtert»[44], kommentiert Familienrechtlerin Ingeborg Schwenzer die Arbeit ihrer Kollegen.

Mit anderen Worten: Auch Kinder aus nichtehelichen Beziehungen haben ein Recht auf ihren (leiblichen) Vater. Denn Mutter *und* Vater haben für das Kind eine wichtige identitätstiftende Funktion. Und die steht und fällt nicht mit dem Trauschein der Eltern.

Leider sind viele Urteile, die Kindern und ihren leiblichen Vätern «Umgang» zugestehen, nicht mehr als Kosmetik; sie blenden das Zeitgefühl von Kindern vollständig aus (vgl. S. 174 und S. 191ff.[45]). Bei einem zweistündigen «Kontakt», sechsmal pro Jahr, wie ihn ein Landgericht jüngst verordnete, hatte der Richter wohl eher einen «Besichtigungstermin» als die «Pflege der Vater-Kind-Beziehungen» im Sinn.

Die Zeiten, in denen sogar aus einem nicht sorgeberechtigten Haus-Mann ohne Trauschein von heute auf morgen ein Außer-Haus-Mann mit Null-Umgang werden konnte, scheinen glücklicherweise vorbei. Immer mehr Vormundschaftsrichter definieren Kind-Vater-Beziehungen nicht länger über die Befindlichkeit und Zustimmung der nicht verheirateten Mutter. Alte Rechnungen zwischen den Eltern sind kein Grund, Bindungen zwischen Kind und Vater auszuhebeln, erkannte als einer der ersten ein Münchener Amtsrichter. In seinem Beschluß vom 21. Dezember 1987 schreibt er: «Maßgeblich führt die Mutter an, sie habe so viel vom Antragsteller [der Vater, A. S.] hinnehmen müssen, daß sie endlich vor ihm Ruhe haben wolle. Der einseitige Wunsch der Mutter, mag er persönlich noch so gerechtfertigt sein, den Vater aus ihrem Leben zu streichen, muß bei der Abwägung unberücksichtigt bleiben.»[46]

Bestanden die Kontakte zwischen Vater und Kind noch nicht lange oder kennen sich beide noch gar nicht, weil sich die Eltern bereits vor der Geburt getrennt haben, entschieden die Richter bis vor kurzem fast immer gegen jegliche «Umgangsformen». Auch hier findet ein Umdenken statt. Pionier war ein Richter vom Landgericht Bonn: Am 4. August 1989 räumte er Vater und Sohn (damals acht Monate alt) die Möglichkeit zu Begegnungen ein, obwohl

- der Vater nur von Januar 1987 bis September 1987 mit der Mutter zusammengelebt hatte,
- er das Kind nach der Geburt nur einmal im Krankenhaus und später noch einmal zufällig sah,
- die Mutter im Dezember 1988 heiratete und zum Zeitpunkt des Gerichtstermins von ihrem Ehemann ein zweites Kind erwartete und
- ihr neuer Partner ihren Sohn adoptieren wollte.[47]

Weitere Hoffnungsschimmer aus deutschen Gerichten für Kinder und Väter ohne Trauschein stelle ich ab Seite 90ff. vor.

Die Kirchen zum «Umgangsrecht nichtehelicher Väter»

«Sollen die Entfaltungschancen des Kindes verbessert werden, ist primär auf eine verbindliche psycho-soziale Beratung abzustellen, jedenfalls in den Fällen, in denen bereits persönliche Bindungen zwischen Vater und Kind entstanden waren. Eine Entscheidung zugunsten des nichtehelichen Vaters – auch gegen den Willen der Mutter – hilft alleine dem Kind wenig. Es steht im Gegenteil zu befürchten, daß das Kind hin und her gerissen wird, was für seine weitere Entwicklung Störungen befürchten läßt» (aus einer Stellungnahme des Familienbundes der Deutschen Katholiken, 1989).

«Die Evangelische Aktionsgemeinschaft für Familienfragen (EAF) hat Zweifel, ob man einer Frau, die im Gegensatz zur getrenntlebenden oder geschiedenen Ehefrau nie Rechtsbeziehungen zu dem Vater ihres Kindes eingegangen ist, ‹in der Regel› solche Kontakte [zwischen Kind und Vater, A.S.] gegen ihren Willen abverlangen kann. Bei getrenntlebenden oder geschiedenen Ehegatten rechfertigen sich derartige Anforderungen aus den Nachwirkungen der Ehe» (aus einer «Stellungnahme der EAF zur Reform des Kindschaftsrechts», 1992).

«Die Rechtslage unverzüglich mit dem Grundgesetz in Einklang bringen»

Pflege und Erziehung der Kinder sind das natürliche Recht der Eltern und die zuvörderst ihnen obliegende Pflicht. Über ihre Betätigung wacht die staatliche Gemeinschaft
(Art. 6 [2] Grundgesetz).

Den unehelichen Kindern sind durch die Gesetzgebung die gleichen Bedingungen für ihre leibliche und seelische Entwicklung und ihre Stellung in der Gesellschaft zu schaffen wie den ehelichen
(Art. 6 [5] Grundgesetz).

«Seit neun Jahren lebe ich mit meiner Frau und meinem Sohn unter einem Dach. Wir alle wollen, daß auch ich das Sorgerecht für Jan erhalte. Können wir da etwas tun?» fragte ein Hamburger Vater ohne Trauschein den Notar. Der schüttelte den Kopf: «Sie könnten Jan zwar mit Zustimmung Ihrer Partnerin für ehelich erklären. Dann würden Sie das Sorgerecht bekommen, aber nach dem Gesetz würde Ihre Frau damit gleichzeitig ihr Sorgerecht verlieren.»

Das ist es nicht, was die Eltern im Sinn haben. Beide wollen sie für ihren Sohn zukünftig voll verantwortlich handeln können. Jurist und Vater schmieden deshalb einen Plan: Mit notarieller Urkunde vom 31. Mai 1988 beantragt der Vater beim Vormundschaftsgericht, das Kind mit der Maßgabe für ehelich erklären zu lassen, daß ihm und seiner Partnerin das Sorgerecht *gemeinsam* übertragen wird. Die Mutter bestätigt den Antrag, und auch der Jugendamtsmitarbeiter gibt grünes Licht.

Der Notar kennt den zuständigen Richter. Auch er würde den Eltern gern ihren Wunsch erfüllen, aber die Paragraphen binden ihm die Hände. Doch anstatt negativ zu entscheiden, setzt er das Verfahren aus und bittet das Bundesverfassungsgericht um Klärung: «Ist der automatische Entzug des Sorgerechts für die Mutter bei Ehelicherklärung des Kindes auf Antrag des Vaters verfassungswidrig?» lautet seine Frage an das Hohe Gericht.

Ja, so ist es. Mit ihrer Entscheidung vom 7. Mai 1991 haben die Karlsruher Richter ein neues Kapitel in der Beziehung von Kindern und Vätern ohne Trauschein eröffnet. Es verstößt gegen das Grundgesetz (Art. 6 [2] und 6 [5] GG, s.o.), urteilten sieben Männer und eine Frau, «daß die gemeinsame Ausübung der elterlichen Sorge durch den

Vater und die Mutter eines nichtehelichen Kindes nach dessen Ehelicherklärung selbst dann von Gesetzes wegen ausgeschlossen ist, wenn die Eltern mit dem Kind zusammenleben, beide bereit und in der Lage sind, die elterliche Verantwortung gemeinsam zu übernehmen, und dies dem Kindeswohl entspricht».[48]

Bis eine gesetzliche Neuregelung in Kraft tritt, ist das Verfahren der Ehelicherklärung des außerehelich geborenen Kindes auf Antrag seines Vaters (§ 1738 [1] BGB) auszusetzen, wenn beide Eltern auf einem gemeinsamen Sorgerecht bestehen, entschieden die Richter.

Das Urteil aus Karlsruhe dürfte als «Meilenstein» in die Geschichte des deutschen Familien- und Kindschaftsrechts eingehen. Es lohnt sich, die *Entscheidung des Bundesverfassungsgerichts vom 7. Mai 1991* genauer zu studieren. Darin setzen die Richter ein Signal, das über den Sonderfall «Ehelicherklärung» des Kindes durch den Vater weit hinausgeht.

Auszüge:

«Der generelle Ausschluß des gemeinsamen Sorgerechts für Eltern nichtehelicher Kinder ist nicht aus Gründen des Kindeswohls geboten; die zwingende Zuordnung zu nur einem Elternteil kann im Gegenteil das Kindeswohl erheblich beeinträchtigen.

a) Leben Vater und Mutter mit dem Kind zusammen und sind beide bereit und in der Lage, die Elternverantwortung zu übernehmen, so entspricht es regelmäßig dem Kindeswohl, wenn beiden Eltern das Sorgerecht zuerkannt wird. Insbesondere kann es für das Wohl des Kindes von erheblicher Bedeutung sein, daß Vater und Mutter in Schulfragen die Elternbefugnisse ausüben können. Ein gemeinsames Sorgerecht ist darüber hinaus geeignet, den Eltern ihre gemeinsame Verantwortung für das Kind deutlich zu machen und zur Stetigkeit der Beziehungen beizutragen. Das Kind, das in einer ne. Lebensgemeinschaft aufwächst, hat deshalb ein erhebliches Interesse daran, daß die emotionalen Bindungen an seine beiden Eltern rechtlich abgesichert werden.

b) (...) Gerade für den Fall der Trennung der Eltern kann vielmehr der rechtlichen Absicherung der gemeinsamen elterlichen Sorge besondere Bedeutung zukommen.

Das Kind, das in der ne. Lebensgemeinschaft seiner Eltern aufwächst, entwickelt Beziehungen zu beiden Elternteilen. Der Gesichtspunkt der Stetigkeit in der Entwicklung und Erziehung des Kindes gebietet es, seine gefühlsmäßigen Bindungen bei einer Trennung der Eltern zu berücksichtigen. Deshalb kann sich eine gemeinsame Sorge der Eltern über die Trennung hinaus für das Wohl des ne. Kindes als ebenso entscheidend erweisen wie für das Wohl des ehelichen Kindes nach der Scheidung seiner Eltern.

Aber auch in Fällen, in denen ein gemeinsames Sorgerecht nach der Trennung der Eltern nicht in Betracht kommt, ist die feste Zuordnung zu einem Elternteil nicht geeignet, eine Beeinträchtigung des Kindes durch die Trennung zu vermeiden. Die ohne Rücksicht auf die konkreten Verhältnisse getroffene Zuordung macht es im Gegenteil unmöglich, den Bindungen des Kindes im Einzelfall Rechnung zu tragen (...)

c) (...) Sowohl der mit der Versagung des gemeinsamen Sorgerechts verbundene Eingriff in das Elternrecht als auch die Beeinträchtigung des Kindeswohls sind von erheblichem Gewicht.»[49]

«*Unverzüglich*» habe der Gesetzgeber die Rechtslage «mit dem Grundgesetz in Einklang zu bringen», so die Bundesverfassungsrichter. Die *Minimal*umgestaltung des «Nichtehelichenrechts» sähe demnach wie folgt aus: Eltern ohne Trauschein können zukünftig auch nach Ehelicherklärung durch den Vater gemeinsam sorgerechtliche Verantwortung für ihr Kind tragen.

Nun haben die hohen Richter zu einem sehr speziellen Fall Stellung bezogen: 1990 gab es weniger als einhundert Ehelicherklärungen auf Antrag des Vaters. Trotzdem hat das Urteil endlich Bewegung in die Familienrechtszenerie gebracht. Daß das gemeinsame Sorgerecht für Paare ohne Trauschein künftig nicht länger an den Sonderfall «Ehelicherklärung» gebunden bleiben wird, gilt mittlerweile als sicher.

«Vor allem muß erreicht werden, daß nichteheliche Kinder soweit wie nur irgend möglich ehelichen Kindern gleichgestellt werden», kündigte das Bundesministerium der Justiz erstmals am 1. November 1991 an. «Sie dürfen nicht die Leidtragenden der Lebensform ihrer Eltern sein.» Sehr wahrscheinlich werden nach der bevorstehenden Gesetzesreform *alle* nicht verheirateten Eltern – *auf gemeinsamen Antrag – gemeinsam* das *Sorgerecht* für ihre Kinder ausüben können. Momentan zerbrechen sich Experten noch den Kopf darüber, ob diese Möglichkeit an Auflagen geknüpft werden sollte oder nicht: zum Beispiel an eine «Kindeswohl-Prüfung» durch einen Richter und/oder an die Bedingung, daß Mutter und Vater zusammenleben.

Neue Paragraphen braucht das Land, aber die Bundesregierung läßt sich Zeit. Sie hat erst einmal eine «*interdisziplinäre Arbeitsgruppe*», in diesem Fall: «*zur Reform des Rechts nichtehelicher Kinder*» ins Leben gerufen. Die Marschroute des Reformteams legte der damalige Bundesjustizminister Dr. Klaus Kinkel persönlich fest: «Ziel der Reform ist es, das derzeit für nichteheliche Kinder geltende Abstammungs-, Sorge-, Unterhalts-, Adoptions- und Erbrecht sowie das dazugehörige Verfahrensrecht zu überarbeiten und noch vorhandene Diskriminierungen gegenüber ehelichen Kinder zu beseitigen.»[50] Bestehende Rechtsunterschiede zwischen Ost und West müßten angeglichen werden. Bis Ende 1994 sollen die Sonderregelungen im Erbschaftsrecht abgeschafft und die gesetzliche Amtspflegschaft durch eine *freiwillige Beistandschaft* ersetzt werden, meldet das Bundesministerium der Justiz im Februar 1993. Erst danach sollen neue Paragraphen zum gemeinsamen Sorgerecht und zum «Besuchsrecht» für Trennungs- und Scheidungseltern mit und ohne Eheurkunde geschaffen werden.

Während der Recherchen zu diesem Buch habe ich mich bemüht, von den Arbeitsgruppenmitgliedern erste Ergebnisse der Reformbemühungen in Erfahrung zu bringen. Leider ohne Erfolg. Eines wurde aber deutlich: Eine Lobby für die Aufrechterhaltung von Bindungen zwischen Kindern und Vätern ohne Trauschein hat sich in Bonn wahrlich nicht versammelt.[51]

Ob beispielsweise der Tübinger Kinder- und Jugendpsychiater *Reinhart Lempp* (Jahrgang 1923) geeignet ist, das Kindschaftsrecht von morgen mitzugestalten, ist fraglich. Die Einstellung der Mutter hält der Emeritus noch immer für das A und O, wenn es um die Beziehungen von Kindern und ihren Vätern ohne Trauschein geht. So der Wille der Mutter, so die Kind-Vater-Kontakte, lautet Lempps psychologisches Credo. Hat die Mutter «einen erheblichen inneren Widerstand gegen diese Kontakte», schreibt Lempp, dürfe es keine Vater-Kind-Begegnungen geben, denn: «Das Kind wird (...) veranlaßt, etwas zu tun, was die Mutter, mit der es zusammenlebt, im Grunde nicht will. Auch wenn das Kind gerne den Kontakt mit dem Vater pflegen würde, käme es mit diesem Wunsch nach einem Kontakt zum Vater in eine Konfliktsituation, die für das Kind immer eine solche Belastung bedeutet, daß sie in der Regel kleineren Kindern nicht zumutbar ist.»[52] Das klingt noch sehr moderat im Vergleich zu Lempps Verirrungen aus den siebziger Jahren: «Man möge mir verzeihen, wenn ich die Unterhaltszahlung des nichtehelichen Vaters in vielen Fällen eher in einer Parallele zur Schadenersatzforderung sehe.»[53]

«Damals war es ja üblich, daß man heiratete, und dann bekam man Kinder», bemerkte der («eheliche») Vater von sechs Kindern in der TV-Produktion «Väter – Väter» von 1991. Lempp: «Meine Kinder sind der Maßstab für mein Handeln.»

Keine guten Karten dürften Väter ohne Eheschein, die ihr Kind noch nie gesehen haben, bei Reformerin Dr. *Ulrike Schmidt-Aßmann* haben: «Hat der biologische Vater nie eine Beziehung zu seinem Kind aufgebaut, ist es ohnehin kaum denkbar, daß ein Umgangsrecht dem Wohl des Kindes entspricht»[54], verkündete die Heidelberger Familienrichterin auf dem 57. Deutschen Juristentag in Mainz 1988.

Jürgen Tank vom Kreisjugendamt Pinneberg, Abteilung Amtspflegschaften und Beistandschaften, konnte ich als einziges Mitglied der Arbeitsgruppe zu einem Gespräch bewegen. «Ein Plädoyer für den Kontakt zwischen dem nichtehelichen Vater und dem bei der Mutter lebenden Kleinkind möchte ich auch nicht abgeben», sagt der Erneuerer. «Drängt der nichteheliche Vater nicht als Fremdkörper in die neue Familie hinein?» «Vorsicht» ist für Tank immer dann geboten, wenn das Kind seinen neuen «Stiefvater» bereits «als Vater bezeichnet». «Später» sei es notwendig, dem Kind «die Wahrheit» zu unterbreiten. Daß Kinder durchaus zwei Vaterbilder aufbauen können, Basiswissen aus dem familienpsychologischen Einmaleins, hat sich beim Pinneberger Amtspfleger noch nicht herumgesprochen. Und wie hält er es mit dem gemeinsamen Sorgerecht nach Trennung oder Scheidung? «Das ist für mich nicht nachvollziehbar, wie das funktionieren soll.» Auf die Frage, welche Bedeutung die Reform-AG der Kinderrechtekonvention der Vereinten Nationen (s. S. 33f.) beimesse, antwortete Tank: «Mit dieser Konvention habe ich mich noch nicht beschäftigt.»

Soweit das Stimmungsbild (Sommer 1992) aus der Reformgruppe – wahrlich kein «Dream-Team» für nicht verheiratete Väter und ihre Kinder.[55]

Mit *konkreten Ergebnissen für Väter ohne Kinder und Kinder ohne Väter* ist vorerst leider nicht zu rechnen. Bis Ende der Legislaturperiode (Herbst 1994) sollen «Formulierungen für einen Gesetzentwurf» vorliegen, verlautbart das federführende Bundesjustizministerium. Im Klartext heißt das: Es werden noch ein paar Jahre ins Land gehen, bis Bundestag und Bundesrat grünes Licht für einen wirklichkeitsgerechteren Familienrechtsrahmen geben. Daß dieses überfällige Reformvorhaben von Parlament und Regierung 1995 vorrangig angegangen wird, ist nach den bisherigen Erfahrungen sehr unwahrscheinlich. Vielleicht beschert uns eine neue Regierungsformation ja erst einmal eine weitere Arbeitsgruppe. Die könnte dann noch einmal ganz von vorne anfangen mit dem Reformieren.

Neue Gesetze erwarten die meisten Familienverbände erst im letzten Drittel der neunziger Jahre. Bis dahin können Väter ohne Kinder und ohne Trauschein nur hoffen, auf sensible Trennungsbegleiter zu treffen: auf Jugendamtsmitarbeiter, Gutachter und Richter, die nicht das Dogma der mütterlichen Alleinsorge auf ihre Fahnen geschrieben haben. Auf Menschen, denen die Ver-Bindungen und Beziehungsmöglichkeiten zwischen Kindern und ihren Vätern mehr bedeuten als der Wortlaut moderner Trennungsparagraphen.

«Ich fürchte, die Lobby für nichteheliche Kinder ist bei uns nicht sehr groß» (Ein Mitglied der «interdisziplinären Arbeitsgruppe zur Reform des Rechts nichtehelicher Kinder»).

«Nein zu der Entscheidung [des Bundesverfassungsgerichts vom 7. Mai 1991 zur gemeinsamen Sorge unverheirateter Eltern, A.S.], *wenn damit eine allmähliche Gleichstellung nichtehelicher Lebensgemeinschaften mit Ehen verbunden sein soll»* (Dr. Karl H. Fell, Präsident des Familienbundes der Deutschen Katholiken und CDU-Bundestagsabgeordneter).

Väter ohne Trauschein im Ausland

Ein kurzer Blick über die Grenzen, und auch den Reformern des «Nichtehelichenrechts» dürfte eines schnell klarwerden: Unsere Familienparagraphen sind nicht nur «internationales Schlußlicht» (Rechtsprofessorin Ingeborg Schwenzer) – sie sind bereits zum *«Irrlicht»* geworden, wie Peter Koeppel und Michael Reeken vom Verein *Väter für Kinder* zutreffend erkannt haben.

Dieses Irrlicht manifestiert sich deutlich in der Sprachwelt deutscher Juristen: Nicht von Kindern, sondern von der «Pflegschaftssache Michael» oder der «Vormundschaftssache Anja» ist da in gerichtlichen Ladungen und Beschlüssen die Rede. Und wenn das Wort «Kind» einmal fällt, dann mit dem Beiwort «nichtehelich».

Die meisten europäischen Gesetzesordungen haben Abstand von diesem Attribut für Kinder genommen, verzichten größtenteils sogar vollständig auf die diskriminierenden Begriffe «Nicht-», «Außer-» und «Unehelichkeit». Schwedische Reformer verbannten derartige Verunglimpfungen bereits im Jahre 1917 (!) in die Archive. Die Richter am Europäischen Gerichtshof forderten in einem Urteil vom 13. Juni 1979, nicht länger zwischen ehelichen und nichtehelichen Familien zu unterscheiden. Auch das Familiengesetzbuch der ehemaligen DDR sprach nicht von «nichtehelichen», sondern von «außerhalb der Ehe geborenen Kindern». Ein kleiner, aber feiner Unterschied.

«Unmarried children» gibt es auch im englischen *Children Act* von 1989 nicht mehr, sondern Kinder nicht verheirateter Eltern («children of unmarried parents»). Auch die längst in unsere Umgangssprache eingegangenen «nichtehelichen Väter» und «nichtehelichen Mütter» tauchen im englischen Paragraphenwerk nicht auf. Zu Recht, denn hat ein Vater, hat eine Mutter die Eigenschaft nichtehelich zu sein? Ich habe da meine Zweifel. Wenn überhaupt, paßt das Adjektiv «nichtehelich» wohl noch am ehesten zu «Paaren» oder «Lebensgemeinschaften».

Zum Inhalt: Auch hier sieht es um unser juristisches Fundament ganz finster aus. In keinem anderen Land haben Mütter die Vaterrolle so fest in der Hand, geraten außereheliche Vater-Kind-Beziehungen so leicht auf das Abstellgleis wie bei uns. Nur in der Schweiz ist Eltern ohne Eheurkunde das gemeinsame Sorgerecht ebenfalls generell vorenthalten. Im Gegensatz zu seinem Freund aus Freiburg kann der nicht verheiratete Vater aus Basel aber wenigstens dann vollständig für sein Kind sorgen, wenn die Mutter ihr Kind verlassen hat oder stirbt.

In Sachen Familienrecht gleicht das Europa der offenen Grenzen einer Gemeinschaft von Sprintern und Langstreckenläufern. Während ein Bonner Amtsrichter einem 77jährigen Vater ohne Trauschein am 12. März 1992 offenbart, daß ihm «derzeit (!) keine Befugnis zum Umgang mit dem Kinde zusteht», spricht sein Amtskollege vom Berufungsgericht im französischen Lyon dem Vater eines vierjährigen Jungen das gemeinsame Sorgerecht zu, obwohl dieser nie mit der Mutter verheiratet war und sich von ihr sofort nach der Geburt des Kindes getrennt hatte. Dazu meldet die Pariser Tageszeitung *Le Monde* am 29. Februar 1992: «Um seine Entscheidung zu rechtfertigen, erklärte der Richter, daß ‹es im übergeordneten Interesse des Kindes liege, daß beide Eltern in Zukunft das Sorgerecht gemeinsam ausüben›. Unabhängig vom Sorgerecht wird das Kind seinen Wohnsitz weiterhin bei der Mutter haben. Der Vater erhält ein Besuchsrecht.»[56]

In folgenden Ländern (Stand 1992) ist das *gemeinsame Sorgerecht für Eltern ohne Trauschein* vorgesehen: Dänemark, England und Wales, Finnland, Frankreich, Italien, Norwegen, Österreich, Portugal und Schweden, ebenso in Kanada und den USA. Das gilt in der Regel auch dann, wenn die Eltern nicht unter einem Dach zusammenleben. Nach einem Vorschlag der französischen Nationalversammlung vom 28. April 1992 soll Frankreichs Vätern zukünftig «*automatisch*» – gemeinsam mit der Mutter – das Sorgerecht zugesprochen werden. Voraussetzung: Der Vater erkennt sein Kind innerhalb von sechs Monaten nach der Geburt an. Später soll es das gemeinsame Sorgerecht nur dann geben, wenn Mutter und Vater dies «gemeinsam erklären». Auch nach Trennung der Eltern soll das gemeinsame Sorgerecht generell fortbestehen.[57]

Auch in *Ost-Deutschland* gab es das gemeinsame «Erziehungsrecht» auf «übereinstimmenden Antrag beider Eltern» – allerdings nur vom 1. Oktober 1990 bis zum 3. Oktober 1990. Zum «Tag der deutschen Einheit» wurde das kinderfreundliche «Gesetz zur Änderung des Familiengesetzbuches der DDR» («Zwei-Tage-Gesetz», s. S. 31) wieder außer Kraft gesetzt. Ein schnelles Aus für ein solides Paragraphenwerk, das die UN-Kinderrechtekonvention richtig umgesetzt hatte.

Übrigens: Nur ein einziges nicht verheiratetes Paar aus Jena hat es während dieser Reformära geschafft, das gemeinsame Sorgerecht zu erhalten.

Die Abstufung des «Umgangsrechts» für Kinder und Väter in die Kategorien «ehelich» und «nichtehelich» kennen die meisten Gesetzbücher ebenfalls nicht. Das *Recht auf persönlichen Kontakt* wird zunehmend nicht länger als Recht der Eltern, sondern als *Recht der Kinder* festgeschrieben – so unter anderem in allen skandinavischen Rechtsordnungen, in England und Wales, in Österreich sowie in der Schweiz. Das englische Kindschaftsrecht schützt auch die «gewachsenen Beziehungen» zwischen Kindern und anderen nahestehenden Personen wie Großeltern, sozialen Eltern, Geschwistern und Betreuungspersonen – ohne danach zu fragen, ob die leiblichen Eltern des Kindes verheiratet sind oder nicht.

Auch ostdeutsche Kinder unverheirateter Eltern hatten nach dem Zwei-Tage-Gesetz «das Recht, regelmäßige persönliche Beziehungen und unmittelbare Kontakte zu beiden Elternteilen zu pflegen». Dieser Passus wurde direkt aus der «UN-Konvention über die Rechte des Kindes» (Art. 9 [3], s. S. 33f.) übernommen. Doch dieser «Meilenstein in der Geschichte der Kindheit» gilt ja dank eines «Vorschaltgesetzes» nicht in der Bundesrepublik Deutschland.

Völkerrecht kontra Nichtehelichenrecht

Ebensowenig Beachtung haben die meisten deutschen Familienrechtler bisher der *Europäischen Menschenrechtskonvention* (EMRK, auch: Konvention zum Schutze der Menschenrechte und Grundfreiheiten) vom 4. November 1950 geschenkt. Seit 1952 ist sie auch bei uns *unmittelbar geltendes und anwendbares Recht* – im Range eines einfachen Bundesgesetzes.

Obwohl das Bundesverfassungsgericht dem Grundrechtskatalog der EMRK große Bedeutung beimißt, spielen ihre familienrechtlichen Inhalte in den alltäglichen Verfahren vor deutschen Familien- und Vormundschaftsgerichten keine Rolle. Das gilt vor allem für die EMRK-Artikel 8 (1): «Jedermann hat Anspruch auf Achtung seines Privat- und Familienlebens...» und Artikel 14, der Diskriminierungen, die auf der Geburt beruhen, verbietet.

Bereits am 26. März 1987 urteilten die Karlsruher Richter, daß «Inhalt und Entwicklungsstand» der EMRK sowie die Rechtsprechung des *Europäischen Gerichtshofes für Menschenrechte* (EGMR, Straßburg) als Auslegungshilfe für deutsches Verfassungsrecht «in Betracht zu ziehen» seien. «Auch Gesetze (...) sind im Einklang mit den völkerrechtlichen Verpflichtungen der Bundesrepublik Deutschland auszulegen und anzuwenden, selbst, wenn sie zeitlich später erlassen worden sind als ein geltender völkerrechtlicher Vertrag»[58].

Dennoch haben Väter ohne Trauschein in den letzten Jahren vergeblich versucht, das Bundesverfassungsgericht zu überzeugen, daß die BGB-Paragraphen 1705 (alleiniges Sorgerecht der nicht verheirateten Mutter) und 1711 (eingeschränktes «Besuchsrecht» des nicht verheirateten Vaters) unter anderem gegen Artikel 6 des Grundgesetzes verstoßen. Dieser Artikel fordert unsere Gesetzgebung seit mehr als vierzig Jahren auf, «die gleichen Bedingungen» für ehelich und außerehelich geborene Kinder zu schaffen. Sämtliche Verfassungsbeschwerden wurden abgewiesen, eine (1 BvR 1216/88) noch nicht entschieden.[59]

Nach Ausschöpfung aller innerstaatlichen Rechtsmittel bleibt Vätern ohne Kinder nur noch die Möglichkeit, bei der *Europäischen Kommission für Menschenrechte* eine Individualbeschwerde einzulegen. Eine Beschwerde ist dann zulässig, wenn das deutsche Gerichtsverfahren zu einem mit der EMRK unvereinbaren Beschluß geführt hat. Die Kommission kann die Beschwerde ablehnen oder dem Europäischen Gerichtshof für Menschenrechte zur Entscheidung überweisen. Alle Vertragsstaaten haben sich verpflichtet, die Urteile des

Gerichtshofes anzuerkennen und etwaige konventionswidrige Normen nicht mehr anzuwenden.[60]

Die Beschwerde muß innerhalb von sechs Monaten nach Urteilsverkündung gerichtet werden: An den Sekretär der Europäischen Kommission für Menschenrechte, Europarat, BP 431 R6, F-67006 Straßburg Cedex.

Aber auch eine positive höchstrichterliche Entscheidung dürfte die Entfremdung zwischen Kind und Vater nur noch schwerlich beseitigen können, denn die Verfahren in Straßburg erstrecken sich mitunter über Jahre. Da sind die Kinder vielleicht schon volljährig, wenn das Urteil ergeht. Erfolgversprechender ist es deshalb, die deutschen Richter auf das Urteil des Bundesverfassungsgerichts vom 26. März 1987 hinzuweisen, die Urteile des Europäischen Gerichtshofes in ihren Beschlüssen zu berücksichtigen (s. o.).

Wiederholt haben die EGMR-Richter in ihren Entscheidungen betont, daß die Europäische Menschenrechtskonvention keine Unterschiede zwischen «ehelicher» und «nichtehelicher» Familie macht – so zum Beispiel im bekannten Fall Marckx gegen Belgien aus dem Jahre 1979. In Deutschland mehren sich in höchsten Fachkreisen Stimmen, die viele «Nichtehelichenparagraphen» für «unvereinbar» mit der EMRK und der Rechtsprechung des Europäischen Gerichtshofes halten.

Überzeugend konnte der Richter Dr. Achim Brötel darlegen, daß

- die einseitige Sorgerechtszuweisung für nicht verheiratete Mütter
- das zurückgestufte «Umgangsrecht» für Kinder und Väter ohne Trauschein sowie der generelle Ausschluß von Großeltern und anderen dem Kind nahestehenden Personen
- die Adoption des Kindes nichtehelicher Paare, bei der – selbst wenn der Vater sich dagegen ausspricht – nur die Einwilligung der Mutter notwendig ist
- sowie das System der automatischen Amtspflegschaften *verfassungs- und konventionswidrig* sind.[61]

Väter, die mehr über die Europäische Menschenrechtskonvention und über das in Deutschland geltende Familien-Völkerrecht wissen möchten, können von
Reinhold Schoeler, Sedanstr. 84, 28201 Bremen,
Tel./Fax 04 21 / 53 46 67, gegen Voreinsendung von 5 Mark in Briefmarken eine Fundstellensammlung mit aktuellen prozeßrelevanten Daten sowie Antragsschriftsätze beziehen.

Doch der deutschen Versäumnisse nicht genug. Anlaß zu einer gründlichen Reform unseres «Nichtehelichenrechts» geben noch vier weitere Völkerrechtsverträge:

- Die *Allgemeine Erklärung der Menschenrechte* der Vereinten Nationen von 1948. Dort heißt es in Artikel 25: «Alle Kinder, eheliche und uneheliche, genießen den gleichen sozialen Schutz.»
- Das von der Bundesrepublik Deutschland noch immer nicht ratifizierte *Europäische Übereinkommen über die Rechtsstellung der unehelichen Kinder*. In dieser Konvention des Europarats aus dem Jahre 1975 wird das gemeinsame Sorgerecht dann als beste Lösung erachtet, wenn die nicht verheirateten Eltern zusammenleben.
- Das von der Bundesrepublik Deutschland ratifizierte *Übereinkommen zur Beseitigung jeder Form von Diskriminierung der Frau* (UN-Nichtdiskriminierungs-Vertrag) von 1979. Hier heißt es in Artikel 16 (1):

  «Die Vertragsstaaten treffen alle geeigneten Maßnahmen zur Beseitigung der Diskriminierung der Frau in Ehe- und Familienfragen und gewährleisten auf der Grundlage der Gleichberechtigung von Mann und Frau insbesondere folgende Rechte: (...) d) gleiche Rechte und Pflichten als Eltern, ungeachtet ihres Familienstandes, in allen ihre Kinder betreffenden Fragen; in jedem Fall sind die Interessen der Kinder vorrangig zu berücksichtigen.»
- Sowie der *UN-Zivilpakt* (Internationaler Pakt über bürgerliche und politische Rechte der Vereinten Nationen, IPBPR) von 1966. Auch nach diesem Übereinkommen dürfte es bei uns eigentlich keine Unterschiede zwischen Kindern von Verheirateten, getrennt Lebenden und Nichtverheirateten geben. Der UN-Zivilpakt gilt in der Bundesrepublik Deutschland seit März 1976 durch ein Zustimmungsgesetz als innerstaatliches Recht. Doch unsere Richter haben die familienrechtlich relevanten Normen des Pakts, die durch die «General Comments» des Menschenrechtsausschusses der Vereinten Nationen inzwischen präzisiert wurden, erst in einem Fall – wohlgemerkt für Ehe-Eltern – angewandt.[62]

  Noch immer (Änderungen stehen bevor) wird deutschen Staatsangehörigen das Individualbeschwerderecht vor dem *UN-Menschenrechtsausschuß* in Genf vorenthalten, weil sich die Bundesregierung bislang geweigert hat, das «Fakultativprotokoll» zum UN-Zivilpakt zu unterzeichnen. Kein Wunder: Individualbeschwerden deutscher Väter ohne Kinder könnten dazu führen, daß die Vereinten Nationen die Bundesrepublik Deutschland auffordern, die Bestimmungen zu den Eltern- und Kinderrechten nach dem UN-Zivilpakt zu beachten.

So kann modernes Familienrecht aussehen

*Vorschläge des *Deutschen Juristinnenbundes* (DJB) zur Neuregelung des Kindschaftsrechts / 24. Mai 1992 – *Auszüge* –[63]

I. Allgemeines
Der DJB fordert die Abschaffung der gesetzlichen Unterscheidung zwischen ehelichen und nichtehelichen Kindern im materiellen wie im formellen Recht. Alle das Kind betreffenden Verfahren sind einem einheitlichen großen Familiengericht zuzuweisen.

III. Elterliche Sorge
1. Im Scheidungsverfahren soll die elterliche Sorge nicht mehr von Amts wegen, sondern nur noch auf Antrag geregelt werden. Antragsberechtigt sind Eltern und Kinder.
2. Eltern, die nicht miteinander verheiratet sind, sollen künftig die Möglichkeit erhalten, gemeinsam das Sorgerecht auszuüben. Hierzu soll ein übereinstimmender, notariell beurkundeter Antrag ausreichen.
3. In besonderen Fällen wird auch dem Vater, der nicht mit der Mutter verheiratet ist, die Möglichkeit der alleinigen elterlichen Sorge eingeräumt. Hierfür bedarf es der notariell beurkundeten, übereinstimmenden Erklärung beider Eltern. Die Erklärung kann auch bereits vor der Geburt des Kindes abgegeben werden. Die Mutter hat in diesem Fall das Recht, die Erklärung bis sechs Wochen nach der Geburt des Kindes zu widerrufen.
4. Geben die nicht miteinander verheirateten Eltern keine Sorgerechtserklärung ab, verbleibt es bei dem alleinigen Sorgerecht der Mutter.
5. Die Amtspflegschaft gemäß §§ 1706 ff. BGB soll entfallen. Alle Eltern sollen künftig das Recht haben, einen Beistand gemäß § 1685 BGB zu beantragen.
6. Eine Änderung der elterlichen Sorge soll möglich sein, wenn es das Kindeswohl erfordert und Eltern [d. h. Mutter *oder* Vater; A.S.] oder Kind eine Änderung beantragen. Auf diesem Wege soll auch dem mit der Mutter nicht verheirateten Vater die alleinige elterliche Sorge übertragen werden können.

7. Der DJB spricht sich für eine Stärkung der rechtlichen Stellung von Stief- und Pflegekindern aus.
a) Stiefeltern sollen künftig an der elterlichen Sorge beteiligt werden. Wird die Lebensgemeinschaft zwischen einem leiblichen und einem Stiefelternteil aufgelöst, soll dem Stiefelternteil die elterliche Sorge übertragen werden können, wenn dies das Kindeswohl erfordert (...)

V. Umgangsrecht
1. Das Recht des Kindes zum persönlichen Umgang mit den Eltern ist zukünftig als eigenes Recht des Kindes und gleichmäßig auszugestalten, unabhängig davon, ob die Eltern miteinander verheiratet sind oder waren.
2. Das Recht des Kindes zum persönlichen Umgang ist auf andere Personen zu erstrecken, die dem Kinde nahestehen (z. B. Großeltern, Verwandte, Stiefeltern), soweit dies das Kindeswohl erfordert.

VI. Legitimation
Künftig soll es eine Legitimation von Kindern nicht mehr geben, und zwar weder durch nachfolgende Eheschließung noch durch Ehelichkeitserklärung auf Antrag des Vaters oder des Kindes.

VII. Adoption
1. Die Adoption des eigenen Kindes soll künftig nicht mehr möglich sein.
2. Künftig muß auch der Vater, der nicht mit der Mutter verheiratet ist, der Adoption des Kindes durch einen Dritten zustimmen.

VIII. Erbrecht
Der Erbersatzanspruch gemäß § 1934a BGB entfällt wegen der rechtlichen Gleichstellung aller Kinder. Der DJB tendiert auch zur Abschaffung des vorzeitigen Erbausgleichs gemäß § 1934d BGB. Falls er erhalten bleibt, sollte er auf alle Kinder erstreckt werden.

- Ganz ähnliche Vorschläge stellte der 59. *Deutsche Juristentag* (DJT) am 17. September 1992 in Hannover auf.[64] «Die generelle Differenzierung zwischen ehelichen und nichtehelichen Kindern sollte de lege ferenda [vom Standpunkt des zukünftigen Rechts aus, A.S.] nicht aufrechterhalten werden», forderten die anwesenden Mitglieder der «Abteilung Familienrecht» mit 63 Ja-, fünf Nein-Stimmen und einer Enthaltung. Auf Antrag sollte das Gericht bei Trennung oder Scheidung einem Elternteil auch *Teile* der elterlichen Sorge übertragen können, empfiehlt der DJT.

- Die *SPD-Bundestagsfraktion* hat am 17. Dezember 1992 einen Entwurf zur Reform des Kindschaftsrechts in den Bundestag (BT-Drucksache 12/4024; abgedruckt in FamRZ 1993, H. 3, S. 278–281) eingebracht, der die meisten Forderungen der beiden wissenschaftlichen Juristenvereinigungen aufnimmt. «Die derzeitige Gesetzessystematik des Kindschaftsrechts, die in erster Linie Rechte der Eltern untereinander regelt, ist verfehlt. Deshalb ist es erforderlich, die eigene Rechtspersönlichkeit des Kindes in den Mittelpunkt der Rechtsvorgaben zu stellen.»

Auszüge aus dem SPD-Entwurf:

– Weder der Erhalt noch die Übertragung der gemeinsamen elterlichen Verantwortung setzen voraus, daß das Kind mit beiden Eltern in Haushaltsgemeinschaft lebt.
– Das Kind hat das Recht, Beziehungen, die zu persönlichen Bindungen geführt haben oder die für seine Identitätsentwicklung von Bedeutung sind, zu pflegen.
– Auf übereinstimmenden Antrag der Mutter und des Vaters, dessen Vaterschaft anerkannt oder gerichtlich festgestellt wurde, kann das Familiengericht den Eltern die gemeinsame elterliche Verantwortung übertragen, wenn dies dem Wohl des Kindes nicht widerspricht (entfällt bei verheirateten Paaren).
– Wird von den verheirateten Eltern minderjähriger Kinder eine einvernehmliche Scheidung beantragt, so haben sie dem Gericht ihr Einverständnis über den weiteren Aufenthalt, die weitere Betreuung sowie das Kontaktrecht des Elternteils darzulegen, der das Kind nicht betreut.
– Bei einer erheblichen Interessenkollision zwischen dem Kind und seinen Eltern ist eine eigenständige und unabhängige Vertretung des Kindes durch einen Verfahrenspfleger erforderlich.

- «Die staatliche Ordnung achtet auch andere auf Dauer angelegte Lebensgemeinschaften.» (Formulierungsvorschlag von Bundesjustizministerin Sabine Leutheusser-Schnarrenberger zur Ergänzung des Artikels 6 Grundgesetz, April 1993)
- 75165 Eingaben (Stand: Ende April 1993) an die Verfassungskommission zur Änderung des Grundgesetzes reklamieren die Gleichstellung der Lebensgemeinschaft ohne Trauschein mit der Ehe.

4. Zehn Tips für Väter ohne Trauschein

Bis zu einer Reform des «Nichtehelichenrechts» müssen unverheiratete Väter wohl oder übel mit den vorhandenen Gesetzen leben und sich auf die derzeitige Rechtsprechungspraxis einstellen. Im folgenden habe ich deshalb einige Hinweise und Ratschläge zusammengestellt, mit denen die vorhandenen Stolpersteine leichter übersprungen werden können. Die Hinweise 7 bis 10 sind auch für getrennt lebende oder geschiedene Väter von Interesse.

1. Vaterschaftserklärung und Aufhebung der Amtspflegschaft

Väter ohne Trauschein müssen ihre Kinder anerkennen. Die erforderliche *Vaterschaftserklärung* können sie bereits *vor der Geburt* beim zuständigen *Jugendamt* abgeben. Am besten kommt die Partnerin gleich mit, denn sie muß der Erklärung zustimmen. Die entsprechenden Formulare liegen im Amt bereit. Dort kann die Mutter auch gleichzeitig die *Aufhebung* der obligatorischen *Amtspflegschaft* für das Kind beantragen. Erkennt ihr Partner seine Vaterschaft von vornherein an, wird das Jugendamt in der Regel zustimmen. Nach der Geburt muß die Beendigung der Amtspflegschaft beim Vormundschaftsgericht (schriftlich) beantragt werden.

Meldet sich der Vater nicht freiwillig, wird das Jugendamt ihn zur *Feststellung der Vaterschaft* laden, vorausgesetzt, die Mutter hat ihn gegenüber dem Standesbeamten als Vater angegeben. Dazu ist sie nicht verpflichtet. Eine «Urkundperson» wird die Vaterschaft mit Zustimmung des Amtspflegers (ein Mitarbeiter des Jugendamtes) «öffentlich beurkunden». Hierbei sollte der Vater darauf achten, was er neben der Vaterschaftserklärung noch alles mit unterschreibt. So verpflichteten sich Berliner Väter bei Abgabe der Erklärung gleichzeitig, den Regelunterhalt für ihr Kind (siehe 6.) zu entrichten, auch wenn sie dazu finanziell gar nicht in der Lage waren. In Hamburg versuchte ein Jugendamtsmitarbeiter, einem 19jährigen Schüler, der nicht mit der Mutter seines Kindes zusammenlebte, eine Unterschrift für den Regelunterhalt in Höhe der Hälfte seines BAföGs abzuringen. Der eifrige Beamte wollte anscheinend die Staatskasse entlasten, denn normalerweise erhalten Mütter für ihr Kind Unterhaltsvorschußzahlungen (siehe 6.), sollte der Vater nicht zahlen können. Vor der Unterschrift sollte die Vaterschaftserklärung also grundsätzlich genau durchgelesen und nachteilige Zusatzerklärungen ausgestrichen werden.

Übrigens: Väter ohne Trauurkunde, die mit ihrem Kind zusammenleben, dürfen nicht mehr zum Grundwehrdienst eingezogen werden. Das hat das Verwaltungsgericht in Kassel (Az. 3/1 H 1668/91, abgedruckt in: NJW 1992, H. 18, S. 1187) am 19. Dezember 1991 bestätigt. Dabei entschied das Gericht gegen eine Wehrbereichsverwaltung, die den entsprechenden Erlaß des Bundesverteidigungsministeriums vom 4. November 1991 nicht umsetzen wollte.

2. Der Trick mit dem Namen

Kinder nicht verheirateter Eltern bekommen mit der Geburt grundsätzlich den Familiennamen der Mutter; eine Gesetzesänderung steht bevor. Doppelnamen sind zur Zeit noch nicht möglich. Auf Antrag der Eltern kann das Kind aber auch den *Namen des Vaters* erhalten. Für so eine *Einbenennung* ist die Zustimmung der Mutter und des Kindes erforderlich. Bei Kindern unter vierzehn Jahren muß der gesetzliche Vertreter vom Jugendamt grünes Licht geben, sofern die Amtspflegschaft nicht aufgehoben worden ist.

Der Vorteil dieser Namenserteilung liegt auf der Hand: Für Dritte ist der Vater ohne Trauschein als solcher nicht mehr zu erkennen. Obwohl seine Partnerin auch nach der Namensänderung allein sorge- und somit vertretungsberechtigt für das Kind bleibt, werden Väter und Kinder mit gleichem Namen gewöhnlich auch von Ärzten, Lehrern und Grenzbeamten für voll genommen.

Zuständig für die Einbenennung ist das *Standesamt*. Hermann Bullinger erklärt in seinem Buch «Wenn Männer Väter werden»: «Bei der Einbenennung empfiehlt es sich, vorher auf dem zuständigen Standesamt anzurufen und die Einwilligungs- und Namenserteilungserklärungen vorbereiten zu lassen. Dann müssen die Mutter und der Vater dort nur noch die vorbereiteten Erklärungen unterschreiben. Sie werden dort auch beglaubigt. Gleichzeitig bekommen Mutter und Vater neue Abstammungsurkunden für das Kind, in denen der neue Name eingetragen ist.»[65]

Eine Einbenennung kann nicht mehr rückgängig gemacht werden – auch nicht nach Trennung der Eltern.

3. Die Vollmacht

Sind die Eltern nicht verheiratet, sollte die Mutter ihrem Partner eine *Vollmacht* erteilen, im Interesse des Kindes handeln zu dürfen. Diese Vollmacht kann auf Notfälle (Zustimmung zu medizinischen Eingriffen u. ä.) beschränkt werden. Der Vater kann jedoch ebenso ermächtigt werden, sein Kind nach außen *in allen Rechtsangelegenheiten* zu vertreten. Am besten setzen Mutter und Vater das Schreiben gemeinsam mit einem Anwalt oder Notar auf. Aber auch mit diesem Freibrief ist der Vater ohne Trauschein nicht voll vertretungsberechtigt: So wird die Schulleitung seine Unterschrift auf dem Zeugnis seiner Kinder nicht akzeptieren.

Auch für die Reise ins Ausland sollten Vater und Kind eine beglaubigte Vollmacht der Mutter haben. Probleme mit beschränkten Beamten beim Grenzübertritt sind leider noch immer an der Tagesordnung (s. S. 47). Väter ohne Trauschein können ihr Kind – mit Lichtbild! – in den neuen, maschinenlesbaren deutschen *EG-Reisepaß eintragen* lassen (Anträge beim zuständigen Paßamt). Sie benötigen dafür die Geburtsurkunde des Kindes, die Vaterschaftsanerkennungsurkunde sowie die beglaubigte Unterschrift der Mutter auf dem Antrag bzw. deren Personalausweis. Aus der Eintragung im Reisepaß kann keine Aussage zum Personensorgerecht für das Kind abgeleitet werden.

4. Sorgerecht für Väter ohne Trauschein

Unverheiratete Väter stehen grundsätzlich nicht in der sorgerechtlichen Verantwortung für ihre Kinder. Zwei Möglichkeiten hat der Gesetzgeber vorgesehen, dem Vater das Sorgerecht ohne Heirat zu ermöglichen: Die *Ehelicherklärung* oder die *Adoption* des Kindes. Sie kommen dann in Frage, wenn die Mutter ihr Kind nicht versorgen kann oder möchte (z.B. nach Trennung der Eltern) und der Vater dazu willens und in der Lage ist. Anträge müssen beim zuständigen Vormundschaftsgericht eingereicht werden.

Erklärt der Vater sein Kind für ehelich oder adoptiert er Tochter oder Sohn, verliert die Mutter das Sorgerecht. In beiden Fällen ist deshalb ihre *Zustimmung* (sowie die des Kindes ab vierzehn Jahren) erforderlich. Gegen den Willen der Mutter läuft also gar nichts. Jugendamt und Vormundschaftsgericht werden sorgfältig prüfen, ob diese Form der Übertragung des Sorgerechts auf den unverheirateten Vater «dem Wohle des Kindes entspricht», ob der Vater also fähig ist, sein Kind zu versorgen, zu betreuen und zu erziehen. Das gemeinsame Sorgerecht beider Eltern nach Ehelicherklärung des Vaters ist auch nach dem Urteil des Bundesverfassungsgerichts vom 7. Mai 1991 bis zu einer Gesetzesänderung *nicht* möglich (s. S. 65ff.).

Wenn die Mutter der Ehelicherklärung zustimmt, behält sie rechtlich gesehen einen Anspruch auf Rückübertragung des Sorgerechts. Zudem verbleibt ihr das Recht auf Umgang mit dem Kind. Nach der Adoption des Kindes durch den Vater erlischt auch das «Besuchsrecht». Das Verwandtschaftsverhältnis zwischen Mutter und Kind wird vollständig aufgelöst.

Ehelicherklärung und Adoption spielen in der Praxis so gut wie keine Rolle. 51000 alleinerziehende, «ledige Väter» lebten nach Angaben des Statistischen Bundesamtes im April 1991 ohne die Mutter zusammen mit ihren Kindern (60000) – zum gleichen Zeitpunkt lebten 428000 alleinerziehende, «ledige Mütter» ohne den Vater zusammen mit ihren Kindern (514000). Sorgerechtlich voll verantwortlich sind nach Schätzungen höchstens fünf Prozent dieser Väter ohne Trauschein, die ihre Kinder alleinverantwortlich betreuen und versorgen: Es fehlt ihnen fast immer die dafür notwendige Zustimmung der Mutter oder des Gerichts.

5. Was passiert, wenn die Mutter stirbt?

Solange der Vater im Todesfall der Mutter nichts unternimmt, wird das Jugendamt vom Vormundschaftsgericht automatisch zum *Amtsvormund* bestellt. Leben beide Eltern zusammen, sollte die Mutter deshalb von ihrem *Benennungsrecht* Gebrauch machen: Sie kann bestimmen, daß ihr Partner im Falle ihres Todes *Vormund* für sein Kind werden soll. Ihre Benennung bekundet die Mutter entweder in einem

– handschriftlich verfaßten – *Sorgerechtstestament* oder in einer notariell beglaubigten Erklärung. Es empfiehlt sich, Testament oder Erklärung beim Vormundschaftsgericht für eine geringe Gebühr in Verwahrung zu geben.

Als Vormund ist der Vater quasi sorgeberechtigt für sein Kind. Bestimmte Rechtsgeschäfte darf er jedoch nicht alleine tätigen. Das vollständige Sorgerecht erhält er nur dann, wenn das Vormundschaftsgericht seinem Antrag auf *Ehelicherklärung* oder *Adoption* (s. 4.) seines Kindes zustimmt. Diese beiden Möglichkeiten stehen auch Vätern offen, die nicht als Vormund benannt worden sind. Nicht verheiratete Mütter können auch andere Personen zum Vormund anordnen.

6. Rund ums Geld

Wenn der Vater ohne Trauschein nicht mit der Mutter seines Kindes zusammenlebt, braucht er ihr keinen Unterhalt zu zahlen. Für den Zeitraum vier Monate vor und ein Jahr nach der Geburt hat die «ledige» Mutter einen Anspruch auf finanzielle Unterstützung.

Auch für Väter ohne Trauschein richtet sich der Kindesunterhalt nach der *Düsseldorfer Tabelle* (S. 240f.). Kinder haben mindestens Anspruch auf den monatlichen *Regelunterhalt*. Seit dem 1. Juli 1992 beträgt er

- DM 291 (neue Bundesländer: 219) bis zum 6. Geburtstag
- DM 353 (neue Bundesländer: 264) bis zum 12. Geburtstag
- DM 418 (neue Bundesländer: 315) bis zum 18. Geburtstag

Von diesen Beträgen wird die Hälfte des Kindergeldes abgezogen. Der Regelunterhaltssatz für die neuen Bundesländer soll schrittweise an das West-Niveau angeglichen werden.

Erwerbstätige Väter mit einem Einkommen bis zu 1300 DM monatlich (bei Nichterwerbstätigen bis zu 1150 DM) werden in der Regel *nicht* zum Unterhalt herangezogen. Wenn beim nicht verheirateten Vater, der mit der Mutter des Kindes nicht zusammenlebt, finanziell nichts oder nur wenig zu holen ist, greift das *Unterhaltsvorschußgesetz*. Es sichert alleinerziehenden Eltern die monatliche Unterstützung in Höhe des Regelunterhalts (abzüglich des halben Kindergeldes). Kommt der andere Elternteil seiner Unterhaltspflicht teilweise nach, werden diese Zahlungen vom Unterhaltsvorschuß abgezogen. Seit dem 1. Januar 1993 können Kinder den Unterhaltsvorschuß *bis zum zwölften Geburtstag* bekommen. Die Leistungsdauer beträgt maximal 72 Monate.

Sofern sie unterhaltspflichtig sind, können nicht verheiratete Väter die Hälfte des *Kinderfreibetrags* auf der Lohnsteuerkarte eintragen lassen und in ihrer Steuererklärung geltend machen. Wenn der steuerliche Kinderfreibetrag nicht ausgenutzt wird, können sie bei der Kindergeldkasse die *Hälfte* des *Kindergeldzuschlags* (z. Z. DM 32,50) beantragen. Das Kindergeld für Volljährige steht immer dem Elternteil zu, der den überwiegenden Lebensunterhalt des Kindes bezahlt (Bundessozialgericht Kassel, Az. 10 RKg 2/92).

Seit dem 1. Januar 1992 sind auch Väter ohne Trauschein *erziehungsgeldberechtigt* und können *Erziehungsurlaub* nehmen. Die Zahlung des Erziehungsgeldes von monatlich 600 DM wurde am 1. Januar 1993 auf insgesamt 24 Monate (für Kinder, die nach dem 31. Dezember 1992 geboren sind) ausgedehnt. Sie wird ab dem siebten Monat einkommensabhängig gemindert; für das zweite Jahr ist ein neuer Antrag erforderlich. Erziehungsgeldempfänger dürfen keine volle Erwerbstätigkeit ausüben (max. 18 Stunden pro Woche oder arbeitslos und Arbeitslosenhilfe beziehend oder Student).

Der Erziehungsurlaub kann bis zur Vollendung des dritten Lebensjahres genommen werden; die Eltern können sich dreimal abwechseln (Kündigungsschutz!). Er wird *unabhängig* vom Erziehungsgeld gewährt. Voraussetzung für Erziehungsgeld und Erziehungsurlaub für nicht verheiratete Väter: Kind und Vater leben zusammen in einem Haushalt (Mutter und Vater können getrennte Haushalte führen!), die Mutter stimmt zu, und das Kind wurde nach dem 31. Dezember 1991 geboren. Erziehungsgeld muß *schriftlich* bei der Stelle *beantragt* werden, die das Erziehungsgeld auszahlt (unterschiedliche Regelungen in den einzelnen Bundesländern; zuständig ist meist das Jugend- oder Versorgungsamt).

Die *Broschüren* «Erziehungsgeld und Erziehungsurlaub», «Der Unterhaltsvorschuß – Eine Hilfe für Alleinerziehende» sowie «Kindergeld» sind erhältlich beim Bundesministerium für Familie und Senioren, Postfach 20 15 51, 5300 Bonn 2.

7. Erst Vermittlung und dann...

Was tun, wenn die ehemalige Partnerin nach der Trennung den Kontakt zwischen Vater und Kind auf Sparflamme hält oder vollständig unterbindet? Solange nicht alle Vermittlungsversuche ausgenutzt worden sind, sollten Väter ohne Trauschein auf den Gang zum Vormundschaftsgericht verzichten. Denn außergerichtliche Lösungen bewähren sich in der Regel besser und länger als Beschlüsse aus Richters Hand. Mitunter sind verbindliche gerichtliche Regelungen jedoch eine gute Basis für die Beruhigung der Ex-Partner (vgl. S. 89f. u. S. 148ff.).

Die Vermittlung von Freunden und Bekannten hat nur ganz selten Früchte getragen, berichteten mir die meisten Trennungsmütter und -väter. Kein Wunder: Vermittlung ist fast immer ein schweres Stück Arbeit. Da ist meist sachkundige und neutrale Hilfe gefordert. Vätern ohne Kinder empfehle ich deshalb, Kontakt zu einer *Trennungs- und Scheidungsberatungsstelle* (Adressen s. S. 236ff.) aufzunehmen. Oft gelingt es den speziell ausgebildeten Mitarbeitern, Mutter und Vater wieder an einen Tisch zu bringen und die Gesprächsbereitschaft zwischen beiden zu fördern. Viele Eltern gelangen mit Hilfe des Trennungsberaters zu einem Kompromiß. Paare ohne Trauschein, denen an einer einvernehmlichen Lösung liegt, können auch auf professionelle Vermittlung von *Familien-Mediatoren* zurückgreifen (dazu ausführlich in Kapitel 11; Adressen s. S. 238f.).

Unterstützung für Väter ohne Kinder bieten auch die *Jugendämter*. Leider verstehen sich viele Sozialarbeiter auch nach Inkrafttreten des Kinder- und Jugendhilfegesetzes (KJHG) noch immer als ausschließliche Interessenvertreter der nicht verheirateten Mütter. Dabei ist ihr gesetzlicher Auftrag eindeutig: *Alle* nicht sorgeberechtigten Mütter *und* Väter haben einen Anspruch auf Beratung und Unterstützung bei der Ausübung ihres «Umgangsrechts» sowie bei der Herstellung von Besuchskontakten (vgl. § 18 [4] KJHG, S. 209).

Glücklicherweise gibt es immer mehr Jugendamtsmitarbeiter, die auch für nachpartnerschaftliche, außereheliche Kind-Vater-Beziehungen Verständnis zeigen. Sie bemühen sich, den eingefrorenen Dialog der Eltern wieder in Gang zu bringen – in Einzelgesprächen sowie auch in gemeinsamen Gesprächen mit Mutter und Vater. Nach meinen Erfahrungen liegt ihre Vermittlungsquote jedoch unter derjenigen von Mitarbeitern in Trennungs- und Scheidungsberatungsstellen. Erst langsam erhalten Sozialarbeiter die notwendige Qualifikation, Trennungspaare zu bleibender Elternverantwortung zu motivieren.

8. Umgangsboykott – was tun?

«Hab ich überhaupt eine Chance?» lautet zumeist die erste Frage von ratsuchenden Vätern ohne Trauschein, die ihre Kinder nicht oder nur sehr selten sehen dürfen. Kenntnisse über die Rechtslage haben die wenigsten. Sie haben gehört, daß «nichteheliche Väter nur wenig Rechte haben».

Noch vor wenigen Jahren gaben die meisten unverheirateten Väter nach den ersten präziseren Informationen auf. Die Richter, erfuhren sie, stimmten nur dann für ein «Umgangsrecht», wenn die Mutter mitspielte. Aber gerade das tat sie ja nicht.

So chancenlos sind Väter zweiter Klasse heute nicht mehr. Vor allem in den größeren Städten sind die Aussichten, auf einen Richter mit Verständnis für Vater-Kind-Beziehungen zu stoßen, in der letzten Zeit gestiegen. «Unsere anhaltende Partnerschaftsproblematik», dieser Joker, mit dem Mütter vor Gericht bislang erfolgreich Vater-Kind-Kontakte aushebelten, zieht bei Richtern immer weniger als Argument für Null-Umgang.

Immer mehr «ledige» Väter, die für ihre Kinder dasein wollen – *so wie auch die Kinder ihre Väter, bis auf wenige Ausnahmen, nicht verlieren wollen* –, aber nicht dürfen, *beantragen* beim zuständigen *Vormundschaftsgericht* (im Bezirk/Kreis der Mutter) ein *«Besuchsrecht»* für ihre Kinder und sich. Nicht immer, aber immer öfter werden ihre Anträge bewilligt.

Bevor Väter so einen Antrag stellen, sollten sie sich ausgiebig informieren. In Vereinen wie *Anwalt des Kindes*, *DIALOG Zum Wohle des Kindes*, *Initiative Streitfall Kind*, *Väter für Kinder* und *Väteraufbruch für Kinder* finden sie Ansprechpartner (die meisten sind selbst «Betroffene»), die wertvolle Informationen über Paragraphen und Prozedere sowie über die ansässigen Anwälte, Sozialarbeiter, Gutachter und Richter geben können. Väter sollten sich schon vor gerichtlichen Konflikten an eine Gruppe wenden («begleitende Selbsterfahrung», s. S. 215).

Da es sich um ein Verfahren der «Freiwilligen Gerichtsbarkeit» handelt, besteht kein Anwaltszwang. Trotzdem sollten sich Väter ohne Kinder einen Anwalt nehmen, und zwar eine *Fachkraft* auf dem Gebiet des «Nichtehelichenrechts». Leider sind nicht alle Familienanwälte in diesem Bereich besonders firm. Auch der Rechtsbeistand sollte auf alle Fälle noch einmal versuchen, die Mutter zu einem Vermittlungsgespräch zu bewegen, bevor er beim Vormundschaftsgericht den Antrag stellt. Väter mit geringem Einkommen brauchen die Anwalts- und Gerichtskosten nicht oder nur in Raten zu tragen: Ihr Anwalt kann für sie *Prozeßkostenhilfe* beantragen. Gegen einen negativen Beschluß des Vormundschaftsrichters kann beim *Landgericht* Beschwerde eingelegt werden. Das Landgericht ist die letzte innerstaatliche Instanz in Umgangsangelegenheiten für nicht verheiratete Väter (§ 63a FGG).

Die Gerichtsverhandlung findet nicht öffentlich, sondern in der Regel im Arbeitszimmer des Richters statt. Mit dabei ist oft noch der Sozialarbeiter vom Jugendamt, der zuvor mit Mutter und Vater gesprochen hat. Seiner «Stellungnahme» – Arbeitstitel: Sollen Kind und Vater (wieder) Kontakt aufnehmen? – schließen sich viele Vormundschaftsrichter an. Bleibt diese Stellungnahme strittig, kann der Richter auch das Gutachten eines psychologischen Sachverständigen anfordern (vgl. ausführlich S. 105ff.).

Für die Gespräche mit Sozialarbeitern oder Gutachtern gelten die gleichen Regeln wie für die Argumentation vor Gericht: Die Belange des Kindes sind von Bedeutung, nicht die offenen Rechnungen mit der Mutter – dazu gleich mehr. Jugendamtsmitarbeiter, Sachverständige und Richter, die offensichtlich wenig von Vater-Kind-Beziehungen nach der Trennung halten oder die Vätern direkt oder indirekt zu verstehen geben, daß nur sie der «Unruhefaktor» sein könnten – den es von Mutter und Kind fernzuhalten gelte –, sollten so früh wie möglich (!) *wegen Befangenheit abgelehnt* werden. Väter sollten sich in diesem Fall ausführlich mit ihrem Anwalt und einem erfahrenen Mitglied einer Vätergruppe beraten.

Leider kommt es bei Verfahren vor dem Vormundschaftsgericht immer wieder zu unerträglichen Verzögerungen. So hat es ein Tostedter (Niedersachsen) Amtsrichter binnen siebzehn Monaten nicht geschafft, in einer «Umgangsrechtssache» die Stellungnahme des örtlichen Jugendamtes einzuholen. Bei derartig arbeitsscheuen Beamten sollte Ihr Anwalt nach einer freundlichen «Erinnerung» eine «*Dienstaufsichtsbeschwerde*» verfassen.

9. Auf den richtigen Antrag kommt es an

Eigentlich scheint es ja selbstverständlich, daß ein Vater, der sein Kind liebt, auch nach Trennung von seiner Partnerin weiterhin für Tochter oder Sohn erhalten bleibt. Doch Väter ohne haben es vor Gericht deutlich schwerer als Väter mit Eheurkunde, wenn es um Besuchsrechte geht. Ihre Anträge müssen daher besonders sorgfältig formuliert werden.

Allgemein gilt: Der Antrag sollte knapp und präzise formuliert sein und sich nicht mit zurückliegenden Beziehungsproblemen beschäftigen. Im Mittelpunkt stehen allein die Belange des Kindes. Vaters Sehnsucht nach seinem Kind hat im Antrag nichts zu suchen, denn mitunter wird sie von Richtern sogar negativ ausgelegt (wegen Schuldgefühlen gegenüber den eigenen Kindern?). Der Vater sollte seinen Anwalt bitten, auf verbale Schüsse gegen die Ex-Partnerin vollständig zu verzichten. Es empfiehlt sich sehr, alle Schriftsätze persönlich abzuchecken, bevor sie die Kanzlei verlassen!

Auch in der mündlichen Anhörung beim Richter sollten Väter die alten Grabenkämpfe auf keinen Fall aufwärmen. Trägt die Mutter die alten Konflikte ausführlich vor, sollte der Vater den Richter fragen, ob er zu den Vorhaltungen Stellung nehmen muß. Ansonsten heißt das Motto auch hier: «Weg von der Beziehungsschiene. *Nur kind- und zukunftsorientiert argumentieren!*», so der Berliner «Nichtehelichen-Fachmann» Eckard Wähner, Rechtsanwalt und Vater ohne Trauschein: «Vor Gericht ist es wichtig, nicht die eigene Betroffenheit herauszukehren. Da darf man nicht als der Düpierte auftreten. Der Richter beobachtet genau: Geht's dem Vater wirklich um sein Kind oder vorrangig um seinen Seelenfrieden?»

Mit folgenden Argumenten konnten Väter (Anwälte) die Richter in jüngster Zeit überzeugen:

- der Vater zeigt «ein echtes Interesse» am Kind; das Kind hat hiervon «Nutzen»
- er hat sein Kind (schon vor der Geburt) anerkannt
- seinen Unterhaltsverpflichtungen ist er stets nachgekommen
- die alten, jetzt überholten Partnerkonflikte sind kein Grund, die Kind-Vater-Beziehung auszusetzen bzw. aufzuheben
- das Kind sollte sich mit seinem Vater auseinandersetzen können. Zu einer «normalen und ungestörten Entwicklung» des Kindes gehören auch Kontakte zu seinem leiblichen Vater
- Begegnungen mit dem Vater erleichtern dem Kind sein «Selbstverständnis hinsichtlich seiner Person und Herkunft». Das Kind sollte daher ein «realistisches, eigenes Bild vom Vater» aufbauen können (die Identität des Kindes ist das wichtigste Argument, wenn zwischen Kind und Vater noch gar kein Kontakt besteht oder schon lange kein Kontakt mehr bestand)
- der Vater will eine «persönliche und tragfähige Beziehung» zum

Kind aufbauen und der weiteren Entfremdung zwischen ihm und dem Kind entgegenwirken
- den Kontakt zum Kind sucht er «allein aus innerer Anteilnahme» – der Vater liebt sein Kind, wollte dieser Anwalt hiermit wohl sagen –, nicht aus gekränkter Eitelkeit oder um sich seiner ehemaligen Partnerin wieder zu nähern – «nicht aus sachfremden Motiven»
- die zu erwartenden Spannungen zwischen Mutter und Vater sind geringer zu gewichten als die zu erwartenden positiven Auswirkungen eines regelmäßigen Kontakts zwischen Kind und Vater
- der Vater ist bereit, die Kontakte zu seinem Kind langsam aufzubauen, «um eine für das Kind wünschenswerte Beziehung zu ermöglichen»
- die Reform des «Nichtehelichenrechts» steht unmittelbar bevor
- bei der Beschlußfindung sind von der Bundesrepublik Deutschland ratifizierte Völkerrechtsverträge anzuwenden wie:
  • die Europäische Menschenrechtskonvention (EMRK, v. a. die Artikel 8 [1] und 14)
  • der UN-Zivilpakt (v. a. die Artikel 17, 23 [4] und 24 – inklusive der dazugehörigen «General Comments» des Menschenrechtsausschusses der Vereinten Nationen!) und
  • die UN-Konvention über die Rechte des Kindes (v. a. die Artikel 2, 9 und 18);

EMRK und UN-Zivilpakt gelten bei uns als unmittelbar anwendbares Recht und sollten vom Gericht zur Prüfung des Antrags mit herangezogen werden (dazu genauer S. 32ff. und S. 73ff.).

Viele gute Argumente für lebendige Kind-Vater-Beziehungen liefert die Kölner Familientherapeutin Elisabeth Mackscheidt in ihrem brillanten Aufsatz: Loyalitätsproblematik bei Trennung und Scheidung – Überlegungen zum Kindeswohl aus familientherapeutischer Sicht. In: FamRZ 1993, H. 3, S. 254–258.

Mein Eindruck nach zahlreichen Gesprächen und Interviews: Viele Väter ohne Trauschein würden ihre Kinder heute nicht mehr sehen, hätten sie damals auf den Gang zum Vormundschaftsrichter verzichtet. Richter, die beiden «Parteien» deutlich machen, daß sie nicht bereit sind, einen Elternteil aus dem Leben des Kindes zu verbannen und sie auffordern, ihre Konflikte beizulegen, können Eltern häufig *ohne* offiziellen Beschluß zu einem Kompromiß bewegen – auch dann, wenn die Mutter kurz zuvor noch jeglichen «Umgang» zwischen Vater und Kind abgelehnt hat.

Mit «sanftem Druck» und mit Hinweisen auf qualifizierte Trennungsberater können Richter viel bewirken: Viele Mütter hören nach solchen «Interventionen» auf, sich weiterhin gegen Kind-Vater-Kontakte zu stemmen. Manche Richter verstehen es, den zerstrittenen Eltern einen Rahmen anzubieten, der beide Seiten befriedet. Gerichtliche Verfahren können durchaus behutsam durchgeführt werden!

Natürlich sind richterliche Empfehlungen, Ermahnungen oder Beschlüsse nur dann etwas wert, wenn Mutter und Vater sowie Vater und Kind lernen, die «Umgangszeiten» mit Leben zu füllen. Sobald Vater-Kind-Begegnungen zum Alltag, zur Nachtrennungsrealität geworden sind, sind gerichtliche Beschlüsse mit normierten Besuchszeiten nicht länger notwendig – dazu ausführlich Kapitel 10.

10. Wichtige Urteile für Väter ohne Kinder

Im folgenden habe ich vier wegweisende Gerichtsbeschlüsse zusammengestellt, die ausgegrenzten, nicht verheirateten Vätern Mut machen sollen. Sie beziehen sich sämtlich auf Väter und *Kleinkinder*. Bis vor kurzem entschieden die Richter solche Fälle stets negativ; vergeblich versuchten Väter, dem Gericht nachzuweisen, daß ein Umgang ihrem Kind auch dann dient, wenn Kind-Vater-Bindungen zuvor noch nicht lange oder noch gar nicht bestanden hatten.

Langsam setzt auch hier ein Umdenken ein: Auch Kinder, die einer kurzfristigen Beziehung entwachsen oder die das Ergebnis einer «flüchtigen Begegnung» ihrer Eltern sind, müssen nicht länger auf ihre leiblichen Väter verzichten. Grundtenor der Beschlüsse: «Es ist sehr wichtig für ein Kind, daß es sich ein *realistisches eigenes Bild* von seinem leiblichen Vater machen kann», so Richter Dr. Brenner vom Landgericht Bonn (s. u.).

Anwälte sollten im Antrag an das Vormundschaftsgericht ausführlich aus den folgenden Passagen zitieren. *Das gilt auch dann, wenn die Kinder schon älter sind!* Alle Beschlüsse sind in der *«Zeitschrift für das gesamte Familienrecht»*(FamRZ) abgedruckt.

- Amtsgericht München, VormG, Beschluß vom 21. Dezember 1987 – Az. 89 VIII 1264/85 (in: FamRZ 1988, H. 7, S. 767–768)

Mutter und Vater haben ihr Kind die ersten zwei Jahre nach der Geburt gemeinsam versorgt. Nach dem Auszug der Mutter sehen sich Sohn und Vater drei- bis viermal pro Woche, häufig auch noch am Wochen-

ende. Vier Monate vor dem dritten Geburtstag ihres Sohnes verordnet die Mutter den beiden Null-Umgang.

Aus dem Beschluß: «Maßgeblich führt die *Mutter* an, sie habe so viel vom Vater hinnehmen müssen, daß sie endlich vor ihm ihre *Ruhe* haben wolle. Der einseitige Wunsch der Mutter, mag er persönlich noch so gerechtfertigt sein, den Vater aus ihrem Leben zu streichen, muß bei der Abwägung *unberücksichtigt* bleiben. (...) Auch ihr Vorschlag, noch bis zur Einschulung des Kindes abzuwarten und keine Besuche zu ermöglichen, ist lediglich Ausdruck ihrer – möglicherweise berechtigten – Verbitterung gegen den früheren Partner, jedoch dem Kindeswohl sicherlich nicht dienlich, weil nur eine *Zementierung der Entfremdung zwischen Vater und Kind* zu erwarten wäre. (...) Vorerst galt es, *vorsichtig* mit einem Mindestmaß an notwendigem Umgang eine etwaige spätere *weitergehende Regelung* (z. B. mit Übernachtungsmöglichkeiten etc.) *vorzubereiten.*»

- Landgericht Bonn, 5. Zivilkammer, Beschluß vom 4. August 1989 – Az. 5 T 66/89 (in: FamRZ 1990, H. 2, S. 201–202)

Mutter und Vater haben nie mit dem Kind zusammengelebt. Der Vater hat sein Kind nach der Geburt einmal im Krankenhaus und später noch einmal zufällig gesehen. Die Mutter hat inzwischen geheiratet und erwartet von ihrem Ehemann ein weiteres Kind. Ihr neuer Partner will ihr erstes Kind adoptieren.

Leitsätze: «1. Dem Vater steht die Befugnis zum Umgang mit seinem nichtehelichen Kind zu, wenn der *Umgang für das Kindeswohl nützlich* und/oder förderlich ist. Dies ist *regelmäßig* zu bejahen, weil der Kontakt dem Kind eine möglichst *normale Entwicklung* bietet und sein *Selbstverständnis* hinsichtlich seiner Person und *Herkunft* erleichtert.»

2. Nach der Regelung des § 1711 II BGB, die *ausschließlich* auf das *Wohl des Kindes* abstellt, ist es für sich genommen *ohne Belang*, welche *Beziehungen zwischen den Eltern* bestehen. Der Wunsch der Mutter, den Vater endgültig aus ihrem Leben zu streichen, steht deshalb allein der Einräumung eines Umgangsrechts nicht entgegen.

Aus dem Beschluß: Die Eltern sind verpflichtet, «ihre eigenen Belange im Interesse des Kindes zurückzustellen und etwaige *Streitigkeiten*, die ein Besuchsrecht des Vaters mit sich bringen könnte, zu *vermeiden.* (...) Der Einräumung des Umgangsrechts steht weiterhin *nicht* entgegen, daß das Kind im Begriff ist, sich in die Familie der Mutter und ihres Mannes einzugewöhnen und sich zwischen dem Ehemann und dem Kind ein Vater-Kind-Verhältnis anbahnt. (...) Die größte Gefahr bestehe darin, daß dem Kind letztlich verheimlicht würde, von wem es leiblich abstammt, und dieses dann in der Zukunft damit – ggf. abrupt – konfrontiert würde. Die Kammer teilt diese Auffassung.»

- Landgericht Aachen, 3. Zivilkammer, Beschluß vom 25. Oktober 1989 – Az. 3 T 240/89 (in: FamRZ 1990, H. 2, S. 202–203)

Mutter, Vater und Kind haben nie eine Lebensgemeinschaft gebildet. Trotzdem haben sie sich nach der Geburt fast zwei Jahre regelmäßig gesehen. Nach Trennung der Eltern können Tochter und Vater den Kontakt noch ein dreiviertel Jahr lang pflegen – bis die Mutter diese Begegnungen unterbindet. Sie will ihre Tochter über «ihren wahren Vater» aufklären, wenn sie «etwas älter» ist, und ihr dann freistellen, ob sie Kontakte zu ihm aufbauen möchte.

Leitsatz: «Der *persönliche Umgang* des nichtehelichen Vaters mit seinem Kind ist, wenn er nicht aus sachfremden Motiven, sondern aus echter Zuneigung gesucht wird, *in aller Regel dem Kindeswohl förderlich.*»

Aus dem Beschluß: Dem Kind kann die Existenz seines leiblichen Vaters auf Dauer nicht verschwiegen werden. «Eine *zu späte Aufklärung* des Kindes und dessen damit verbundene Erkennnis, daß das, was ihm bislang gesagt wurde, falsch war, können nicht zu unterschätzende *Identitätsprobleme* hervorrufen. (...) Entgegen der Auffassung der Mutter steht der nachgesuchten Umgangsregelung *nicht* entgegen, daß der Vater nunmehr seit etwas einem Jahr keinen Kontakt mehr zu seinem Kind gehabt hat.» (...) Eine *weitere Unterbrechung* würde zu einer *noch größeren Entfremdung* zwischen Vater und Kind führen. Durch weitere Verzögerungen hätte es die Mutter zudem in der Hand, «eine letztlich dem Wohl des Kindes dienende Entscheidung zu verhindern. (...) Daß die erneute Kontaktaufnahme zwischen Vater und Tochter auch zum jetzigen Zeitpunkt gewisse Probleme bereiten wird, wird dabei nicht verkannt. *Langfristig* gesehen dient die *Überwindung dieser Probleme* jedoch dem Wohl des Kindes mehr als ein unbefristetes Hinauszögern.»

- Landgericht Arnsberg, 6. Zivilkammer, Beschluß vom 24. Januar 1990 – 6 T 619/89 (in: FamRZ 1990, H. 8, S. 908–909)

Das unverheiratete Paar hat nach der Geburt des Kindes 15 Monate zusammengelebt. Danach sehen sich Vater und Kind in regelmäßigen Abständen von circa vierzehn Tagen, bis die Mutter den Kontakt kappt.

Aus dem Beschluß: «Die *Verweigerung* des persönlichen *Umgangs durch* die *Mutter* ist nicht nur unbegründet, sondern läuft im Ergebnis auch dem *Wohl des Kindes zuwider*». (...) Es entspricht dem Wohl des Kindes, «den *Kontakt zum Vater* nach Möglichkeit *aufrechtzuerhalten*, da nur so eine möglichst *ungestörte Entwicklung* des Kindes gewährleistet und zugleich *negativen Auswirkungen des Fehlens einer Vaterfigur* – insbesondere im schulischen Bereich sowie im Bereich der sozialen Beziehungen – *entgegengewirkt* werden kann.» (...) Bei einer vollständigen Unterbindung weiterer künftiger Kontakte zwischen Vater und Kind müßte «mit einer *Entfremdung* sowie einer daraus resultierenden *Frustration des Kindes* gerechnet werden. Der *Nachteil* von Spannungen innerhalb der Familie der Mutter und deren mögliche Ausstrahlung auf das *Kind* sind als *erheblich geringer* einzustufen als der zu erwartende Trennungsschmerz bei Unterbinden jeglicher künftiger Kontakte sowie *langfristig zu erwartende Beeinträchtigungen in der Entwicklung des Kindes bei dauernder Abwesenheit des Vaters*. (...) Was schließlich die Ankündigung der Mutter betrifft, sie werde es auf eine zwangsweise Durchführung der Besuchskontakte ankommen lassen, so ist darauf hinzuweisen, daß in einem derartigen Vorgehen ein grober Verstoß gegen die auch der Mutter obliegenden Wohlverhaltenspflicht gemäß den §§ 1634 I in Verbindung mit § 1711 I BGB läge, der Anlaß gäbe, die *Entziehung der elterlichen Sorge* in Erwägung zu ziehen.»

Weitere väter- und kinderfreundliche Beschlüsse, die in der *FamRZ* veröffentlicht worden sind:
- LG Paderborn (FamRZ 1984, H. 10, S. 1040–1041)
- LG Frankfurt/M. (FamRZ 1985, H. 6, S. 645–647)
- LG München I (FamRZ 1987, H. 6, S. 629–631)
- AG Lüneburg 1990 (FamRZ 1991, H. 1, S. 111)

Über die aktuelle Auslegungspraxis deutscher Gerichte zum Besuchsrecht-Paragraphen für nicht verheiratete Väter (§ 1711 BGB) können sich Väter ohne Kinder und Trauschein auch im *Kommentar zum Bürgerlichen Gesetzbuch*, München (Verlag C.H. Beck) [52]1993, S. 1689–1691, und im *Münchener Kommentar zum Bürgerlichen Gesetzbuch*, München (Verlag C.H. Beck) [3]1992, Bd. 8, Familienrecht II, S. 824–836 (Randziffern 1–26) einen guten Überblick verschaffen.

5. Hilflose Helfer – die Trennungsbegleiter

«Er ist für meine Tochter eine wichtige Person. Nein, so wichtig nun auch wiederum nicht. Aber er ist immerhin ihr Vater.»
(eine alleinerziehende Mutter)

Trennungsphasen sind Zeiten der Irrationalität. Zwischen ehemaligen Partnern entfacht oft ein würdeloser Machtkampf um das Kind, ein Wettstreit um Liebe und Zuneigung. Sie greifen zu Mitteln, die ihnen andere und sie sich selbst nicht zugetraut hätten. In einem Teufelskreis wechselseitiger Kränkung und Verletzung leiden fast alle Mütter und Väter unter den Aggressionen «des anderen» und teilen (daraufhin) selber kräftig aus.

«Haß gegen den ehemaligen Partner, gekränkte Eitelkeit und schließlich auch finanzielle Vorteile sind es, die ihren Kampfgeist beflügeln.»[66] So beschreibt Helga Häsing-Levend, alleinerziehende Mutter und Buchautorin, die Verhaltensmuster von Eltern vor und nach dem Scheidungstermin. «Trauer und Wut, existentielle Unsicherheit, Schuld- und Ohnmachtsempfinden liefern das Rohmaterial der Destruktion, die den Loslösungsprozeß vom ehemaligen Partner kennzeichnet»[67], beobachtet der Sozialpsychologe Otto Gaier.

Bei immer mehr Scheidungen wird das Kind zum Streitthema. An den Gerichten stapeln sich die Akten «strittiger Verfahren». In Westdeutschland sind die «anhängigen Familiensachen» (an Amtsgerichten) von 527823 im Jahre 1980 innerhalb von acht Jahren auf 606947 gestiegen. 130189 «strittige Sorge- oder Umgangsrechtsfälle» lagen 1985 in den Amtsstuben bundesdeutscher Richter. In einem – mitunter über Jahre währenden – «Stellungskrieg» präsentieren sich Eltern ihre alte Rechnungen, verkommt das Sorgerecht nicht selten zum Faustrecht.[68]

Kuhhandel um das Kind

«Sobald es um die Frage des Sorgerechts geht, versagt oft das Verständnis. Auch wenn es uns sonst widerstrebt, werden Kinder in solchen Fällen plötzlich wieder als Eigentum der Eltern betrachtet, Besitzansprüche werden angemeldet, und nicht selten beginnt im Namen des Gesetzes ein Kuhhandel um die ‹Konkursmasse Kind›», analysiert Alleinerziehenden-Fachfrau Helga Häsing-Levend.[69] Wieso funktioniert das Trennungsmanagement bei den meisten Ex-Partnern so schlecht? Weshalb beharren so viele Mütter und Väter in der Scheidungsphase auf ihrem «Jetzt-erst-recht»-Standpunkt? Verhärtete Fronten und Kurzschlußhandlungen in schwierigen Zeiten sind menschlich, aber warum lassen sich immer mehr Eltern auf ein wüstes Gezerre um die gemeinsamen Kinder ein?

Da ist zum einen die unheilvolle Allianz von Kind und Knete: Die 77er Scheidungsrecht-Reform verknüpfte Unterhaltsanspruch und Sorgerecht. Derjenige Elternteil, der nach der Scheidung für die Kinder sorgt, erhält vom anderen Elternteil Unterhalt, unter Umständen auch für sich selbst. Eine in vielen Fällen sinnvolle Lösung, die der «Familienarbeit» der Mütter Rechnung trägt.

Oft sorgt das «Verbundverfahren»: die Verknüpfung von Sorgerecht, Unterhalt, Zugewinn- und Versorgungsausgleich, Zuteilung der gemeinsamen Wohnung sowie Aufteilung von Heim und Herd jedoch für erheblichen Zündstoff: «Aus dem Nebenkriegsschauplatz Sorgerecht für das Kind wird in einem Stellvertreterkrieg oft ein Hauptkriegsschauplatz», kommentiert ein Stuttgarter Scheidungsrechtsbeistand. Und die Lobby der Alleinerziehenden ergänzt: «das einzige Faustpfand der Frauen sind die Kinder, wenn sie für deren Erziehung auch Unterhalt für sich vom Mann fordern wollen.»[70]

«Ein hilfloses Helfersystem»

Schuld an der Trennungsmisere trägt aber nicht nur das liebe Geld. Mit ihren labilen, manchmal auch explosiven Gefühlen treffen Trennungseltern auf ein «hilfloses Helfersystem» (Hans-Christian Prestien) von Scheidungsbegleitern, das nach Ansicht des Bielefelder Psychologieprofessors Uwe-Jörg Jopt kindeswohlschädliche Auseinandersetzungen zwischen den Eltern provoziert. «Anwälte, Vertreter der Jugendämter, Sachverständige und Richter sind die eigentlichen

Transporteure einer absurden Trennungsideologie, die mit den wahren Bedürfnissen von Scheidungskindern nicht das geringste zu tun hat», sagt Jopt. «Die von den meisten Intervenierenden eingeschlagene Auswahlstrategie nach dem ‹besseren Elternteil› gefährdet den Fortbestand der Liebesbeziehungen zu Mutter und Vater. Die Zerstörung ursprünglich intakter Kind-Eltern-Beziehungen ist als Folge des staatlich verordneten Entmündigungsaktes eines Elternteils durchaus vorhersehbar.»

Diese im wahrsten Sinne von Trennung und Scheidung lebenden «Fachleute» sind zu einem ganz beträchtlichen Teil von der Unversöhnlichkeit der Parteien überzeugt. Sie verleiten, ja nötigen trennungswillige Eltern geradezu, sich in Partei und Gegenpartei, in Sorge- und Nichtsorgeberechtigter: in *Sieger und Besiegte* aufzuteilen. In ihren Stellungnahmen, Gutachten, Schriftsätzen und Beschlüssen schreiben sie die akuten Bedingungen des Trennungsgeschehens fest. So werden Feindbilder stabilisiert, aggressive Sprachlosigkeit verschärft und Beziehungskonflikte auf großer Flamme gehalten.

Einige Scheidungsbegleiter, auffallend häufig diejenigen, die selbst von Trennung oder Scheidung betroffen sind, beginnen umzudenken. In Fachzeitschriften, auf Kongressen und Seminaren erfahren sie, daß die Trennungsziffern weiter steigen, daß immer mehr Kinder zu Trennungshalbwaisen (auf Zeit) werden. Sie informieren sich über die Probleme dieser Mädchen und Jungen sowie über neue Wege, Kindern trotz Trennung oder Scheidung ihrer Eltern sichere und positive Beziehungen mit Mutter und Vater zu ermöglichen.

Auch in der Praxis bemühen sich manche Scheidungsbegleiter bereits erfolgreich darum, die Verständigung zwischen den Eltern – für die Kinder – zu fördern. Doch postpartnerschaftliche Zusammenarbeit steckt noch in den Startlöchern. «Von Anwälten, Richtern, Jugendamtsvertretern und Psychologen können Eltern heute allenfalls in glücklichen Ausnahmefällen erwarten, an ihrer naheliegenden trennungsbedingten Blindheit für die Bedürfnisse ihrer Kinder gehindert zu werden. Meist ist vielmehr das Gegenteil der Fall», sagt Uwe-Jörg Jopt.

«Da war niemand, der einmal Worte zur Befriedung der Situation gesprochen hat!» erinnert sich ein Vater.

Stehen Anwälte gemeinsamer Elternschaft nach der Trennung im Weg?

«Die Mutter ist aufgrund ihrer Persönlichkeit nicht bereit und in der Lage, die Versorgung des Kindes zu gewährleisten.»

«Sein Verhalten hat so negativen Einfluß auf das Kind, daß es in seiner Entwicklung erheblich gestört ist und weiter gestört wird, wenn die Kontakte mit dem Vater aufrechterhalten bleiben.»

«Die erneute Betonung des Vaters der Liebe zu seiner Tochter ist für die Beurteilung der juristischen Kategorie, ob diese Gefühle objektiv zum Wohle des Kindes ausgeübt werden, unerheblich.»

«Die Charaktereigenschaften, die sie offenbart, lassen nicht auf eine wahrscheinliche objektive Einflußnahme auf das Kindeswohl schließen, sondern auf das Gegenteil.»

«Die Schilderungen des Vaters über sein besonders harmonisches Verhältnis zum Kind, seine Sehnsucht, es möge wieder so sein, ist keine Grundlage für die Darlegung, dieses Umgangsrecht sei für das seelische Wohl des Kindes notwendig oder auch nur vorteilhaft. Sie sind sachfremde Erinnerungen an eine abgeschlossene frühere Zeit, die nicht der jetzigen Realität entsprechen.»

Arbeitsproben aus Anwaltskanzleien. Tag für Tag sprechen Rechtsvertreter solche Schriftsätze ins Tonband. Ihre Mandanten bezahlen sie dafür – im Scheidungsverfahren besteht *Anwaltszwang*. Für viele Mütter und Väter ist nach derartiger Lektüre der Tag, die Woche gelaufen. Ihr Anwalt muß das unbedingt sofort «geraderücken»...

Zwei Dortmunder Gerichtspsychologen haben Akten, Schriftsätze und Gutachten aus «besonders schwierigen Fällen» genauer unter die Lupe genommen. Ihr Befund spricht eine deutliche Sprache: «Die Anwälte der Eltern (...) werden immer deutlicher und offener als Hemmschuh auf dem Weg zur Etablierung einer nachehelichen Elternschaft identifiziert.»[71] Sie betreiben eine «Politik der verbrannten Erde», meinen Burkhard Schade und Anita Schmidt. Mit Hilfe persönlicher Herabsetzungen und Beleidigungen soll der Prozeßgegner «salonunfähig» gemacht werden. Auf diese Weise wird der eigene Mandant als der überlegene Kandidat für das alleinige Sorgerecht präsentiert.

Einspruch: «Nicht Rechtsanwälte erzeugen Streit, sondern Streit erzeugt Rechtsanwälte», kontert der Münchener Advokat Dr. Frank Zillich[72]. Anwälte erhalten von den jeweiligen Elternteilen einen «ganz klaren Auftrag», an den sie gebunden seien. «Der Auftrag lautet, dem eigenen Mandanten zum Erfolg, nämlich zum beanspruchten alleinigen Sorgerecht zu verhelfen.» Schwarzweißmalerei liege da «in der Natur der Sache». «Wer die Interessen einer Partei gegen die Interessen einer anderen Partei zu vertreten hat, wird sich bemühen, die Nachteile der anderen Seite deutlich werden zu lassen.» Deshalb sei eine «energische, zielbewußte Parteivertretung» vor Gericht «rechtmäßig» und «nicht anstößig».

Vierzig Prozent aller Mandanten fordern von ihrem Anwalt in der ersten Beratungsstunde, dem ehemaligen Partner «mal eins auszuwischen», beobachtet die Rechtsanwältin Birgit Johannsen vom Arbeitskreis *IBTUS* (Interdisziplinäre Beratung bei Trennung und Scheidung in Hamburg). Wer ist nun der Hemmschuh auf dem Weg zu fortbestehender Elternschaft nach Trennung oder Scheidung – Rechtsanwalt oder Mandant? Rechtsbeistand Zillich sieht (wie die meisten seiner Kollegen) den Schwarzen Peter allein beim Auftraggeber: dem streitsüchtigen Elternteil, der seinen Rechtspfleger ja mit Informationen über den «Prozeßgegner» versorgt. Eine beschränkte Sichtweise.

Viele Eltern werden erst dann zu verbitterten Gegnern, wenn Anwälte ins Spiel kommen. Deren Schriftsätze und «Richtigstellungen» – oft sind es eher Kampfestexte – leisten einen bedeutenden Beitrag zur eskalierenden Empörung und Feindseligkeit der Parteien. Da wird die Gegenseite pauschal zum «Psychopathen» oder «Alkoholiker» gekürt. Natürlich ist der Garten des Mandanten grüner, die Wohnung geräumiger und der Charakter wohlfeiler. Auch Anwaltsfürsprecher Zillich will «Übertreibungen und sogar Entgleisungen» bei seinen Kollegen nicht von der Hand weisen: «Freilich gibt es immer Fälle, in denen Rechtsanwälte durch scharfe Formulierungen das Feuer zwischen den Parteien schüren. Natürlich schießt der eine oder andere Rechtsanwalt aus Freude an vermeintlich brillanten Wortschöpfungen gelegentlich über das Ziel hinaus.»[73]

Die Herabsetzung des ehemaligen Partners und gegnerischen Mandanten beginnt oft schon im Kleinen: So ist in der anwaltlichen Korrespondenz stets von «Antragsgegner» oder «Kindesmutter» (wessen Mutter denn sonst?) die Rede. «Ich habe meinen Anwalt gebeten, darauf zu verzichten und statt dessen Frau XY oder einfach nur Mutter zu schreiben», erzählt ein Vater. Sein Anwalt notierte den Wunsch auf einem Schmierzettel; die Anregung des Vaters blieb ohne Wirkung: «Als der Schriftsatz sechs Wochen später endlich versandt wurde, war wieder einmal Schema F angesagt.»

Ließ sich das Textverarbeitungsprogramm dieses Rechtsbeistandes nicht auf die Wünsche seines Mandanten umstellen? Oder gehören Schreibkünste wie «Die Auffassung der Antragsgegnerin ist unzutreffend» zum unwiderruflichen Repertoire anwaltlicher Prozeßspielchen? Auch solche Standardfloskeln tragen zu einer Klimaverschlechterung bei und verstärken die Sprachlosigkeit zwischen den Eltern.

Die Chancen auf Aussöhnung und Gesprächsfähigkeit werden mit Hilfe der üblichen Schriftstücke eher verringert als gefördert. Gegenseitige Aggressionen werden buchstäblich fest-geschrieben. Dabei sind die schriftlichen Hiobsbotschaften häufig gar nicht identisch mit den Vorstellungen des früheren Partners. Aber der Empfänger ordnet diese Mitteilungen ausnahmslos dem anderen zu. Er hat seine Lügen und Gemeinheiten ja vor sich: schwarz auf weiß. «Dies führt bei beiden Eltern als Empfängern dieser Information zu schwersten Kränkungen, die so traumatisch sein können, daß für lange Zeit eine kooperative Kommunikation massiv behindert, wenn nicht gar unmöglich wird.»[74]

Eigene Lösungen der Mandanten zuzulassen, das fällt vielen – nicht allen! – Anwälten schwer. Eine Erfahrung, die auch Werbekaufmann Hans-Peter gemacht hat: «Der erste Anwalt, mit dem ich zu tun hatte, wollte seinen eigenen konservativen Ansatz einfach auf mich übertragen. Er sagte mir: ‹Machen Sie sich doch neue Kinder. Vergessen Sie Ihre alten, und denken Sie an Ihre Karriere.› Es geschahen enorme Fehler, insbesondere durch einfaches Liegenlassen meiner Anweisungen, die ich mir dann zurechnen lassen mußte. Dann habe ich mich in die Dinge eingearbeitet und mir einen Anwalt gesucht, bei dem es möglich war, sämtliche Schriftsätze selbst zu schreiben.»

Jeder dritte Mandant fühlt sich seinem Familienanwalt ausgeliefert. Zu diesem Ergebnis kommt der Hamburger Scheidungsforscher Professor Dr. Erich Witte in der ersten gesamtdeutschen Untersuchung «Trennung – Scheidung – Neubeginn».[75] Nur jeder zweite ist mit der Arbeit seines Rechtsbeistands zufrieden. «Qualifikation und berufsübliche Reaktionsmuster liegen bei Anwälten eher in der Konfrontation mit der gegnerischen Partei als im mühseligen Herstellen von Einvernehmlichkeit. Konfliktbearbeitung und -entschärfung ist nicht Aufgabe und Auftrag der Anwälte», führt Witte als wesentliche Gründe für die Unzufriedenheit mit den Anwälten an.

Auflösende Paar- und fortbestehende Elternbeziehungen werden mit den anwaltsüblichen Begriffspaaren «Recht/Unrecht», «Gut/Böse» nur schlecht erfaßt. Einige Familienverbände fordern deswegen schon seit Jahren einen «*Fachanwalt Familienrecht*» mit einer speziellen familienpsychologischen Ausbildung. Kinder in Scheidungsverfahren bräuchten zudem einen *eigenen Vertreter*, der ihre Interessen hochhält – einen Schlichter zwischen den Eltern zum Wohle der Kinder. In Großbritannien und Frankreich gibt es diese spezialisierten Kinder- und Jugendanwälte bereits. Gemeinsam mit unabhängigen Sozialarbeitern vertreten sie Kinder vor Gericht. Dänische und norwegische Kinder können sich an einen «Ombudsman» (Obhutsperson) wenden, der sich für ihre Rechte und Interessen einsetzt.

Der Verband *Anwalt des Kindes* (VAK) fordert außerdem eine neue Gebührenordnung für «Familiensachen»: Beratung und Vermittlung sollten für das «Wirtschaftsunternehmen Anwaltskanzlei» lukrativer werden, denn zur Zeit rechnen sich Schlichtungsgespräche für den Anwalt nicht. Das Anfertigen von Schriftsätzen kostet weniger Zeit und bringt in der Regel mehr Gewinn als eine mehrstündige Beratung. Anwalt und VAK-Initiator Hans-Christian Prestien: «Ich versuche, in Abstimmung mit dem Anwalt der Gegenpartei, die Eltern an einen gemeinsamen Tisch zu bekommen, sie dazu zu bewegen, Beratungsangebote bei einem Jugendamt oder einem Familientherapeuten anzunehmen. Klappt das nicht, stelle ich den Antrag an das Gericht, Hilfestellung durch Einschalten eines kompetenten Beraters zu geben, um die Eltern zu befähigen, selbst eine vernünftige Lösung für die Beziehungen zu ihren Kindern zu finden. Eine Alles-oder-nichts-Lösung darf es einfach für die Kinder nicht geben.»

Hinweise für den Umgang mit Anwälten

Väter ohne Kinder sollten sich ihren Anwalt sehr gründlich auswählen. Gute Erfahrungen haben viele Trennungs- und Scheidungspaare mit Rechtsvertretern gemacht, die auch als Vermittler/»Familien-Mediator» (vgl. Kapitel 11) arbeiten oder die eine *familienpsychologische Zusatzausbildung* absolviert haben.

Machen Sie Ihrem Interessenvertreter deutlich, daß er – in Ihrem Interesse – vor allem die Belange der Kinder im Auge behalten soll. Vor einer gerichtlichen Auseinandersetzung sollte er keine Möglichkeit auslassen, Ihre Ex-Partnerin zu Vergleichsgesprächen zu bewegen. Viele Scheidungspaare gelangen so doch noch zu einer einvernehmlichen Trennung.

Auf Beleidigungen und Herabsetzungen sollte Ihr Anwalt in seinen

Schriftsätzen und vor Gericht vollständig verzichten. Auch heikle Stellungnahmen der «Gegenseite» werden moderat und sachlich beantwortet. Es empfiehlt sich, alle wichtigen Schriftstücke persönlich *gegenzulesen*, bevor sie die Kanzlei verlassen. Bitten Sie Ihren Anwalt deshalb um vorherige Zusendung.

Fragen Sie ihn im ersten – unverbindlichen – Beratungsgespräch, wie er zum gemeinsamen Sorgerecht steht. Viele Rechtsvertreter machen aus ihrer Ablehnung gegenüber dieser Sorgerechtsalternative keinen Hehl. Wertvolle Hinweise über die Arbeitsweise von Familienanwälten erhalten Sie auch von Väter- und Geschiedenengruppen.

Einen hilfreichen «Fragenkatalog für den Umgang mit Rechtsanwälten» haben Gisela Lindemann-Hinz, Berlin, und Harro Graf von Luxburg, München, entwickelt. Anzufordern ist er bei der

Arbeitsgemeinschaft Humanes Familienrecht, Postfach 151306, 80048 München.

Jugendamtsmitarbeiter – «Wir können Ihnen da nicht weiterhelfen!»

Vor jeder Sorgerechtsentscheidung schaltet der Richter das *Jugendamt* ein. Daraufhin besucht eine *Sozialarbeiterin* Mutter und Vater. In einer Stellungnahme an das Gericht schildert sie die wesentlichen Argumente, die von den Eltern vorgetragen worden sind, und beschreibt deren Lebensverhältnisse. Abschließend vermerkt sie häufig noch eine Sorgerechtsempfehlung. Natürlich ist der Richter nicht an diese Empfehlung gebunden; in der Regel wird er sie aber berücksichtigen.

Verbindliche Kriterien oder gar einheitliche Fragenkataloge gibt es für die Arbeit der Sozialarbeiter nicht. Sie unterrichten das Gericht also über ganz subjektive Eindrücke, die ihren jeweiligen Wertvorstellungen entsprechen. Oft entscheiden Jugendamtsmitarbeiter nach recht dürftigen Beobachtungen über eine Sorgerechtsregelung, berichten lediglich über sozialen Status und materielle Versorgung der Kinder. «Mittelschichtsorientierte Sauberkeits- und Ordnungsvorstellungen verführen gelegentlich dazu, aus Unordnung, aus ästhetischen Mängeln in der Wohnungseinrichtung oder der Art sich zu kleiden, aber auch aus abweichenden hygienischen Gebräuchen, manchmal recht sachfremde Beurteilungen eines Elternteils abzuleiten. Auf diese Weise dienen die äußerlichen Umstände bisweilen als vermeintliche Beweise für die mangelnde Erziehungsfähigkeit.»[76]

Aber auch in den Jugendämtern halten neue Ideen Einzug: Sozialarbeiter sollen nicht länger nur als «verlängerter Arm des Richters» tätig werden. Nach dem Kinder- und Jugendhilfegesetz vom 1. Januar 1991 sind sie verpflichtet, Mütter und Väter auf dem Weg zu mehr gemeinschaftlicher Verantwortung für die Kinder zu unterstützen (vgl. S. 207ff.).

Die *Beratungs- und Unterstützungsfunktion der Jugendämter* scheitert jedoch zumeist an zwei Voraussetzungen: Zeit und Kompetenz. Vor allem in den Großstädten klagen Sozialarbeiter über personelle Engpässe. «Beratung» findet hier gewöhnlich im Minutenmaß statt; manche Jugendämter beschränken sich sogar auf reine «Telefondienste». Bisher sind erst wenige Jugendamtsmitarbeiter auf die neuen Berufsanforderungen aus dem Reformgesetz eingestimmt worden. Fortbildungsveranstaltungen, zum Beispiel über den systemischen Familienansatz oder über Vermittlungstechniken, sind die große Ausnahme. Oft müssen sie sogar aus eigener Tasche bezahlt werden.

Viele Väter berichteten, daß sie in den Jugendämtern auf verschlossene Türen stießen. «Wir können Sie gut verstehen, aber weiterhelfen können wir Ihnen nicht.» Diesen Satz bekommen sie häufig zu hören, auch wenn ihre Ex-Partnerin die Kontakte mit den Kindern vollständig boykottiert. Oft dauert es Monate, mitunter sogar mehr als ein Jahr, bis ein Sozialarbeiter tätig wird.

Norman hegte große Hoffnung, als er Kontakt mit seinem Sozialarbeiter aufnahm. Vielleicht kann der ja ein wenig Bewegung in die «verhärtete Situation» hineinbringen, dachte der 43jährige Gymnasiallehrer und Vater ohne Trauschein. Aber schon nach einem Telefongespräch mit der Mutter gab der Diplompädagoge im Jugendamt auf. Für ihn stand fest: «Ihre ehemalige Partnerin will zur Zeit keinen Umgang zwischen Ihrem Kind und Ihnen.»

In seiner Stellungnahme teilte er dem Richter folgendes mit: «Wenn das Anliegen von Herrn I. auch zu verstehen ist, weiterhin Kontakt mit seiner Tochter haben zu wollen, so scheint mir die Praxis eines Umgangsrechts unter den augenblicklichen Bedingungen dem Kindeswohl wenig dienlich. Es scheint mir verständlich, daß die Kindesmutter zunächst einmal mit ihrem Kind zur Ruhe kommen möchte. Dieses wird aus meiner Sicht wohl kaum möglich sein, wenn die Kindeseltern ihre Schwierigkeiten miteinander nicht bewältigt haben. Zum augenblicklichen Zeitpunkt könnte ich einem Umgangsrecht zwischen Kindesvater und seiner Tochter ohne Bedenken nicht zustimmen.»

Wie die Schwierigkeiten der Eltern konstruktiv angegangen, vielleicht sogar reduziert werden könnten, darüber machen sich die wenigsten Sozialarbeiter Gedanken. Fällt der Jugendamtsmitarbeiter die Diagnose «nachpartnerschaftlicher Streit», gilt der Fall für ihn zumeist als erledigt. Dann macht er sich daran, dem Gericht seine Stellungnahme über Mutter und Vater zu schreiben – und verschlechtert die Elternbeziehung damit meist noch zusätzlich. Vor allem die Rubrik «Sorgerechtsempfehlung» trägt häufig zur Zementierung der beiden unversönlichen Positionen bei.

Auch Jörg bat das Jugendamt immer wieder um Unterstützung. Nach der Scheidung hatte sich seine Frau einer Bhagwan-Gruppe angeschlossen. Wenige Wochen später wurde seine Tochter Claudia in «Urja» umbenannt, in Rot gekleidet und bekam eine Holzkette des Meisters umgehängt. «Die Mutter begann systematisch, die Kontakte zwischen Claudia und mir zu hintertreiben. Während der Schulzeit flog sie mit ihr zum damaligen Hauptsitz der Sekte (Oregon/U.S.A.) oder nach Indien. Oft wurde Claudia bei Freunden und Bekannten untergebracht.»

Eines Tages erzählte ihm die Fünfjährige, daß sie mit ihrer Mutter nach Holland ans Meer ziehen und dort in einem Kinderhaus der Sekte wohnen werde. Jörg fragte daraufhin beim Jugendamt an, ob es Möglichkeiten gebe, der Mutter das Sorgerecht zu entziehen. «Als ich der Sozialarbeiterin von der psychischen Vernachlässigung meiner Tochter berichtete, entgegnete die mir ganz kategorisch: ‹Solche Mütter gibt es nicht!›» Auf die Frage, was er denn tun könne, sagte ihm der Leiter des Jugendamtes, ein Verwaltungsbeamter, frank und frei: «Erst wenn Sie uns das Kind mit blutigen Striemen zeigen, können wir etwas tun.»

«Der Sozialarbeiter hat mich nicht für voll genommen», erzählten viele Väter ohne Kinder. Diese Erfahrung machen vor allem Väter mit einer gewachsenen Beziehung zu Tochter oder Sohn – Väter, die unter der Trennung von ihren Kindern besonders leiden und eine gleichberechtigte Elternverantwortung einfordern. Wenn diese Väter dann auch noch mit Nachdruck, vielleicht sogar nicht «sachlich», sondern «emotional geladen» vortragen, daß sie Boris oder Nadja weiterhin als präsenter Vater erhalten bleiben möchten, und darüber hinaus auf bedenkliche Entwicklungen in der Mutter-Kind-Beziehung hinweisen, blocken viele Sozialarbeiter ab.

«Da fällt bei denen die Klappe runter», sagte ein Vater. Väter, die sich um ihre Kinder kümmern wollen, aber nicht dürfen und das nicht hinnehmen, werden in den Augen von Jugendamtsmitarbeitern so schnell zu «Querulanten und notorischen Nörglern».

Hinweise für den Umgang mit Jugendamtsmitarbeitern

Was für den Umgang mit Anwälten, psychologischen Sachverständigen und Richtern gilt, das gilt auch für Kontakte mit Sozialarbeitern des Jugendamts: Sachlich und nachdrücklich sollten Sie darauf hinweisen, daß Sie Ihren Kindern weiterhin als selbstverständliche Bezugsperson erhalten bleiben möchten. Vermeiden Sie Hinweise auf Ihre Beziehungssehnsucht. Konzentrieren Sie sich vielmehr darauf, die *Interessen Ihres Kindes*, sein Bedürfnis nach *Beziehungskontinuität* mit soviel Mutter und soviel Vater wie möglich darzustellen.

Abhandlungen über «diese fiese Frau» oder «diese Rabenmutter» sind ebenfalls zu unterlassen. Viele Sozialarbeiter werten anhaltende Partnerkonflikte als Argument gegen fortdauernde Kind-Vater-Beziehungen. Schildern Sie statt dessen ausführlich, wie die zukünftige Beziehung zu Ihrem Kind konkret aussehen soll.

Bevor die Jugendamtsmitarbeiterin zu Ihnen nach Hause kommt, empfiehlt es sich, mit ihr in der Dienststelle oder telefonisch ein kurzes Gespräch zu führen. Dabei wird zumeist schnell klar, wie sie zum «Umgangsrecht» für Kinder und Väter steht. Wünschen Sie die Beibehaltung des gemeinsamen Sorgerechts, sollten Sie die Sozialarbeiterin nach ihrer persönlichen Meinung zu diesem Thema fragen. Nach Paragraph 17 (2) des neuen Kinder- und Jugendhilfegesetzes (KJHG, s. S. 209!) hat das Jugendamt beide «Eltern bei der Entwicklung eines einvernehmlichen Konzepts für die Wahrnehmung der elterlichen Sorge» zu unterstützen. Damit soll eine fortbestehende, möglichst gemeinsame Elternverantwortung für das Kind oder den Jugendlichen auch nach Trennung oder Scheidung gesichert werden. Nach Paragraph 18 (4) KJHG steht allen nicht sorgeberechtigten Elternteilen «Beratung und Unterstützung bei der Ausübung des Umgangsrechts» und bei der «Herstellung von Besuchskontakten» zu. Fragen Sie Ihre Sozialarbeiterin, welche Möglichkeiten sie in diesem Zusammenhang anbieten kann.

Sollte sich die Jugendamtsmitarbeiterin bedeckt halten oder eindeutig Partei für Ihre Ex-Partnerin ergreifen, bitten Sie die Leitung des Jugendamts darum, einen anderen Mitarbeiter mit Vermittlungsversuchen und der Stellungnahme an das Gericht zu betrauen. Fällt die Stellungnahme einseitig aus, können Sie das Gutachten eines psychologischen Sachverständigen beantragen.

Enthält die schriftliche Stellungnahme des Jugendamts persönliche Wertungen über einen oder beide Elternteile oder vermochte der Berichterstattende Tatsachenfeststellungen sowie Angaben und Meinungen des anderen Elternparts nicht auseinanderzuhalten, können Sie das Jugendamt bitten, dies nachträglich deutlich zu machen. Ihre Bedenken gegen Schlußfolgerungen und Empfehlungen im Hinblick auf das «Sorge- und Besuchsrecht» sollte Ihr Anwalt in einem Schriftsatz sachlich richtigstellen und knapp begründen.

Psychologische Sachverständige – «Wem soll das Kind zugesprochen werden?»

> «Jan verfügt über reichliche Erfahrung mit Psychologen. Über den damals siebenjährigen Jungen wurden vor der Scheidung seiner Eltern zwei Gutachten erstellt. Damals konnte Jan schon fast im Schlaf die kleinen Holzfiguren aufstellen, die zum Test eines «Familienszenariums» gehören. Er kannte auch die Tierbilder, die ihm vorgelegt wurden. Zum Beispiel das Bild eines großen Hundes, der einen kleinen Hund auf dem Schoß hat. Wer ist der große Hund – Mama oder Papa? Und immer wieder wurde er mit der gleichen Frage geplagt: ‹Wen hast du lieber, den Papa oder die Mama?›»[77]

> «1. Ein Besuchsrecht des Vaters entspricht dem Wohl des Kindes.
> 2. Das Besuchsrecht entspricht dem Wohl des Kindes nur dann, wenn es im *Umfang äußerst beschränkt und ohne Anspruch auf den Aufbau einer tieferen Bindung zum leiblichen Vater gehandhabt* wird. Um diesen Charakter klarzustellen, wird ein Besuchsrecht von zweimal pro Jahr vierstündig an einem Halbtag an einem vom Vater vorgeschlagenen Ort unter Vermittlung und in Anwesenheit neutraler Personen vorgeschlagen» (aus einem Gutachten der Abteilung für Kinder- und Jugendpsychiatrie des Klinikums der Universität Tübingen vom 7. Juni 1991).

Wenn Mutter und Vater sich nicht über die Sorge für und den «Umgang» mit ihren Kindern einigen können, kann der Richter einen *Gutachter* bestellen. Das macht er vor allem bei «strittigen Verfahren» oder dann, wenn ihm eine Entscheidung schwerfällt. Der psychologische Sachverständige (ein Diplompsychologe oder Arzt mit dem Facharztzertifikat für Kinder- und Jugendpsychiatrie) gilt als der «heimliche Richter»: Nur wenige Richter beschließen gegen den herbeigeholten «Sachverstand».

Unvoreingenommen und neutral soll der Gutachter sein. Zuerst einmal studiert er die Schriftsätze, Berichte, Beschlüsse und Stellungnahmen. Dann führt er Gespräche mit Eltern und Kindern, läßt Mutter und Vater Fragebögen ausfüllen und beobachtet sie «in Interaktion» mit dem Kind – besonders beliebt sind Bastel-Einheiten mit Knetgummi oder eine Runde «Mensch-ärgere-dich-nicht». Mit Hilfe psychologischer Testverfahren (sogenannte explorative und projektive Tests) ergründet er den «Gefühlshaushalt» der Eltern.

Die Kinder müssen Bilder malen, Satzanfänge ergänzen, mit Puppen Familienszenen arrangieren oder den Familienmitgliedern mit Karten unterschiedliche Aussagen zuordnen. Viele Gutachter glauben, dadurch Informationen über die versteckten Wünsche und Bedürfnisse der Kinder nach *einem* Elternteil zu erhalten. Zahlengläubige Sachverständige greifen mitunter zu sehr obskuren Untersuchungsmethoden, die eher dem Reich der Magie als dem der Wissenschaft entspringen: Einige erkundigen sich, welchem Elternteil das Kind wohl nachfliegen würde, wenn es ein Vogel wäre und aus seinem Nest fiele. Andere lassen Kinder Liebeskuchen oder Punkte an Mutter und Vater aufteilen. Der Elter mit dem größten Kuchen oder den meisten Kugeln bekommt dann den «Sorgerechtszuschlag».

Aus seinem Erkenntnis-Mix schreibt der Gutachter dann ein Gutachten, mal fünf, mal 150 Seiten lang. Darin informiert er den Richter vor allem über das Bindungsverhalten des Kindes in bezug auf Mama und Papa sowie die Erziehungsfähigkeit von Mama und Papa in bezug auf ihr Kind. Zum Schluß gibt er meist eine «Sorgerechtsempfehlung», mitunter auch eine «Besuchsrecht-Empfehlung», und legt dar, was für den Kontakt zwischen Kind und Eltern sowie zwischen Mutter und Vater in Zukunft «wünschenswert» wäre.

«Wem soll das Kind zugesprochen werden?» / «Mit welchem Elternteil möchte das Kind weiterhin zusammenleben?»

Deutschlands Gutachter-Papst Reinhart Lempp (vgl. S. 68) hält es wie die meisten Vertreter seiner Zunft für «unbedingt notwendig», der Frage nachzuspüren, «wen das Kind am liebsten hat und wer ihm am meisten vertraut ist», wenn Eltern auseinandergehen und sich nicht über die Zukunft ihres Kindes einigen können. Ein Elternteil könne die Kontinuität von Erziehung und Entwicklung des Kindes besser gewährleisten als der andere Part, lautet die Philosophie dieses Verfahrens. Der «schlechtere» Elternteil müsse aus der (rechtlichen) Mitverantwortung für sein Kind entfernt werden.[78]

Ein Erkenntnisinteresse, das den Interessen der Kinder nach einer gesicherten Beziehung zu Mama und Papa meist zuwiderläuft und in der Regel nur sehr eingeschränkte «Forschungsergebnisse» über die Kind-Eltern-Beziehungen vermittelt. Denn die Bindung des Kindes zu Vater und Mutter zum Zeitpunkt X, die der Gutachter zu Papier bringt, kann wenige Monate später schon ganz anders aussehen. Dennoch sind die meisten psychologischen Gutachten nichts anderes als simple Zustandsbeschreibungen, die von den gegenwärtigen Lebensbedingungen des Kindes, von der aktuellen Kind-Eltern-Beziehung berichten. Diese einmalige Inventur schreibt die momentane Bindungssituation zwischen Kindern und Eltern fest. Doch Kinder entwickeln sich fortlaufend und brauchen in ihren zukünftigen Entwicklungsphasen vielleicht mal stärker die Mutter, mal stärker den Vater. Über «größere Liebe» oder «stärkere emotionale Bindung» zu einem Elternteil geben ihre «Willensbekundungen» nur selten Aufschluß. Eher über ihre Hilflosigkeit, über die offene oder versteckte Beeinflussung ihrer Eltern, über den derzeitigen Zustand ihrer Befindlichkeit, über ihre *momentanen* «Nähepräferenzen» (vgl. S. 159f.).

Sachverständige werden vornehmlich dann herangezogen, wenn die «kindlichen Bindungspräferenzen» für einen Elternteil nicht ersichtlich sind. Also dann, wenn es keine *eindeutig* bessere oder schlechtere Entscheidung gibt. Kein Wunder, daß gerade in solch einer Konstellation der gutachterliche Befund über eine «weniger schädliche Sorgerechtsalternative für das Kind» beim disqualifizierten Elternteil für große Verbitterung sorgt.

So auch bei Peter: «Unter Berufung auf den Deckmantel mütterlicher Fürsorglichkeit und auf die Rechtslage ist die Beziehung zu meinem Sohn kaputtgemacht worden. Unser Leben ist gewaltsam beruhigt worden», faßt der Streetworker die Arbeit seiner Gutachterin zusammen.

Acht Jahre lang hat er seinen Sohn Michael im Wechsel mit seiner ehemaligen Partnerin Elke betreut. Die beiden haben sich bereits zwei Jahre nach Michaels Geburt getrennt. Aber ihre Elternschaft ist damit nicht beendet. Peter und Elke wohnen nur wenige Straßenzüge voneinander entfernt; der Junge hat bei beiden ein Kinderzimmer.

Um sich seinem Sohn intensiver widmen zu können, reduziert Peter seinen Job auf Teilzeit.

In seiner Wohnung spürt man die gelebte Vater-Kind-Beziehung. Auf dem Fußboden liegt Lego. Autos und selbstgebastelte Schiffe parken auf Michaels Hochbett. Eine «Carrera»-Bahn führt durch das Wohnzimmer. In der Duschkabine stapeln sich Muscheln und Steine – Erinnerungen an den letzten gemeinsamen Urlaub.

Vier Tage bei der Mutter, drei Tage beim Vater und in den Ferien Hälfte-Hälfte: «Papa Hause, Mama Hause» – das war für Michael schon als kleines Kind eine Selbstverständlichkeit. «Sein Zimmer bei mir war ein Teil seines Zuhauses. Michael hatte zwei Zuhause. Acht Jahre lang gab es keine Probleme mit dem Hin- und Herpendeln», sagt Peter. Das soll sich ändern, als Elke wieder heiratet und von ihrem Mann ein Kind erwartet. Plötzlich stemmt sie sich gegen die Vater-Kind-Beziehung. «Elke wurde abweisend mir gegenüber. Auf einmal fehlte ihre Unterstützung dafür, daß Michael soviel Zeit bei mir verbringt.»

Peter hat die Anzahl der Übernachtungen seines Sohnes in der Zeit des Umbruchs festgehalten: September zehn, Oktober vierzehn, November zwölf, Dezember elf, Januar zwölf, Februar zehn, März drei, April drei, Mai vier, Juni drei… Michael leidet sehr unter der Zäsur. «Als die Treffen schlagartig weniger wurden, fing er plötzlich an, zu klammern und saß wie ein kleines Baby auf meinem Schoß. Wenn unsere Stunden abgelaufen waren, mimte er auf einmal den kranken Mann und wollte nicht aufbrechen. Er wurde sehr reizbar und aggressiv. Er schlief nur noch bei Licht ein, weil er Angst hatte, daß sonst die Vampire kämen.»

Daraufhin beantragt Peter beim Gericht, das Umgangsrecht wieder auszuweiten: vierzehntägig ein Wochenende und einen Werktag pro Woche, fordert er. Der Jugendamtsmitarbeiterin sagt Michael im Beisein seiner Mutter: «Ich will den Papa öfter sehen!» Die Sozialarbeiterin protokolliert seinen Wunsch; in ihrer «Stellungnahme an das Gericht» plädiert sie dennoch «in Hinblick auf die Interessen der Mutter in ihrer neuen Familienkonstellation» für ein Umgangswochenende im Vier-Wochen-Turnus.

«Michael läßt kein großes emotionales Engagement, der Nähe des Vaters zu bedürfen, erkennen»

Die Arbeit einer Hamburger Gutachterin

Peters Hoffnung gilt jetzt der Gutachterin. Die psychologische Sachverständige, die in einem Hamburger Arbeitskreis von Trennungsbegleitern und Scheidungsforschern für «mehr Elternverantwortung nach der Trennung» eintritt, kennt er aus dem Regionalfernsehen. «Wir brauchen großzügige Besuchsregelungen. Kinder leiden am meisten, wenn sie von einem Elternteil getrennt werden. Die Leiden der Kinder sehe ich als Gutachterin täglich: Schlafstörungen, Appetitstörungen, Konzentrationsstörungen, Rückzug von der Umwelt, depressives Verhalten oder ausgeprägte Aggressionen», hatte sie dort einmal einer Reporterin anvertraut.

Im Gutachten ist allerdings von «großzügigen Besuchsregelungen» keine Spur. «Alle drei Wochen von Freitag abend bis Sonntag nachmittag», lautet ihr Votum, dem sich der Richter anschließen wird.

Bereits am Telefon gibt die Sachverständige Peter klar zu verstehen, was sie von seinem Antrag hält: Gar nichts. «Die gemeinsame Verantwortung der Eltern war ja rechtlich gar nicht vorgesehen», erklärt sie ihm – Michaels Mutter hatte stets das alleinige Sorgerecht. Das Wohnen in zwei Wohnungen erscheint ihr «für ein Kind unmöglich». Peter: «Im zweiten Gespräch berichtete sie mir, die Mutter wolle nichts mehr mit mir zu tun haben. Ihre Heirat stelle uns alle vor ganz neue Bedingungen, unter denen die alten Besuchsregelungen nicht verantwortbar seien. Sie müssen lernen ...» Weiter sprach die Gutachterin nicht. «Danach redeten wir nur noch gegeneinander. Stellenweise konnte ich keinen Satz zu Ende sprechen. Wenn ich versuchte, ihre Darstellungen zu korrigieren, behauptete sie, ich würde nicht zuhören. Sie ging davon aus, daß ich Elke ständig belästigen würde. Dabei habe ich sie nach ihrer Heirat nur zweimal angerufen, was ja wohl auch ganz normal ist, wenn man zusammen ein Kind hat. Daß die Mutter ihren Boykott absichtlich inszenierte, um mit den daraus resultierenden Schwierigkeiten ihren Bruch unserer alten Umgangsregelung zu rechtfertigen, konnte sie sich nicht vorstellen.»

Michaels Leiden bringt die Gutachterin deutlich zu Papier: Der Junge fühle sich nicht geliebt, er sei bedrückt, er wolle den Vater öfter sehen, die Mutter räume ein, daß er über die Kürzung der Besuche traurig gewesen sein soll, er sei nach den Besuchswochenenden oft den Tränen nahe… Durch eine verspiegelte Scheibe hindurch beobachtet sie Vater und Sohn beim Spielen. «Eine entwürdigende, beklemmende Situation mit Peep-Show-Charakter», erinnert sich Peter. «Mutter und Kind wurden in einer derartigen Situation nicht observiert.»

Dreimal interviewt die Sachverständige den achtjährigen Michael. Dabei sitzt seine Mutter stets an seiner Seite. Zweimal fragt sie ihn, ob er den Papa häufiger sehen wolle. Zweimal sagt der Junge laut und deutlich: «Ich will Papa alle zwei Wochen am Wochenende sehen!» Aber die Gutachterin gibt nicht auf. Endlich, in der dritten Fragestunde antwortet Michael auf die erneute, gleiche Frage: «Ich finde das gut so.» Im Gutachten wird stehen: «Michael äußerte sich in den ersten beiden Kontakten dahingehend, den Vater alle zwei Wochen besuchen zu wollen. Im dritten Kontakt ließ er deutlich werden, die derzeitige Besuchsregelung ‹gut so› zu finden.»

Mit diesen beiden Worten – «gut so» – wird der Familienrichter einen dreiwöchigen Besuchsturnus begründen: «Michael selbst fand die derzeitige Besuchsregelung letztlich ‹gut so›», heißt es auch im «Beschluß».

«Michael will von den ewig gleichen Fragen der Sachverständigen in Ruhe gelassen werden. Er will, daß die Inquisition endlich aufhört. Muß der Junge nicht den Eindruck haben, daß diese Frau etwas anderes hören möchte, obwohl er schon zweimal – und das im Beisein seiner Mutter – seine Meinung deutlich geäußert hat? Michael hat Angst, den verbliebenen Elternteil, seine Mutter, auch noch zu verlieren. Wenn die Mutter den Vater vom Umgangsrecht ausschließen will und das Kind daher nur noch die Mutter hat, wird es alles tun, um ihr zu gefallen», vermerkt ein anderer Sachverständiger zum vorliegenden «Sachverstand».

Mit keinem einzigen Wort erwähnt die Gutachterin die achteinhalb Jahre währende Beziehung zwischen Kind und Vater. Eine Beziehung voller Alltäglichkeiten: Peter und Michael spielen zusammen Gitarre und Synthesizer; Peter hilft Michael bei den Hausaufgaben; er sorgt für ihn, ist für ihn da; er kocht, wäscht, liest vor, freut sich mit ihm und tröstet ihn. Einmal in der Woche bringt Michael seinen besten Freund zum Übernachten mit in die Wohnung des Vaters.

Keine Silbe davon im *Gut*achten. Dort präsentiert sich ein belangloser, ein überflüssiger Vater. Für das Kind nicht von großer Bedeutung, diese Person: «Michael erwähnte außerdem noch, daß ihm die Matratze beim Vater nicht gefallen würde, sie sei ‹zu hart›, bei Elke sei seine neue Matratze ‹schön weich›. Entsprechend befragt, gab Michael an, in dieser Hinsicht von Elke nicht beeinflußt worden zu sein. Bei dem Besuchswochenende, das vor diesem Treffen stattgefunden hatte, will Michael die meiste Zeit im Bett gelegen und gelesen haben. Befragt, was der Vater gemacht habe, antwortete er: ‹Er hat gegessen.›»

In einer «Zusammenfassung der Befunde» wird der Verantwortliche für Michaels Trennungsleiden klar benannt: Sein Vater ist schuld. Hätte Peter sich schnell genug mit der neuen Besuchspolitik seiner Ex-Partnerin abgefunden, wäre alles in bester Ordnung: «Wenn der Vater die Entscheidung der Mutter akzeptiert hätte, wäre sie für Michael nie problematisch geworden.» Peter belaste den Jungen mit seinen unangebrachten «emotionalen Ansprüchen», ihn öfter sehen zu wollen, rapportiert die Sachverständige. «Aufgrund dessen(!) kam es zur Entwicklung von Verhaltensauffälligkeiten.» Denn: «Die Kontakte stehen nicht unbedingt im Einklang mit Michaels Interessen.»

Nicht eine Zeile über die drastische Kürzung der Kontakte durch die Mutter. Die Mitteilung an den Richter lautet vielmehr: «Michael möchte mit seinem angegebenen Wunsch, den Vater alle vierzehn Tage zu besuchen, dessen gefühlsmäßige Ansprüche an ihn zufriedenstellen, ohne daß dieser Wunsch unbedingt seinem eigenen Bedürfnis entspricht.» Mit anderen Worten: Peter manipuliert sein Kind.

Kurios auch die Interpretation der Malsituation: Die Gutachterin bittet Michael, seinen Vater zu zeichnen. Der Junge malt einen Fisch – im Aquarium. (Zwei Wochen zuvor hatte ihm Peter so ein Aquarium geschenkt.) Die Botschaft der Zeichnung ist für die Gutachterin eindeutig: Der Junge braucht mehr Abstand zum Vater. «Michael ließ kein großes emotionales Engagement, der Nähe des Vaters zu bedürfen, erkennen, sondern er brachte eher zum Ausdruck, eine gewisse Distanz (Aquarium!) zum Vater zu benötigen.»

Die Konfliktsituation von Elke und Peter hält die Sachverständige für «unlösbar». Ihr einziger «Ratschlag»: «Herr G. soll sich dringend darum bemühen, sich in seinen Bedürfnissen (…) zurückzunehmen.» Ausführlich beschreibt sie die akuten Dissonanzen zwischen Vater und Mutter. Daß sie damit auch die momentane Problematik der Beteiligten *fest*schreibt, erkennt sie nicht. Im Gutachten findet sich nicht ein einziger Hinweis, wie die festgefahrene Situation für Mutter, Vater und Kind aufgebrochen und verändert – entlastet – werden könnte.

Vielleicht durch eine sachverständige Beratung der Eltern? Eine Beratung, die Elke und Peter hilft, behutsam den Diskurs zu eröffnen, die sie dabei unterstützt, gewisse Dinge auszusortieren? Eine einfühlsame Hilfestellung, die – in Einzelgesprächen und in gemeinsamen

Gesprächen mit Vater und Mutter – auf die gegenseitige Anerkennung der elementaren Bedürfnisse des gemeinsamen Kindes *und* der *beider* Eltern zu sprechen kommt?

Zeit und Geld standen dafür zur Verfügung: 4716,98 Mark hat sich die Sachverständige für ihr Gutachten in Rechnung gestellt. Die Diplompsychologin hat hart gearbeitet. So sieht ihre «Liquidation» aus:

Aktenstudium:	5 Stunden
Gespräche mit dem Vater:	8 Stunden
Gespräche mit der Mutter:	7 Stunden
Mal-, Spiel- und Fragestunden mit Michael:	6 Stunden
«Verhaltensbeobachtung eines Vater-Sohn-Kontakts»:	2 Stunden
Auswertung der Fragebögen, Teste und «Explorationen»:	4 Stunden
Korrespondenz und Telefonate:	3 Stunden
Abfassung, Diktat und Korrektur des Gutachtens:	20 Stunden
	55 Stunden

Kritiker der herkömmlichen Gutachterei fordern schon seit langem einen ganz neuen Sachverständigentypus: Der Gutachter soll zwischen Mutter und Vater *vermitteln* und die Interessen des Kindes vertreten. Er soll nicht länger herausdestillieren, welcher Elternteil «besser» oder «schlechter», «wichtiger» oder «unwichtiger» ist. Gefordert ist ein feinfühliger Begleiter in einer Situation, in der Vater und Mutter nicht gerade vor Gelassenheit und Ruhe strotzen. Eine Person *mit Sachverstand*, die den Eltern vor Augen hält, wie belastend ihre Reibereien für das Kind sind.

Gutachter sollten ihre psychologischen Fertigkeiten zuerst einmal dafür einsetzen, daß Vater und Mutter wieder über ihr Kind reden können. Denn die meisten zu begutachtenden Paare kommunizieren nur noch indirekt – über Anwälte und Kinder, manchmal auch per Telefon. In der Regel lehnt mindestens ein Elternteil den direkten Kontakt ab, weil er sich durch den ehemaligen Partner und durch dessen Rechtsvertreter gekränkt und verletzt fühlt.

Genau hier setzen erfolgreiche Sachverständige an: Sie motivieren die Streitparteien, ihr Augenmerk weg von der negativen Vergangenheit und Gegenwart hin zur Zukunft, weg von der problematischen Paar- hin zur fortbestehenden Elternebene zu lenken. Denn beiden, Mutter und Vater, geht es ja um das Wohlergehen ihrer Kinder. An dieser Schnittstelle müssen die Eltern abgeholt werden.

Bereits auf dem 7. Deutschen Familiengerichtstag im Oktober 1987 formulierten Anwälte, Gutachter und Richter neue Richtlinien für die Arbeit der psychologischen Sachverständigen und forderten: «Der Schwerpunkt der Zusammenarbeit mit den Eltern sollte darin liegen, diese möglichst zu befähigen, ihre Verantwortung als Eltern wieder selbst wahrnehmen zu können und eine gemeinsame Regelung zum Sorge- und Umgangsrecht zu finden.»[79] Erst nach erfolglosen Vermittlungsbemühungen sollte der Gutachter dem Richter eine Entscheidung nahelegen. Dabei sollte vor allem eine Frage im Mittelpunkt stehen: *Welcher Elternteil ist besser geeignet, die Beziehungen zu allen für das Kind wichtigen Personen aufrechtzuerhalten?*

Die richtende Basis hat diese Empfehlungen bislang überhört. Daß psychologische Sachverständige in allererster Linie die Verhandlungsbereitschaft zwischen den Eltern fördern könnten, daran denken nur wenige Richter, wenn sie Gutachtenaufträge verteilen. Der Sachverständige ist für die meisten lediglich ein «sachkundiger Helfer» bei der anstehenden Sorgerechtsentscheidung.

Folgender Beschluß eines Detmolder Familienrichters ist noch immer eine große Ausnahme. Väter ohne Kinder, denen eine Begutachtung bevorsteht, sollten ihrem Richter vorschlagen, einen ähnlich lautenden Gutachtenauftrag zu erteilen.

Amtsgericht Detmold, Beschluß vom 30.03.1992 – Az. 16 F 246/91 SO

«Zur Vorbereitung der Entscheidung des Gerichts, welche Regelung der elterlichen Sorge für das gemeinschaftliche Kind (...) für die Zeit nach der Scheidung dem Wohle des Kindes am besten förderlich ist (...), soll ein schriftliches Gutachten zu folgenden Fragen eingeholt werden:

1. Sind beide Eltern bei sachgerechter Intervention durch die Sachverständige in der Lage, ein einvernehmliches Konzept für die Wahrnehmung der elterlichen Sorge zu erarbeiten? (§ 17 Abs. 2 KJHG)
2. Welcherart in Hinblick auf den Aufenthalt sind Wille und Tendenzen des Kindes?
3. Welcher Elternteil ist nicht in der Lage, «Paarbeziehung» von «Eltern-Kind-Beziehung» zu trennen? In welcher Weise ist dieser Elternteil behindert, sich tatsächlich auf die objektiven Kindesbedürfnisse einzustellen und die Bindung des Kindes an den anderen Elternteil zu tolerieren?
4. Durch welche gerichtlichen Maßnahmen kann am ehesten gewährleistet werden, daß die Eltern zu einer zunehmend kooperativen und konstruktiven Haltung zurückgelangen?»

Hinweise für den Umgang mit Gutachtern

- Informieren Sie sich vor Beginn der Begutachtung über den vom Richter vorgeschlagenen psychologischen Sachverständigen. Viele Gutachter veröffentlichen Bücher und Aufsätze in Fachzeitschriften. Hinweise über weniger bekannte Sachverständige können Ihnen oftmals Vereine und Selbsthilfegruppen geben, in denen Väter, Geschiedene oder Alleinerziehende organisiert sind. Sie sollten vor allem Kenntnis darüber haben, welcher psychologischen Richtung oder «Schule» der Gutachter zuzuordnen ist. Manche Veröffentlichungen geben auch Hinweise darüber, wie der Gutachter zum (gemeinsamen) Sorgerecht oder zur Ausgestaltung von «Besuchsregelungen» steht. Sachverständige, die sich deutlich reserviert gegenüber lebendigen Vater-Kind-Beziehungen nach Trennung oder Scheidung geäußert haben, sollten Sie mit Hilfe Ihres Anwalts *vor (!) Beginn der Begutachtung* wegen Befangenheit ablehnen.

- Häufig geht der Gutachtenauftrag des Gerichts nicht an eine Einzelperson, sondern an ein kommerzielles – nichtwissenschaftliches – Institut. Auch hier sollten Sie sich vorab über die Arbeitsweise des Instituts informieren. Vor allem von Mitarbeitern des größten deutschen «Instituts», des Bochumer *Instituts für Gerichtspsychologie* (IFG), sind zahlreiche parteiische Expertisen bekannt. Väter, die mit «Sachverständiginnen» – beim IFG arbeiten ausschließlich Frauen – dieses Gutachten-Vermittler-Unternehmens des Dr. Friedrich Arntzen zu tun haben, sollten die folgenden Veröffentlichungen lesen und anschließend mit ihrem Anwalt beraten, ob sie den Gutachtervorschlag ablehnen:
  - Der Spiegel, 1988, Nr. 35, S. 60–63: «Ich würde immer wieder abhauen.» Wie Gutachter, Juristen und Eltern um Scheidungskinder kämpfen – ein Einblick in die Arbeitsweise einer IFG-Gutachterin (vgl. auch Der Spiegel, 1988, Nr. 42, S. 74 ff.).
  - Uwe-Jörg Jopt: Im Namen des Kindes. Plädoyer für die Abschaffung des alleinigen Sorgerechts (Rasch und Röhring 1992), v. a. der Abschnitt: Der Psychologische Sachverständige, S. 251 ff. – mit einer detaillierten Darstellung über die Praktiken des IFG.
  - Friedrich Arntzen: Elterliche Sorge und persönlicher Umgang mit Kindern aus gerichtspsychologischer Sicht. München 1980. Kind-Vater-Kontakte einmal pro Monat mit zusätzlichem zweimaligen längeren Ferienbesuch seien psychologisch gesehen der zu empfehlende Normalfall, so der Bochumer Gutachtermakler.

• Lassen Sie sich von Ihrem Sachverständigen vor Beginn der Begutachtung ausführlich erklären, was er wann mit welchen Methoden und unter welchen Gesichtspunkten untersuchen will. Sicht er seine Aufgabe allein darin, dem Richter eine Sorgerechtsempfehlung vorzulegen oder wird er vorrangig versuchen, Ihre Ex-Partnerin und Sie zu einer einvernehmlichen Lösung im Sinne Ihres Kindes zu befähigen? Fragen Sie Ihren Gutachter auch, nach welchen Gesichtspunkten er in Ihrem Fall seine Empfehlung an das Gericht abgeben wird. Besteht er auf psychologischen Tests, sollten Sie sich vorher den Versuchsablauf erklären lassen und ihn fragen, welche Schlußfolgerungen er aus den Ergebnissen ziehen kann. Sie sind nicht verpflichtet, an Persönlichkeitstests teilzunehmen. Informieren Sie sich auch, wann und wo er das Kind mit welchem Elternteil beobachten wird. Bestehen Sie auf gleichen Bedingungen!

• Mehr als die Hälfte der psychologischen Gutachten entsprechen nicht den Richtlinien, die der Berufsverband Deutscher Psychologen (BDP) im Jahre 1986 aufgestellt hat. Viele Gutachter halten sich nicht an die vom Richter vorgegebene Fragestellung, beziehen sich nur marginal auf den Einzelfall, bedienen sich unsachgemäßer Untersuchungsmethoden oder grenzen Aussagen von Dritten nicht deutlich von eigenen Interpretationen ab. Überprüfen Sie deshalb mit Hilfe Ihres Anwalts oder eines anderen psychologischen Sachverständigen, ob ein eindeutig zu Lasten Ihres Kindes ausfallendes Gutachten nicht schon aus formalen Gründen anfechtbar ist.

Die *Richtlinien für die Erstellung psychologischer Gutachten* sind für DM 6,50 erhältlich beim
Deutschen Psychologen Verlag, Heilsbachstr. 22, 53123 Bonn.

• Vor der Gerichtsverhandlung sollte Ihr Anwalt alle Mißverständnisse, Fehler und Auslassungen – sachlich und knapp – richtigstellen bzw. ergänzen. Dabei sollten vor allem die Passagen kommentiert werden, die sich auf die jetzige und zukünftige Beziehung Ihres Kindes zu Ihrer Ex-Partnerin und Ihnen beziehen. Sind große Teile des Gutachtens nachweisbar parteiisch, können Sie das Gutachten ablehnen oder ein Ergänzungsgutachten beantragen. «Privatgutachten» von anderen Sachverständigen – mögen sie noch so fundiert sein – werden von den meisten Richtern ungelesen abgeheftet.

Richter – Eingriffe in das Zentrum fremden Lebens

«Habe ich den Beteiligten genutzt oder geholfen? Habe ich Schädigungen – vor allem für die Kinder – begrenzen können? Was werden die Parteien aus den – hoffentlich – vertretbaren Entscheidungen machen?

Werden die Beteiligten (...) verstehen lernen, daß der Familienrichter sie aus ihrer gemeinsamen Verantwortung nicht entlassen kann, daß er nur den dünnen juristischen Rahmen für ein Zukunftsbild liefert, das von Eltern und Kindern selbst in grellen, dunklen oder auch freundlichen Farben gestaltet wird?

Habe ich mich ausreichend bemüht, die Kompetenz ihrer Entscheidungsfähigkeit zu bewahren oder wiederherzustellen, soweit das gerichtliche Verfahren das zuläßt?»

Diese Zweifel kommen Familienrichter Jürgen Grotevent oft in den Sinn, nach einem «ganz normalen Sitzungstag»[80]. Was rechtfertigt überhaupt sein «‹halbgöttliches Eingreifen› in das Zentrum fremden Lebens», fragt er sich dann. Konflikte, stellt Grotevent resignierend fest, kann der Richter nicht lösen. Er kann nur analysieren und Weichen stellen – vermuten, woher der Zug kommt und wohin die Gleise führen werden.

Viel Zeit bleibt ihm dafür nicht. Im Stundenrhythmus erscheinen die auseinanderdriftenden Partner im Sitzungssaal. Der Richter kennt sie aus Schriftsätzen, Stellungnahmen und Gutachten; in der Regel hat er Eltern und Kinder – Kinder ab dem vierzehnten Lebensjahr müssen vom Richter gefragt werden, bei welchem Elternteil sie leben wollen – auch «mündlich gehört». Jedes Jahr kommt der Richter auf 400 bis 600 Scheidungen. Bei 220 Arbeitstagen sind das zwei bis drei «komplette Vorgänge» – vom Aktenstudium bis zur Urteilsverkündung – pro Tag.

Im Rahmen des «Scheidungsverbundes» spricht der Richter dann in 96 von 100 Fällen einem Elternteil – das heißt fast immer der Mutter – das unbegrenzte Sorgerecht zu. Immer mehr Fachleute kritisieren diese Scheidungspraxis. Für den «Suchprozeß» der Familienrichter nach dem «geeigneteren» – und somit auch nach dem «entbehrlicheren» – Elternteil zieht der Familientherapeut Uwe-Jörg Jopt einen interessanten Vergleich: Das ist so, «wie wenn man die tatsächliche Leistungsfähigkeit eines Sprinters zu einem Zeitpunkt feststellen wollte, wo dieser gerade an einem Beinbruch laboriert und – noch eingegipst – mühsam die ersten Gehversuche am Stock macht. Denn wie dort jede vernünftige Feststellung zum genannten Zeitpunkt unmöglich ist, so ist es auch auf dem Sorgerechtsfeld ein psychologisches Unding, zu eben der Zeit die bestmöglichen nachehelichen Lebensbedingungen für ein Kind herausfinden zu wollen, zu der die beiden Subsysteme ‹Eheleute› und ‹Eltern› noch unentwirrbar miteinander verknäult sind».[81]

Familienrechtsreformer fordern deshalb *Fachrichter* mit genauen Kenntnissen über familiendynamische Zusammenhänge: Deren allererste Aufgabe sollte es sein, als *Moderator* zwischen den Eltern zu *vermitteln*, nicht aber zu entscheiden. Sie sollten Ex-Partnern klarmachen, daß sie auch nach der Trennung beide von ihrem Kind gebraucht werden; niemand wird aus seiner elterlichen Verantwortung entlassen. Gemeinsam mit Mutter und Vater würden sie versuchen, die optimalste Lösung für das Kind zu erarbeiten.

Bei besonders zerstrittenen Paaren würde der Richter nicht «beschließen», sondern das Verfahren für eine gewisse Zeit aussetzen. Er würde sie ermuntern, eine Trennungs- und Scheidungsberatungsstelle oder einen Vermittler/Mediator aufzusuchen. Denn diese «Streitparteien» würden feste juristische Rahmenbedingungen schnell als Handlungsanweisung *gegen* den ehemaligen Partner einsetzen.

Von der Möglichkeit der gemeinsamen Sorge machen erst 3 bis 4 Prozent der Mütter und Väter nach der Scheidung Gebrauch. Das liegt jedoch nicht nur an den «hoffnungslos» zerstrittenen Eltern. Schuld daran trägt auch das professionelle Scheidungsumfeld. Von hier kommen nur selten Impulse für diese Sorgerechtsalternative. Das gilt insbesondere für Anwälte und Familienrichter: Nur wenige bemühen sich, Scheidungseltern die Vorteile der gemeinsamen elterlichen Sorge zu erläutern. Vielmehr befürchten sie, daß postpartnerschaftliche Zusammenarbeit im Alltag nicht funktionieren könne.

Überraschen kann das eigentlich nicht, denn über ausreichend Zeit und psychologisches Feingefühl – das A und O für eine erfolgreiche Vermittlung zu gemeinsamer Elternverantwortung nach Trennung oder Scheidung – verfügen nur wenige Juristen; psychologische Gesprächsführung ist für die Mehrzahl ein Fremdwort.

Zudem sind viele nicht bereit, sich mit ihren «Erfahrungssätzen» und standardisierten Textbausteinen auf den jeweiligen *Einzelfall* einzustellen. Oft werden Verfahren nach «Schema F» abgehandelt, wonach Väter «ohnehin weniger Interesse an Kindern» (ein Kölner Familienrichter) hätten. Einige Väter berichteten, daß ihre Anträge gar nicht, deutlich unwillig oder mit großer Verzögerung bearbeitet wurden. Richter, die zum Beispiel Anträge auf eine Ausdehnung der Kontakte pauschal als «abwegig» einstufen (so geschehen am Landgericht Hamburg), sollten mit Hilfe eines Befangenheitsantrages abgelehnt werden (s. S. 87).

Daß auch Richter die Aufgabe haben, Partnerkonflikte im Interesse der Kinder abzubauen, hat bislang erst ein einziges Gericht (1988) erklärt:

«Der Grundsatz der Amtsermittlung (§12 FGG [Gesetz über die Angelegenheiten der freiwilligen Gerichtsbarkeit]) sowie das Wächteramt des Staates (Art. 6 Grundgesetz) verpflichten den Familienrichter, möglichst viel Streitpotential zwischen den Eltern abzubauen und zu versuchen, die Voraussetzungen für das Funktionieren gemeinsamer elterlicher Sorge zu schaffen.»[82]

Empfehlung: Väter ohne Kinder sollten sich gründlich über das bevorstehende Sorgerechtsverfahren informieren, bevor sie mit Trennungs- und Scheidungsbegleitern zusammentreffen. Zahlreiche Tips für den Umgang mit Anwälten, Jugendamtsmitarbeitern, psychologischen Sachverständigen und Richtern liefert der preis- wie empfehlenswerte «Leitfaden für familienrechtliche Auseinandersetzungen» von Sigrid Baumgarten-Weymar/, Uwe Tewes und Gustel Wolff: *Vom Recht am Kind* (Rowohlt 1990).

6. «Das Kind braucht seine Ruhe!»

«Ist nicht der Mißbrauch der Kinder für die Ziele und Motive der eigenen Rechtfertigung und des eigenen Hasses die frühe Weichenstellung für die Entwicklung eines besonders in der westlichen Kultur fatalen Konfliktentferners: des Kontaktabbruchs?»
(Willi Butollo, Psychologe)

«Fest steht jedenfalls, daß in strittigen deutschen Sorgerechtsentscheidungen bei Scheidung viel von ‹Ordnung› oder ‹klaren Verhältnissen, welche die Kinder brauchen›, die Rede ist. Und davon, ‹daß das Kind wissen müsse, wo es hingehört›. Dagegen habe ich noch in keiner einzigen Gerichtsentscheidung gelesen, daß das von Scheidung seiner Eltern betroffene Kind Liebe brauche und wissen müsse, daß es von seinen beiden Elternteilen geliebt wird.»
(Dr. iur. Peter Koeppel, Gründungsmitglied des Vereins *Väter für Kinder*[83])

Die Aufteilungspolitik der Scheidungsbegleiter hinterläßt ihre Spuren. Nachdem der Richter Sorgerecht und Besuchszeiten festgelegt hat, verkriechen sich viele Frauen in das Schneckenhaus ihrer mütterlichen Rechte zurück. Sie wähnen sich im Besitz einer Anweisung, mit der Vater-Kind-Kontakte so knapp wie möglich gehalten werden können.

Diese Erfahrung machte auch Bernd: «Meine Ex-Frau weiß genau, was sie will. Sie will unsere Beziehung minimieren. Neulich wollte mein Sohn eine Stunde länger bleiben. Dann rief er drüben an, aber seine Mutter sagte zu ihm: ‹Nein, das geht nicht!› Das Gericht habe die Zeiten so beschlossen, und daran müsse sie sich halten. Ansonsten würde sie Ärger kriegen. Was für eine lügenhafte Behauptung! Mein Sohn weiß mittlerweile genau, daß er bei ihr keine Erweiterung unserer Besuchszeiten durchsetzen kann. Deswegen fragt er auch gar nicht erst. Das hat er über Jahre versucht. Irgendwann hat er es aufgegeben.»

«Das Kind braucht seine Ruhe!»: Dieses Unisono von Müttern und Richtern amputiert viele Kind-Vater-Beziehungen nach Trennung oder Scheidung. Es entspricht dem juristischen Denkmodell von «klaren Rechtsverhältnissen» – ein Ordnungsdenken, das aufzuteilenden Hausrat und Bindungen zwischen Kindern und Vätern in einen Topf schmeißt.

Mit Hilfe der «Ruheformel» werden Väter, besonders diejenigen ohne Trauschein, schnell zum «Störfaktor», zum alleinigen «Verursacher» der Konflikte ernannt. Kommen Mutter *und* Vater nicht zur Ruhe, reduzieren viele Richter Vaters «Umgangsrecht». Mitunter setzen sie es auch ganz außer Kraft. So lange, begründete ein Richter seinen Beschluß, bis «das unentspannte Verhältnis der Parteien durch ein mehr emotionsloses, zwangloses Verhältnis ersetzt worden ist».

Wie dieser Zustand erreicht werden könnte, darüber machte der Jurist keine Angaben. Fest stand für ihn jedoch: «Der Vater hat keinen durchsetzbaren Anspruch darauf, daß die Mutter sich ihm zuwendet und damit den Boden für einen Spannungsausgleich bereitet.» Daß die Mutter vom Tag der Trennung an den Kontakt zwischen Vater und Kind vollständig verhinderte, war für den Familienrichter nicht von Belang. Wie für so viele Sorge- und Umgangsrechtsverfahren typisch, wurde die Kind-Vater-Beziehung mit Verweis auf die bestehende – von der Mutter erzwungene – «Kontinuität der Kind-Mutter-Beziehung» abgewürgt.

Mit derartigen Beschlüssen legen Richter die Kontakte zwischen Kindern und Vätern in die Hände der Mütter. Denn solange das in vielen Gerichtsbeschlüssen zitierte «Kontinuitätsprinzip» beinhaltet, daß Mütter den «Umgang» *ihrer* Kinder mit dem Vater be- bis verhindern dürfen, solange Kontinuität nicht zuerst einmal *Beziehungskontinuität*, das heißt Aufrechterhaltung der Beziehungen zu Mutter und Vater bedeutet, bleibt der Mißbrauch von Elternrechten an der Tagesordnung, werden Mütter geradezu eingeladen, zurückliegende Paarkonflikte ausführlich darzustellen und damit dem Ex-Partner die rote Karte zu zeigen. Solange Mutters Befinden und Ruhebedürftigkeit darüber entscheiden können, ob und wie sich die Vater-Kind-Beziehung nach Trennung oder Scheidung entwickelt, werden viele Väter den Kontakt zu ihren Kindern verlieren.

Daß eine derartige Un-Logik gewöhnlich nicht nur zu Lasten der Kinder geht, sondern den Streit zwischen Mutter und Vater noch weiter verschärft und «Umgangsstreitigkeiten» vorprogrammiert, scheinen viele Richter zu übersehen. Väter, die *reagieren*, die sich – verständlicherweise – gegen Ausgrenzungen zur Wehr setzen und so weitere gerichtliche Auseinandersetzungen wahrscheinlich machen, bestätigen sie vielmehr in ihrer festen Überzeugung: Die Eltern streiten sich. Das Kind braucht seine Ruhe.

Ein Teufelskreis.

Denn kurz nach einer Trennung erleben Eltern ihre Enttäuschungen, Verletzungen und Schuldgefühle besonders heftig. Jedes Aufeinandertreffen mit dem «Ex» sorgt da für neuen Zündstoff. In dieser Zeit können Ruhe (= Abstand vom ehemaligen Partner) *und* Beständigkeit (in den Kontakten zwischen Kind und Vater) für alle Beteiligten sinnvoll sein. «Klare Besuchsregelungen» können Kindern helfen, sich langsam an die neuen Familienverhältnisse zu gewöhnen.

«Klare Verhältnisse» – das heißt aus Sicht des Kindes jedoch immer: klare, langfristig garantierte *emotionale* Verhältnisse zum getrennt lebenden Elternteil. Die Ruheformel von Müttern und Scheidungsbegleitern bewirkt jedoch genau das Gegenteil! Sie leistet einen bedeutsamen Beitrag dazu, daß 50 Prozent aller Kinder und Väter nach Trennung oder Scheidung den Kontakt verlieren.

«Wir brauchen jetzt erst einmal unsere Ruhe» – für viele Väter besagt das im Klartext: Du sollst unser Kind gar nicht sehen. Daß damit kein vorübergehender Zustand gemeint ist, wird ihnen meist erst nach Monaten oder Jahren klar. Immer wieder berichtet ihre ehemalige Partnerin am Telefon: «Ich bin noch nicht soweit!», bis schließlich aus dem «Wir-wollen-erst-einmal-zur-Ruhe-kommen» eine massive Abwehrhaltung wird: «Wir wollen von dir in Zukunft in Ruhe gelassen werden!»

«Dann erweist sich, daß der Spruch: ‹Ich will erst einmal zur Ruhe kommen!› nichts weiter war, als der Versuch, Zeit zu ‹gewinnen› um damit eine Auseinandersetzung über die weitere Beziehung zwischen meinem Kind und mir zu verhindern. Und um dann endlich zu sagen: ‹Nun sind wir zur Ruhe gekommen. Jetzt kann ich dir offen sagen, was ich von Anfang an wollte: Ich will mich mit dir nicht weiter auseinandersetzen!›», faßt ein Vater die Ausgrenzungspolitik seiner geschiedenen Frau zusammen.

Scheidungsforscherin Anneke Napp-Peters hält solche «Umgangsmuster» für alarmierend: «Unsere Ergebnisse belegen, daß Kinder die Scheidung ihrer Eltern eher ohne Störung verarbeiten, wenn ihnen die Beziehung zum nichtsorgeberechtigten Elternteil erhalten bleibt.»[84] Ihre Untersuchung (vgl. S. 17 und S. 156f.!) verdeutlicht, daß

«Ruhe» fast immer nur den Wünschen des ausgrenzenden Elternteils entspricht. Mit den Bedürfnissen der Kinder hat sie nur sehr selten etwas zu tun.

Im Gegenteil: Gerade unmittelbar nach der Trennung sind Kinder auf die beständige Rückversicherung angewiesen, daß Mutter und Vater weiterhin verfügbar bleiben. Vor allem jüngere Kinder entwickeln große Schuldgefühle und Ängste, wenn ein Elternteil plötzlich verschwindet: «Ist der Papa böse auf mich, oder warum kommt er nicht mehr?» – «Will er mich nicht mehr sehen?» – «Hat er mich überhaupt noch lieb?» Sie neigen dazu, sich selbst für den Weggang eines geliebten Elternteils verantwortlich zu machen. Wie wichtig fortbestehende Beziehungen zu Mutter und Vater für das Kind sind, dazu mehr in Kapitel 8.

Warum grenzen Mütter Väter aus?

«Es wäre hilfreich, wenn den vielen Müttern, die skeptisch auf die Beziehung ihrer Kinder zum nichtsorgeberechtigten Vater schauen, bewußter wäre, wieviel Aggression im Zusammenleben sie sich selbst ersparen würden, wenn ihnen eine Aufwertung der Beziehung zum Vater gelänge.»[85]

Warum grenzen Mütter Väter nach Trennung oder Scheidung von ihren gemeinsamen Kindern aus? Viele Scheidungsfachleute sind der Ansicht, daß die Mutter der Vater-Kind-Beziehung stets aufgeschlossen gegenüberstehe, wenn ihr Partner zuvor alltäglichen Kontakt mit den Kindern gehabt habe. Wenn die Mutter sich querstelle und den früheren Lebensabschnittsgefährten von den Kindern fernhalte, dann ausschließlich «aus wohlüberlegten Gründen»[86], meinen auch die Väterforscherinnen Cheryl Benard und Edit Schlaffer.

Doch die Ursachen für «Umgangskonflikte» liegen meist woanders. Aus Angst vor weiterem Streit, vor neuen Verletzungen – aus Selbstschutz –, halten viele Mütter den Kontakt zwischen Kind und Vater auf Sparflamme, denn mit jedem «Umgang» kommen erneut schmerzhafte Erinnerungen hoch: Kann der einst geliebte Partner mich/uns nicht endlich in Frieden lassen? Hat er nicht auch die Beziehung zum Kind aufgelöst, indem er mich verließ? Warum kann er jetzt nicht vollständig die Konsequenzen ziehen? Zumindest hat er sich nun an meine Bedürfnisse, an meinen Rhythmus anzupassen und muß weniger (Liebe des) Kind(es) in Kauf nehmen! Denn wenn ich den Laden allein schmeiße, wenn ich mich einschränken, auf vieles verzichten muß, dann will ich auch sagen, wo es langgeht...

Trennungseltern bleiben lange, oft über Jahre, in Trauer, Verbitterung und Kummer stecken. Dieses Verharren in der Vergangenheit kostet Kraft; ein Neubeginn ist kaum möglich. Sitzen die Verletzungen und Enttäuschungen besonders tief, bleiben einvernehmliche «Umgangsvereinbarungen» auf der Strecke. Kontaktregelungen für Väter und Kinder werden immer wieder durch relativ unerhebliche Anlässe torpediert, gekürzt, gestrichen oder auf Dauer unterbunden. Das «Besuchsrecht» wird zum Kampfrecht.

Scheidungsforscher sprechen von einem «nachehelichen Projektionssystem»: Mit alten und neuen Vorwürfen wird der Ex-Partner zum *Alleinschuldigen* auserkoren. Nur er ist für die Schwierigkeiten in der Beziehung und deren Scheitern verantwortlich. Die eigenen Anteile werden abgeschüttelt. Jetzt gilt es, die Kinder vor diesem Elternteil zu schützen. Der andere soll aus dem eigenen Leben und dem der Kinder gestrichen, die gemeinsame Vergangenheit muß vollständig ausgelöscht werden. Seine mißliebigen Charakterzüge und Verhaltensweisen sollen den Kindern erspart bleiben: «Denn er war schlecht zu mir, also ist er es auch für mein Kind!»

Der Wiener Psychotherapeut Helmuth Figdor liefert in seinem Buch *Kinder aus geschiedenen Ehen. Zwischen Trauma und Hoffnung* zahlreiche Beispiele für Projektionen nach Trennung oder Scheidung:

«Um sich gegen die Bestürmungen des Mannes, das Zureden ihrer Freunde, gegen ihre eigenen Liebeswünsche und gegen die Schuldgefühle, dem Kind den Vater zu nehmen, wehren zu können, mußte [die Mutter] das Bild seines Verrates und seiner Niedertracht lebendig halten, ja, in einer gewissen Weise – natürlich unbewußt – kultivieren. Je häßlicher sie vor sich das Bild von ihm zeichnete, desto geschützter war sie, ‹schwach› zu werden: Einem solchen (‹nur bösen›) Menschen *kann* man nicht mehr trauen, ja man *kann* ihn auch nicht lieben. Und dafür, dem Kind *solch einen Vater* zu nehmen, braucht man auch kein schlechtes Gewissen zu haben. Solche ‹Spaltungen›, die am einst geliebten Menschen kein gutes Haar lassen, bergen eine große Gefahr für eine Fortführung der Beziehung des Kindes zu diesem nun gehaßten und *haßbaren* Menschen in sich: Von einem durch und durch bösartigen Menschen geht Gefahr aus, vor der man auf der Hut sein muß. Wie also kann eine Mutter, in ihrer psychischen Abwehr so weit gekommen, ihr Kind ‹diesem Mann ausliefern›? Diese Angst bildet den Hintergrund vieler Besuchsrechtskonflikte, in denen (aus Sicht der

Väter) ‹böse Mütter› den Kontakt zwischen Kind und Vater vereiteln. Diese ‹Bosheit› ist oft ein unmittelbarer Ausdruck von Mütterlichkeit: Die Mutter schützt ihr Kind vor einem Ungeheuer, zu dem sie den Vater machen mußte, um die Trennung von ihm zu bewältigen und mit den eigenen Schuldgefühlen fertig zu werden.»[87]

Partner, die sich nicht vom anderen trennen können, weichen besonders häufig auf die rechtliche Ebene aus. Aggressionen – die häufig ein Versuch sind, sich selbst und dem anderen die Trennung zu ermöglichen – und Bestrafungswünsche werden rationalisiert und in Rechtspositionen gepackt. Und die gilt es durchzusetzen, egal wie. Bloß nicht nachgeben, nicht verlieren, heißt das Motto. Wer von den beiden Partnern die Beziehung beendet hat, wer von wem verlassen wird, ist dabei grundsätzlich egal. Denn auch der Aufkündiger einer Beziehung sieht sich ja zumeist durch den anderen zu diesem Schritt veranlaßt.

«Bei Streitigkeiten um das Sorge- oder Umgangsrecht ist häufig das Gefühl vorherrschend, auf der Paarebene Opfer gewesen zu sein und jetzt auf der Elternebene das Gefühl der Macht in der Sorge- und Umgangsauseinandersetzung ausleben zu können», beobachtet Hannelore Diez von der Trennungsberatungsstelle *Familien-Notruf München*. Damit sind strittige Auseinandersetzungen vor dem Familiengericht vorprogrammiert.

Zu den Bestrafungs- und Rachephantasien gegen den ehemaligen Partner kommen meistens noch große Verlustängste: Verliere ich nach dem Scheitern der Partnerschaft nun auch noch mein Kind? Eltern mit Verlustängsten neigen dazu, massiv am Kind zu klammern. Sie wollen es vollständig für sich «gewinnen». Dabei verkommt das Sorgerecht zum Selbstwertsorgerecht: Der Sorgeberechtigte kann nicht ohne ein Gefühl der Kränkung, Eifersucht und Angst den Gedanken akzeptieren, daß sein Kind zum anderen Elternpart ein Gefühl der Liebe und Zuneigung hat oder entwickelt. Erst recht ist es ihm unmöglich, dieses Gefühl zu bejahen oder gar zu fördern. Denn *sein* Kind ist für ihn der Garant für eine verläßliche Liebesbeziehung, und die muß vor dem Ex-Partner geschützt werden. Also kämpft dieser Elternteil um die Exklusivität des Liebesgefühls seines Kindes.

Verletzungen und Ängste der auseinanderdriftenden Paare reichen mitunter bis in die Kindheit zurück. Die Sozialpädagogin Astrid Cierpka kommt zu dem Ergebnis, daß Mütter, die den Kontakt zum Vater ihres Kindes abbrechen, «ihre Herkunftsfamilien signifikant schlechter einschätzen» als andere Mütter. «Sie erleben ihre Herkunftsfamilien sehr problematisch in Hinblick auf Stabilität und Kontrolle.»[88] Biographische Bürden aus den Herkunftsfamilien der Eltern, bestätigt der Familientherapeut Uwe-Jörg Jopt, können «an der Schmerzstelle des Partnerverlustes zum verzweifelten Festhalten am eigenen Kind führen – sozusagen als nur psychologisch verstehbare Demonstration selbst früher nicht erlebter Eltern(teil)-Kind-Nähe, mangelnder Geborgenheit sowie als Ausdruck tiefster Ängste vor dem erneuten Beziehungsverlust»[89].

«Ich kann ihm das Kind jetzt nicht geben!»

Wie wenig «wohlüberlegt» es zugehen kann, wenn Mütter ihren Kindern nach Trennung oder Scheidung den Vater vorenthalten, zeigt auch der folgende Fall. Als Gisela sich von Thomas trennte, war Martin noch ein Baby, gerade fünf Monate alt. Seinen Vater hat er seitdem nicht wieder gesehen. Er weiß nicht einmal, daß es ihn überhaupt gibt. Gisela will das so. (Einen sozialen Vater hat Martin nicht.)

Auch drei Jahre nach der Trennung untersagt Gisela unverändert jeglichen Kontakt zwischen Vater und Sohn. Immer wieder hat Thomas den Versuch unternommen, mit ihr ins Gespräch zu kommen: Persönlich, über alte Freunde, über das Jugendamt, über eine Trennungsberatungsstelle, über einen Kinderpsychologen – ohne Erfolg. Schließlich reicht er beim Gericht einen «Antrag auf Besuchskontakte» ein. Die Richterin bestellt einen Gutachter, dem Gisela folgende Sätze ins Mikrofon spricht:

«Mittlerweile ist es nicht nur das Kindeswohl, um das es geht. Mittlerweile geht es auch darum, nicht mehr nachzugeben. Ich kann ihm das Kind jetzt nicht geben. Ich muß dabei bleiben.

Ich möchte das nicht. Ich habe das schon tausendmal erklärt. Ich kann nicht sagen, ich möchte das nicht, weil das und das passiert ist. Ich weiß natürlich auch, daß der Vater kein Monster ist. Ich denke auch nicht, daß er dem Kind etwas tun würde.

Ich weiß, daß das für das Kind nicht schön ist, und ich weiß auch, daß mein Sohn mich irgendwann mal fragen wird, ob er zu seinem Papa kann. Ich werde ihm irgendwann die Wahrheit sagen müssen. Da würde ich mich nicht querstellen. Aber zur Zeit sehe ich einfach keinen Sinn darin. Ich kann mit dem Mann nicht mehr reden, und ich denke, solange die Sache so ist, hat es überhaupt keinen Zweck, daß er kommt. Ich werde meinem Sohn später sagen, daß wir uns nicht verstanden haben. Mein Sohn ist kein Exot. Es gibt viele Kinder, die keinen Kontakt zum Vater haben. Bis er genauer nachfragt, wird er so weit sein, daß er das versteht. Wenn er seinen Vater später kennenlernen will, ist das seine Entscheidung.

Natürlich habe ich Angst, daß ich den Martin verlieren werde. Manchmal denke ich, daß der Vater eines Tages kommt und ihn fragt: ‹Möchtest du nicht zu deinem Papa kommen?› Davor habe ich Angst.»

Diese Aussage liegt der Richterin vor. Schwarz auf weiß. Doch obwohl der Gutachter eine behutsame Anbahnung des «Umgangs» vorschlägt und beiden Eltern empfiehlt, ihre Partnerprobleme mit Hilfe einer Therapie in den Griff zu bekommen, lautet ihr Votum: «Ein Umgangsrecht des Vaters ist derzeit nicht angezeigt.» Begründung: Das Kind könne in «Loyalitätskonflikte» geraten. Einziger Lichtblick für den Vater: «Der Antragsteller hat ein Recht auf Lichtbilder und Entwicklungsberichte.»

Ein ganz alltäglicher Fall. Obwohl die Mutter jahrelang den Kontakt zwischen Kind und Vater vollständig verhindert hat, beläßt das Gericht alles beim alten. Es verzichtet sogar darauf, Mutter und Vater Beratung oder fachkundige Hilfestellung zu empfehlen – ein hilfloser Kotau vor den egoistischen Motiven eines kompromißlosen Erwachsenen, der gegen die Interessen seines Kindes handelt. Mit dem verfassungsrechtlichen Auftrag, das «Wohl des Kindes» zu schützen, hat dieses Wegsehen der Richterin mit Sicherheit nichts zu tun.

Nur wenige Richter haben den Mut, deutliche Zeichen zu setzen, wenn Mütter ihre Kinder nicht aus ihrer symbiotischen Umklammerung herauslassen. Die meisten trauen sich nicht, «Kontaktverweigerinnen» damit zu konfrontieren, daß sie ihr Sorgerecht mißbrauchen. Vielmehr bestärken diese «Kindeswohlschützer» Mütter oft sogar noch in ihrem Verhalten, indem sie ihren Anträgen auf Ausdünnung oder Aussetzung der Kind-Vater-Beziehung stattgeben. Mütter, die Kontakte zwischen Vater und Kind verweigern oder sabotieren, müssen nur im Ausnahmefall mit einer gelben, fast nie mit einer roten Karte rechnen. Richter und Jugendamtsmitarbeiter schauen in der Regel tatenlos zu.

Was könnten Richter tun, wenn die Mutter mechanisch und ohne sachliche Gründe auf rigorose Abschottung des Kindes vom Vater besteht? Müssen sie ihre Hände in den Schoß legen, *wenn jede Aufklärung, wenn selbst feinfühlige Hilfe kompetenter Berater versagt hat?*

Der Hamburger Trennungs- und Scheidungsberater Michael Blank hat sich ausführlich mit dieser Frage beschäftigt. Seine Antwort: «Wenn deutlich wird, daß eine Mutter eigene, individuelle Problemstellungen durch Verbannung des Vaters aus dem Leben des Kindes zu lösen gedenkt, muß der Richter die Courage haben festzustellen: ‹Das, was Sie da tun, ist unrealistisch. Es hat nichts mit den Bedürfnissen, sondern mit der Instrumentalisierung Ihres Kindes zu tun. Das Gericht ist nicht bereit, diesen Schädigungen für das Kind länger zuzusehen!›»

Michael Blank fordert die Richter auf, kompromißunwilligen Eltern Widerstand zu leisten: «Mutigen humanen Widerstand. Damit meine ich nicht, mit Hinweis auf ein gerichtlich festgelegtes Umgangsrecht das Kind gewaltsam mit Polizei und Gerichtsvollzieher vom Sorgeberechtigten abzuholen. So etwas darf es auf gar keinen Fall geben. Gerichtliches Zwangsgeld zeigt meist keine Wirkung. Vielmehr ist es an der Zeit zu sagen: ‹Hier ist jetzt halt. Wenn Sie, liebe Frau, oder Sie, lieber Mann, so weitermachen, dann laufen Sie Gefahr, das Sorgerecht zu verlieren!›

Ich mache die Erfahrung, daß die betreffende Person dann meistens schon am nächsten Tag am Verhandlungstisch sitzt.»

Zwei Beispiele für «humanen Widerstand» zum Wohle des Kindes:

• Das Familiengericht Aalen, Baden-Württemberg, ordnet im August 1990 eine *Umgangspflegschaft* «zum Zwecke des Besuchsrechts» an, nachdem die Mutter jahrelang jegliche Kontakte zwischen der mittlerweile vierzehnjährigen Tochter (K.) und ihrem Vater vereitelt hat. Damit überträgt das Gericht Teile des Sorgerechts auf das Jugendamt. «Der persönliche Umgang des Vaters mit K. ist für die Entwicklung von K. von größter Bedeutung», begründet der Richter seine Entscheidung. «Ohne den Umgang mit dem leiblichen Vater ergeben sich unter anderem Selbstwertprobleme bei heranwachsenden Mädchen.» *AmtsG Aalen, Beschluß vom 29. August 1990 – Az. 3 F 115/90-13. Abgedruckt in: FamRZ 1991, H. 3, S. 360–361.*

Leitsatz: «Ist der Umgang des Kindes mit dem nicht sorgeberechtigten Elternteil notwendig, wird er aber von dem Sorgeberechtigten verhindert, so kann die Anordnung einer Umgangspflegschaft, verbunden mit einer zeitlich begrenzten Übertragung des Aufenthaltsbestimmungsrechts auf den Pfleger, angezeigt sein.»

• Noch weiter geht das Oberlandesgericht München im April 1991 in einem ähnlich gelagerten Fall. Die Richter *übertragen das Sorgerecht von der Mutter auf den Vater*, obwohl das Kind seinen Vater zwei Jahre nicht gesehen hat. Sie werten die *Unterbindung von Kontakten* zwischen Kind und Vater als *schweren Erziehungsfehler.* Wörtlich: «Insgesamt erscheint die Mutter dem Senat in dem für die Entwicklung des Kindes eminent wichtigen Bereich der Kontakterhaltung zum anderen Teil nicht erziehungsgeeignet.» Das Gericht bezeichnet es als ein wesentliches Sorgerechtskriterium, «ob der potentiell sorgeberechtigte Elternteil vorbehaltlos bereit ist, den persönlichen Umgang des Kindes mit dem anderen Elternteil zuzulassen und das Kind – wenn nötig – hierzu auch zu motivieren oder nicht».

OLG München, Beschluß vom 12. April 1991, Az. 26 UF 1464/89. Abgedruckt in: FamRZ 1991, H. 11, S. 1343–1346.

Leitsatz: «Unterbindet die Mutter über längere Zeit (hier nahezu zwei Jahre) jeglichen Kontakt des gemeinsamen Kindes zum Vater, so ist bei der Sorgerechtsentscheidung dem Kontinuitätsgrundsatz selbst bei sonstiger Erziehungseignung der Mutter wegen der notwendigen Aufrechterhaltung der Verbindung zwischen Kind und Vater nicht ohne weiteres der Vorrang einzuräumen.»

Aus der Begründung: «Angesichts der fehlenden Erziehungseignung in einem wichtigen Teilbereich kann die Fortführung der Erziehung durch die Mutter wie bisher nur zu weiteren erheblichen Schädigungen des Kindes führen. Es stellt sich somit die Frage, ob das Prinzip der Erziehungskontinuität, also die Sicherstellung der Stetigkeit der Erziehung und Betreuung, hier dazu führen kann, daß eine verfehlte Erziehung durch ihre Aufrechterhaltung verfestigt werden soll, oder ob dem Kontinuitätsprinzip in einem Falle wie dem vorliegenden keine ausschlaggebende Bedeutung zuzumessen ist. (...) *Die Anwendung des Kontinuitätsprinzips darf nicht dazu führen, daß eine zwar gleichmäßige, aber schädliche Entwicklung unter Vernachlässigung anderer, insbesondere zukunftsgerichteter Aspekte des Kindeswohls fortgeführt wird.* Ist es daher mit dem Kindeswohl zu vereinbaren oder verlangt gar das Kindeswohl, einen Wechsel der Bezugspersonen durchzuführen, so ist die Zumutbarkeit einer Auswechselung der Bezugsperson in jedem Falle zu prüfen.» (...) Die Mutter erkenne noch immer nicht, so das Gericht, «daß es ihre erzieherische Aufgabe im wohlverstandenen Interesse ihres Kindes ist, M. für den Kontakt mit dem Vater zu motivieren; statt dessen schiebt sie dem von ihr negativ beeinflußten Kind die Entscheidung über Zeit, Ort und Umstände der Begegnung mit dem Vater zu. Demgegenüber hat der Vater mehrfach erklärt, daß er für den Fall der Übertragung der elterlichen Sorge auf ihn M.s Kontakt zur Mutter keinesfalls unterbrechen, ihn vielmehr aufrechterhalten und fördern werde.»

«Die alleinige elterliche Sorge ist die Ausnahme»

Lichtblicke für Väter und Kinder

Zum Abschluß dieses Kapitels möchte ich weitere Urteile vorstellen, die Scheidungsvätern und ihren Kindern wohlgesonnen sind. Väter, die auch weiterhin sorgerechtliche Verantwortung für ihre Kinder tragen wollen, sollten die folgenden Beschlüsse gründlich studieren. Die folgenden Passagen eignen sich gut für wörtliche Zitate in Anträgen und Schriftsätzen.

• *OLG Bamberg, 7. Zivilsenat, Beschluß vom 9. Februar 1988 – Az. 7 UF 135/87. Abgedruckt in: FamRZ 1988, H. 7, S. 752–753;* vgl. auch S. 75f. in diesem Buch.

In seinem Beschluß hält der 7. Senat daran fest, daß die gemeinsame elterliche Sorge nicht gegen den Widerspruch eines Elternteils angeordnet werden darf. Nichtsdestotrotz liefern die Richter viele Argumente, die für das *gemeinsame Sorgerecht – «die denkbar beste Lösung»* – nach Trennung oder Scheidung sprechen. Einzigartig für ein deutsches Gericht: der Verweis auf Artikel 23 IV des UN-Zivilpakts.

Aus der Begründung: (...) «Die Anordnung der gemeinsamen elterlichen Sorge ist in dafür geeigneten Fällen sowohl aus rechtlichen wie auch aus psychologischen Erwägungen die am meisten dem Kindeswohle dienende Regelung. Für den psychologischen Bereich folgt dies daraus, daß die Bindungen der Kinder in und an ihr gewohntes Beziehungsgeflecht in einem Höchstmaß erhalten werden und daß das für ein gedeihliches Heranwachsen unverzichtbare ständige Erfahren von Mutter und Vater, wenn auch abgeschwächt, weiterhin gewährleistet bleibt. Zudem erspart eine solche Regelung Kindern die belastende Entscheidung, welchem Elternteil sie den Vorzug geben sollen. Darüber hinaus *befriedet das gemeinsame Kümmern und Sorgen um das Wohl des Kindes geschiedene Eltern*, ein Ergebnis, das sowohl diesen als auch dem Kinde zugute kommt.

Für den rechtlichen Bereich folgt die Bedeutung gemeinsamer elterlicher Sorge daraus, daß das Kind zwei voll berechtigte Eltern und damit zwei gleichwertige Ansprechpartner im Sinne des § 1626 II BGB behält. Sein Rechtsstatus wird daher gegenüber dem eines Kindes aus bestehender Ehe nicht verdünnt; ein ‹Absinken› in die Position eines nur mit einem sorgeberechtigten Elternteil ausgestatteten nichtehelichen Kindes wird verhindert. Zudem beläßt gemeinsame elterliche Sorge den Eltern ihre Position aus Art. 6 II Grundgesetz – ein natürliches, dem Staat vorgegebenes Recht – und erfüllt die Forderung des als Bundesgesetz zu beachtenden Artikels 23 IV des Internationalen Paktes für bürgerliche und politische Rechte vom 19. Dezember 1966 (vgl. S. 75!), nach dem Ehegatten bei Auflösung der Ehe gleiche Rechte haben sollen und den Kindern der nötige *Schutz* – nach Meinung des Senats auch *vor dem unnötigen Verlust eines Elternteils als Mitinhaber der elterlichen Sorge* – zu gewähren ist.» (Vgl. auch OLG Karlsruhe, Zivilsenat in Freiburg, Beschluß vom 16.12.1992 – Az. 5 UF 195/92.)

• *AmtsG Groß-Gerau, Beschluß vom 25.11.1992 – Az. 71 F 267/92. Abgedruckt in: FamRZ 1993, H. 4, S. 462–463.*

Revolutionäres aus dem hessischen Groß-Gerau: Als erster bundesdeutscher Familienrichter überträgt der Amtsrichter Ernst Spangenberg beiden Eltern das *gemeinsame Sorgerecht* für ihre Kinder, *obwohl* sich die *Mutter dagegen* ausgesprochen hat. Neu auch der Verweis auf die UNO-Kinderrechtekonvention.

Der Vater lebt mittlerweile im Raume München, circa 450 Bahnkilometer von seinen Kindern entfernt.

Entscheidungsgründe (zitiert nach dem Beschluß): (...) «Die elterliche Sorge über die vier und acht Jahre alten Töchter der Parteien bleibt beiden Eltern übertragen, das entspricht dem Wohle der Kinder (§ 1671 BGB). Da nur der Vater die gemeinsame elterliche Sorge anstrebt, die Mutter dagegen die Sorge für sich allein begehrt, wendet sich das *Gericht gegen die herrschende Rechtsprechung, die einen übereinstimmenden Elternvorschlag als unabdingbare Voraussetzung der gemeinsamen Sorge ansieht.*

Die gemeinsame elterliche Sorge ist der Regelfall, die alleinige elterliche Sorge die Ausnahme. Das ergibt sich zum ersten aus Artikel 6 Absatz 2 Satz 1 Grundgesetz, in dem es heißt: ‹Pflege und Erziehung der Kinder sind das natürliche Recht der Eltern und die zuvörderst ihnen obliegende Pflicht.› Damit sind Eltern gemeint, die im gleichem Maße verantwortlich sind, und nicht ein sorgeberechtigter und ein nichtsorgeberechtigter Elternteil.

Erst wenn die ‹zuvörderst› Verpflichteten ihre Aufgabe nicht erfüllen, darf die wachende staatliche Gemeinschaft ihren Schutz bieten, etwa bei Nachteilen für das Kindeswohl eine von der gemeinsamen Sorge abweichende Regelung treffen. Liest man die Bestimmung des § 1671 BGB im Lichte des Grundgesetzes, so muß der in der Zuweisung der elterlichen Sorge an einen Elternteil zugleich liegende Eingriff in das Elternrecht des anderen die Ausnahme bleiben, die der Rechtfertigung aus Sicht des Kindeswohles bedarf. (...)

Damit der Vorrang gemeinsamer elterlicher Sorge Rechtswirklichkeit werden kann, muß auf das Merkmal des gemeinsamen Elternvorschlags als selbständiges Tatbestandsmerkmal verzichtet werden. Übereinstimmender oder widerstreitender Elternwille haben nur insofern Bedeutung, als sie bei der Prüfung des Kindeswohles mit abzuwägen sind. (…)

Verwiesen sei auch auf Artikel 18 des in der Bundesrepublik ratifizierten Übereinkommens über die Rechte der Kinder (s. S. 33f.!): «Die Vertragsstaaten bemühen sich nach besten Kräften, die Anerkennung des Grundsatzes sicherzustellen, daß beide Elternteile gemeinsam für die Erziehung und Entwicklung des Kindes verantwortlich sind.» (…)

Konkret nennt das Gericht sechs Gründe, es bei dem gemeinsamen Sorgerecht für Mutter und Vater zu belassen:

1. Eltern und Kinder sind einander «herzlich zugetan».
2. Die Kinder sehen ihren Vater trotz der großen Entfernung regelmäßig.
3. Das gemeinsame Sorgerecht ist der «günstige äußere Rahmen», sollten die Mädchen später zu ihrem Vater wechseln wollen.
4. Beide Kinder haben in bestimmten Fragen «zwei gleichberechtigte Ansprechpartner» statt einer in Zweifelsfällen allein entscheidenden Mutter.
5. *Eltern, die in der Erziehung gleichberechtigt sind, geben den Kindern «ein besseres Erwachsenen- und Elternmodell» ab als Eltern unterschiedlichen Rechts.* «Die Gefahr, einen Elternteil zu haben, der sich als der schlechtere Elternteil, als der Verlierer oder gar der Entmündigte fühlt und als solcher die Kinder prägt, ist bei gemeinsamer elterlicher Sorge sicher geringer als bei der Einzelsorge» (vgl. S. 137ff.).
6. Letztlich wird es für die Kinder zunehmend von Bedeutung sein, daß nicht nur ihre peruanische Mutter, sondern auch ihr deutscher Vater für sie verantwortlich bleibt, da sie die deutsche Staatsangehörigkeit haben und in der Bundesrepublik aufwachsen.

(*Hervorhebungen* vom Autor)

Weitere wichtige Beschlüsse, die in der *Zeitschrift für das gesamte Familienrecht* (FamRZ) veröffentlicht worden sind:

- «Es gibt keinen allgemeinen Erfahrungssatz dahin, daß ein dreieinhalb Jahre altes Kind eher zur Mutter gehört.»
  OLG Celle, 12. Zivilsenat, Beschluß vom 23. Juli 1984 – Az. 12 UF 97/84; in: FamRZ 1984, H.10, S. 1035–1036.

- «Ein gemeinsames Sorgerecht beider geschiedenen Ehegatten für ihr Kind kommt auch dann in Betracht, wenn zwischen ihren Wohnorten eine weite Entfernung besteht und das Kind den einen Elternteil nur während der Ferien besuchen kann» – der Vater wohnt in Cuxhaven, die Mutter in Heidelberg.
OLG Celle, 18. Zivilsenat, Beschluß vom 20. November 1984 – Az. 18 UF 219/84; in: FamRZ 1985, H. 5, S. 527–528.
- «Eine fortgesetzte schuldhafte Vereitelung des Umgangsrechts (§ 1634 BGB) kann zu einer Herabsetzung des Unterhaltsanspruches des personensorgeberechtigten Elternteils (nicht des Kindes, A.S) gemäß § 1579 Nr. 6 BGB führen.»
OLG Celle, 10. Zivilsenat, Urteil vom 2. März 1989 – Az. 10 UF 228/88; in: FamRZ 1989, H. 11, S. 1194–1196.
- «Nicht nur der sorgeberechtigte Elternteil, sondern auch der andere, auf den zeitlich begrenzten Umgang angewiesene Elternteil muß – nicht zuletzt im Kindesinteresse – die Gelegenheit haben, im Rahmen seines Umgangsrechts aus dem normalen Ablauf des Jahres herausragende Tage gemeinsam mit dem Kind zu verbringen. In erster Linie zählen hierzu die sog. großen Feiertage und die Geburtstage.»
OLG Bamberg, 2. Zivilsenat, Beschluß vom 9. August 1989 – Az. 2 UF 245/89; in: FamRZ 1990, H. 2, S. 193.
- «Erklärt ein Vater glaubhaft zu gerichtlichem Protokoll, daß er im Falle der Sorgerechtsübertragung seine tägliche Arbeitszeit reduzieren werde, so stellt er damit die ‹Chancengleichheit› mit der teilzeitbeschäftigten Mutter (wieder) her. Die biologische Mutterschaft stellt für sich gesehen kein Kriterium bei der Beurteilung des Kindeswohles dar.»
OLG Frankfurt a. M., 1. Familiensenat, Beschluß vom 10. Oktober 1989 – Az. 1 UF 177/89; in: FamRZ 1990, H. 5, S. 550.
- «Wird bei der Scheidung das gemeinsame Sorgerecht der Eltern beibehalten, so gebietet Artikel 6 I Grundgesetz, eine solche Regelung gerichtskostenfrei zu gestalten» (dieses Verfahren ist dem Bundesverfassungsgericht zur Entscheidung vorgelegt worden).
AmtsG Kamen, Beschluß vom 14. Oktober 1991 – Az. 5 F 84/91; in: FamRZ 1992, H. 1, S. 87–90.

Väter, die im Scheidungsfall in sorgerechtlicher Verantwortung für ihre Kinder verbleiben wollen, finden auch im *Münchener Kommentar zum Bürgerlichen Gesetzbuch*, München (Verlag C.H. Beck) ³1992, Band 8, Familienrecht II, S. 714 – 722 (Randziffern 63 – 76, «Belassung gemeinsamer elterlicher Sorge nach der Scheidung») zahlreiche Hinweise aus der aktuellen Rechtsprechungspraxis für das gemeinsame Sorgerecht. Weitere Hinweise zum § 1671 BGB finden sich im *Kommentar zum Bürgerlichen Gesetzbuch*, München (Verlag C. H. Beck) ^{52}1993, S. 1671–1676.

Literaturempfehlung:

Plattner, Ilse E.: Entsprechen deutsche Sorge- und Umgangsrechtsentscheidungen dem Zeitempfinden des Kindes? *In: FamRZ 1993, H. 4, S. 384–386.*

7. Väter in der Zeit danach

«Das Kind gewinnt mit dem Brüchigwerden der Beziehungen zwischen den Geschlechtern Monopolcharakter auf lebbare Zweisamkeit, auf ein Ausleben der Gefühle im kreatürlichen Hin und Her, das sonst immer fragwürdiger wird.»
(Ulrich Beck, Soziologe)

Plötzlich treffen Väter mit ihren Kindern nur noch ein- bis zweimal im Monat zusammen: Sonnabends (und sonntags) in ihrer neuen Wohnung oder – je nach Saison – in Freizeitparks, Kinos und Zirkuszelten. Möglicherweise auch nur quartalsweise: für ein paar Stunden auf dem Spielplatz, Umganglight unter Aufsicht ihrer Ex-Partnerin oder einer «neutralen Person». Vielleicht aufgrund der großen räumlichen Entfernung auch bloß in den Schulferien – drei Wochen Robinson-Club an der Costa Brava.

Die neue Rolle als Besuchsvater macht ihnen zu schaffen: Abgewertet, beraubt, entmündigt fühlen sie sich. Unfähig, als Vater zu handeln. Ihre Gefühle in der «Zeit danach» sind oft schmerzhaft: «Du fühlst dich so, als wenn dir die Eingeweide herausgezogen werden», beschreibt ein Vater diesen Zustand. Mann ist hilflos und oft sehr einsam.

Auch für die meisten Väter sind die Kinder ein zentraler Teil ihrer Identität, ihres Selbstwertgefühls, ihres Selbstbewußtseins. Nach der Trennung spüren sie sehr schmerzhaft, wie lustvoll und sinnerfüllend es war, mit ihnen zusammenzuleben. Die meisten Trennungs- und Scheidungsväter wollen ihre Kinder nicht vergessen. Sie wollen weiterhin für sie sorgen und mit ihnen zusammensein.

Aber wie?

Väter ohne Kinder stellen sich Fragen: Welcher Platz bleibt ihnen in der neuen Familienformation eigentlich noch im Leben der Kinder?

Hat ihre Ex-Partnerin bereits einen neuen Partner? Mögen den die Kinder? Heißt der etwa schon «Papa»? Und was sollen sie machen, wenn die Sehnsucht nach den Kindern groß, der nächste Besuchstermin aber noch fern ist?

Ohnmächtig fühlen sich diese Väter nach Trennung oder Scheidung, aus dem Leben ihrer Kinder ausgeschlossen. Entmündigt. Sind sie überhaupt noch zuständig für ihre Kinder? Werden sie überhaupt noch benötigt als abwesender Vater? Oder sind sie entbehrlich geworden? Überflüssig? Entscheidet die Mutter jetzt nicht ganz allein über ihre Beziehung zum Kind?

Zu den Ohnmachtsgefühlen kommen häufig noch große Verlustängste, besonders dann, wenn Besuchstermine oder geplante Urlaubsreisen (kurzfristig) abgesagt werden oder wenn «Kontaktkürzungen» drohen. Mitunter klammern sich Besuchsväter verzweifelt an die akribische Ausarbeitung von Wochenend- und Ferienplänen, um wenigstens auf diese Weise «handlungsfähig» zu blciben. Bei anderen löst die Tatsache, daß eine regelmäßige wöchentliche Telefonzeit mit ihren Kindern ausfällt, eine tiefe Beunruhigung aus. Sie befürchten, daß die Verbindung vollständig abreißen könnte.

«Wie fühlt sich das eigentlich an, Vater zu sein?»

«Was da an Emotionen hochkam nach der Trennung, konnte ich irgendwann nicht mehr aushalten. Ich habe die Gefühle, was meine Tochter angeht, später verdrängt und nicht mehr wahrgenommen», erzählt Ronald, 32, von Beruf Bankkaufmann. «Alle vier Wochen bin ich mit ihr durch unseren Umgangssonntag gehetzt. Acht Stunden, und das einmal im Monat. Meine Tochter und ich wurden uns immer fremder. Die Verdrängung sieht dann so aus, daß der Gedanke: ‹Ich habe ein Kind, eine Tochter, ich bin Vater›, immer weniger zugelassen wird.

Dann ist Arbeit um mich herum, in die ich mich hineinvertiefe. Je weniger ich meine Tochter sehe, desto abstrakter wird alles. Manchmal erschrecke ich, wenn ich mich sagen höre: ‹Ich habe eine Tochter.› So weit ist das schon gekommen, und dann frage ich mich: Wie fühlt sich das eigentlich an, Vater zu sein? Ich ahne, daß da doch einmal ein Gefühl war, sich als Vater zu erleben. Dann kommt sofort eine Schwelle, die mir Schmerzen macht. Eigentlich müßte ich mich auf diesen Schmerz einlassen und mir sagen: ‹Ich bin ein Vater ohne Kind.› Aber ich kann mit diesen Schmerzen nicht umgehen, und dann fange ich an, meine Tochter zu verdrängen.»

Wie Ronald stürzen sich viele Väter nach der Trennung von Partnerin und Kind in Arbeit und Aktivitäten. Sie setzen eine Maske auf, wollen nicht mehr an die schmerzhafte Trennung erinnert werden. Das gilt vor allem für Väter, denen der Kontakt zum Kind vollständig unterbunden wird, obwohl sie ihr Vatersein auch außerhalb von Überweisungsformularen ausleben wollen. Lange Zeit haben sie vergeblich versucht, den Kontakt nicht ganz abreißen zu lassen. Aber ihre Briefe und Päckchen kamen immer wieder zurück – «Annahme verweigert». Ihre Anrufe wurden abgewimmelt. An Besuche war gar nicht zu denken.

Nach einiger Zeit, wenn sie meinen, der Alltag halte wieder Einzug, spüren diese Väter, daß ihre Wunden noch längst nicht verheilt sind. Sie können ihre Kinder nicht einfach von heute auf morgen abschreiben.

Das «Ergebnis ist für diese Väter wie für ihre Kinder, daß die täglichen oder doch jedenfalls ganz häufigen Begegnungen zu Ende sind. Das erzeugt Schuldgefühle, für die andererseits weniger Chancen da sind, sie im Zusammensein mit den Kindern gewissermaßen abzuarbeiten.»[90]

Manche Väter macht die erzwungene Trennung von ihren Kindern krank: «Psychophysiologischer Erschöpfungszustand» lautete die Diagnose von Olafs Hausarzt. Wenige Tage zuvor hatte seine ehemalige Partnerin durch einen Anwalt mitteilen lassen, daß Olaf seinen Sohn nicht mehr sehen werde. Der 27jährige Student, bis dahin regelmäßiger «Besuchsvater», hängte daraufhin sein Studium für ein Jahr an den Nagel, ging in therapeutische Behandlung und bekam eine Kur verschrieben.

Er beantragte beim Vormundschaftsgericht ein «Umgangsrecht» für sich und seinen dreijährigen Sohn. Der eingeschaltete psychologische Sachverständige schreibt in seinem Gutachten:

«Mag die gegenwärtige familiale Position des Vaters eine etwas larmoyante und sentimentale Haltung seinem Kind gegenüber begünstigen. Daß er jedoch keine echte Bindung zu seinem Sohn haben sollte, das kann man dem Vater nicht unterstellen. Es ist nicht zuletzt die Art seines körpersprachlichen Ausdrucks – seine Mimik und Gestik, sein Stimmverhalten –, die seine Ausführungen über die Beziehung zu seinem Kind begleitete, in der sich Gefühle einer echten Bindung zu seinem Kind manifestierten. In den Schilderungen des Vaters zeigte sich ein echtes Gefühl der Bindung und des Verlustes. Er vermißt seinen Sohn.

Bei der Geburt war der Vater dabei. Er kam anschließend regelmäßig zu den Wochenendbesuchen, beteiligte sich an der Pflege und Fürsorge des Kindes. Er zeigte echte Zuneigung zum Kind und Interesse an seiner Entwicklung. Man muß weiter seine psychosomatischen Reaktionen sehen, die in Therapien mündeten, um festzustellen, wie sehr er unter der Kappung der Beziehung zu seinem Sohn litt. Das warf den Vater dann in eine tiefe psychologische Krise. Zitat: ‹Ich war fertig und habe viel im Bett gelegen.› Oder: ‹Das geht unter die Haut.›

Die familiale Realität des Vaters ist dadurch charakterisiert, daß er aus dem Leben des Kindes als Vater total ausgeblendet worden ist. Die Beziehung zu einem Kind aufrechtzuerhalten und pflegen zu wollen, entspricht einer ganz natürlichen elterlichen Regung und einem gut nachvollziehbaren Bedürfnis. Seine Liebe und Zuneigung zu seinem Kind nie mehr erfahren und fühlen zu dürfen ist ein emotionaler Verlust. Das gilt nicht im besonderen Maße für den Vater, sondern allgemein für jeden empfindsamen Menschen. Auch Väter sind fühlende und empfindende Menschen.»

Erlebnisdimension Gewinnen und Verlieren

Eigentlich könnte der Entzug der elterlichen Sorge für einen Elternteil ohne Auswirkung auf dessen Beziehung zum Kind bleiben: Niemand wird sorgerechtlich gespaltene Eltern daran hindern, ihre fortbestehende Elternverantwortung weiterhin wahrzunehmen. Warum scheitern so viele Ex-Partner an dieser Aufgabe?

Sorgerechtsregelungen, auch die sogenannten «einvernehmlichen», werden zu einem denkbar ungünstigen Zeitpunkt vorgenommen. Die ehemaligen Partner sind gerade ganz auf sich fixiert. Sie fühlen sich verletzt, betrogen, verraten. Häufig hegen sie große Aggressionen gegeneinander. Sie sind enttäuscht, haben Schuldgefühle und machen sich Vorwürfe. Sie haben Angst, die Liebe ihrer Kinder zu verlieren.

Die Vergabe des Sorgerechts trifft Scheidungspaare in der wohl kritischsten Phase ihrer Elternbiographie. Sie berührt und bestärkt ihr Gewinner-Verlierer-Gefühl: Der nicht sorge-, sondern nur noch «umgangsberechtigte» Vater empfindet und erlebt den Verlust des Sorgerechts häufig als «Verlust des Kindes». Die Mutter hingegen wird in ihrem Gefühl bestärkt: «Das Kind gehört jetzt mir!» Sie hat fortan entscheidenden Einfluß auf – man kann auch sagen: Macht über – die weitere Beziehung zwischen dem Ex-Partner und ihrem Kind.

Oft wird diese Macht gegen Vater und Kind eingesetzt.

«Die durch die Scheidung bewirkte Machtposition gegenüber dem Vater hat nämlich für viele Mütter auch eine wichtige Wiedergutmachungsfunktion für die in der Ehe erlebten Enttäuschungen und Kränkungen»[91], beobachtet der Wiener Psychotherapeut Helmuth Figdor. Diese Mütter sehen in ihrem alleinigen Sorgerecht eine Gebrauchsanweisung, mit der sie über Ausmaß und Ausgestaltung der Vater-Kind-Kontakte entscheiden können.

Und die Väter? Viele fühlen sich nunmehr als Bittsteller, als Umgangsbettler, die sich mit der Kind-Vater-Konzeption ihrer geschiedenen Frau abzufinden haben. «Der ‹Verlust des Kindes›, verkörpert in der räumlichen Trennung und in der Einbuße der väterlichen Rechte und des Einflusses, ist (für sie) nicht bloß schmerzhaft, sondern – als Niederlage – eine schwere narzißtische Kränkung, die an der (männlichen) Identität zehrt»[92], sagt Figdor.

«Wenn meine Töchter und ich über das Wochenende zu meinen Eltern fahren wollen, und die Mutter sagt ‹Ist nicht!›, dann war's das. So einfach geht das», berichtet ein Vater. «Den siebten Geburtstag meiner Tochter mußte ich auf der Straße in meinem Auto feiern, weil ich nicht in ihre Wohnung hineinsollte. Wie ein Aussätziger bin ich mir vorgekommen.»

Vatersein ist auf einmal ganz und gar nichts Selbstverständliches mehr. Das Kind wird dem Vater von der Mutter quasi geliehen. Sie stellt ihm das Kind aber nur dann zur Verfügung, wenn er ihre Anordnungen, wie er mit dem Kind umzugehen hat, genau befolgt. Der Besuchsvater wird «infantilisiert», schreibt Figdor, «er gleicht weniger einem Vater, der erzieherische Verantwortung trägt, als dem großen Bruder, dem das Kind von der Mutter auf Zeit zur Aufsicht oder zum gemeinsamen Spielen anvertraut wird.»[93]

Wie dieses An-Ordnen und An-Vertrauen aussehen kann, dazu folgende «Erklärung», die ein Vater vor dem gemeinsamen Urlaub mit seiner Tochter unterschreiben mußte[94]:

Hiermit verpflichte ich mich, die gemeinsame Tochter S. bei allen Fahrten in meinem Pkw auf einem sicher installierten Kindersitz anzuschnallen. Ich verpflichte mich weiterhin, die Erziehungsziele der Kindesmutter, S. zu Ehrlichkeit und Offenheit zu erziehen, nicht dadurch zu hintertreiben, daß ich S. auffordere, der Mutter falsche Angaben über das Anschnallen zu machen. Darüber hinaus verpflichte ich mich, zusammen mit S. keine Fahrten im Pkw zu unternehmen, die länger als drei Stunden dauern. Sollte ich eine längere Wegstrecke mit ihr zurückzulegen haben, werde ich diese in mehrere Etappenziele splitten.

K., den ... Unterschrift des Vaters

Das staatliche Zertifikat «Sorge-Recht» für die Mutter schürt Unsicherheit beim ent-sorgten Vater: Hat er es jetzt nicht amtlich, daß er für seine Kinder nicht mehr verantwortlich ist? Daß er der schlechtere, unwichtigere Elternteil ist und war? Sorgen machen kann er sich noch *um* seine Kinder, aber darf er auch noch *für* sie sorgen?

Aus einem Elter*n*abend, erfuhr Norbert, wird schnell ein Elte*r*abend. Sein Amt als stellvertretender Elternsprecher mußte er nach der Scheidung sofort aufgeben. Der Schulleiter verwies ihn auf ein Urteil des Verwaltungsgerichtshofs Baden-Württemberg, wonach ein nicht sorgeberechtigter Elternteil «gegen die Schule seines Kindes keinen Anspruch auf Auskünfte und Informationen» habe. Begründung: «Wenn das Gericht einen Elternteil vom Sorgerecht ausgeschlossen und dieses dem anderen Elternteil zugesprochen hat, ist dies um des Wohls der Kinder willen geschehen. Dieser Zweck könnte beeinträchtigt werden, wenn der vom Sorgerecht ausgeschlossene Elternteil sich in die schulischen Belange einmischen könnte.»[95]

Der vom Familienrichter vorgenommene Entzug des Sorgerechts bestärkt Väter in ihrem Verantwortlichkeits- und Interessenverlust für ihre Kinder. Vor allem dann, wenn sie gezwungen sind, unter unwürdigen Bedingungen mit ihnen zusammenzutreffen – an einem «neutralen Ort» oder unter Aufsicht einer Amtsperson. Diese Väter spüren bei den knapp dosierten «Meetings», daß auch ihre Kinder unter den künstlichen, spärlichen Besuchsarrangements leiden. Dann treten sie oft, auch aus einem Gefühl der Selbstachtung, den Rückzug an.

Natürlich garantiert die Tatsache, daß Eltern in der sorgerechtlichen Verantwortung für ihre Kinder verbleiben, keine tatsächliche, keine gute Beziehung zu ihnen. Wem aber ausdrücklich die Bedeutsamkeit für seine Kinder abgesprochen wird, wer nur noch «umgangsberechtigt» ist, fühlt sich weniger zuständig. Er fühlt sich vielleicht sogar so überflüssig, daß er auch auf das verbliebene «Besuchs-/Umgangsrecht» verzichtet.

Bis zur Sorgerechtsreform vom 1. Januar 1980 hieß dieses «Umgangsrecht», das die Beziehungen zwischen Kindern und ihren besuchsberechtigten Vätern regelt, noch «Verkehrsrecht». Gelebte, liebevolle Beziehungen zwischen Kindern und Vätern dürften die Schöpfer dieser «Rechte» wohl kaum im Sinn gehabt haben, am wenigsten die Verfasser des «Umgangsrechts».

Ob irgendeinem Rechtsgelehrten wohl schon einmal in den Sinn gekommen ist, daß «umgehen» nicht nur «verkehren mit», sondern auch «sich entziehen von» bedeutet?

«Meine Kinder könnten zwei Zuhause haben!»

Wenn du an dein Kind denkst: Was fällt dir da zuerst ein?

«Vom Bett aus schaue ich morgens immer auf drei Fotos von meiner Tochter. Da ist dann dieses Gefühl, daß du ausgestoßen bist von einer ganz natürlichen Sache: von dem Verhältnis eines Vaters zu seiner Tochter. Ausgestoßen sowohl von der Mutter als auch von der Gesellschaft, die mit ihren Gesetzen eine solche Konstellation überhaupt erst möglich macht – eine anonyme Macht im Hintergrund, gegen die du nicht ankommst. Und wenn ich an mein Kind selber denke, kommen mir diese wenigen Male in den Sinn, wo ich sie sehen konnte. So ein Lockenköpfchen, ganz süß, sehr lebendig, sehr pfiffig, verspielt, mit der Mutter schmusend. Und du stehst als Außenstehender daneben und betrachtest dieses Glück. Du weißt, es wird dir etwas vorenthalten» (Jochen, 43, Vater ohne Trauschein und Kind).

«Viele Eltern werden von ihren Kindern mit dem Vornamen angeredet, aber bei uns war das früher nicht so. Meine Ex-Frau redet mit unserem Sohn nicht mehr von Papa. Da bin ich jetzt auf einmal der Jürgen. Wenn ich Andy treffe und er freudig auf mich zurennt, bin ich für ihn nicht mehr Papa. Als ich das ‹Hallo Jürgen!› zum ersten Mal von ihm hörte, war das sehr schmerzhaft» (Jürgen, 33, «Sonntagsvater»).

«Man konnte mit ihm durch die Gegend tanzen, ihm etwas vorsingen, ihn im Arm halten und füttern. Er war immer gut drauf und hat gelacht. Ich habe mich gern mit ihm beschäftigt, habe ihn lange beobachtet, was er denn schon kann. Wenn er die Flasche im Mund hatte, fing er immer an, seine Hand dahinzuhalten. Dann habe ich die Flasche ganz langsam losgelassen und geguckt, ob seine Hand die schon hält. Oder ich habe ihn genommen, mich hingelegt, ihn auf meinen Bauch gestellt, ganz langsam meine Arme weggenommen und geguckt, ob er schon stehen kann. Nach ein, zwei Sekunden begann er dann einzuknicken und hat gelacht.» (Kai, 39: «Die Mutter praktiziert den Kindesentzug mittlerweile seit zwei Jahren!»)

«‹Jetzt schmeiße ich die Sache!› Das hab' ich schon oft gedacht. Wenn ich dann ausgeschlafen bin, komme ich aber immer wieder zum Schluß: Ich muß für meinen Sohn und für mich weitermachen. Damit schaffe ich mir sicherlich Unruhe, aber ich kann meine Beziehungssehnsucht zu meinem Sohn nicht einfach per Knopfdruck abstellen» (Markus, 34, bemüht sich seit vier Jahren vergeblich um Kontakt zu seinem Kind).

«Meiner geschiedenen Frau geht es zur Zeit sehr schlecht. Sie ist in therapeutischer Behandlung. Es fällt mir nicht leicht, die Trennung von meinen Kindern hinzunehmen, aber im Moment kann ich nichts tun. Ich muß abwarten und kann nur hoffen, daß sich bei ihr etwas ändert, daß sie stärker wird und den Kontakt zwischen meinen Kindern und mir aushalten kann» (im vergangenen Jahr hat Sebastian, 36, seine Kinder zweimal à 45 Minuten gesehen).

«Wenn ich an meine Kinder denke, werde ich meistens sehr traurig, weil ich sie nur zweimal im Jahr sehen darf und immer das Gefühl habe, ich kann nichts tun. Ich bin immer angewiesen auf das Verhalten der Mutter – was sie gelten läßt, was sie will. Ich bin da völlig machtlos, völlig hilflos» (Anton, 31, zur Zeit in therapeutischer Behandlung).

«Meine Kinder haben kein Zuhause, obwohl sie zwei Zuhause haben könnten. Sie haben es auch bei der Mutter nicht, weil die Mutter den ganzen Tag nicht da ist. Die Kinder kommen mittags nach Hause. Mein jüngster Sohn setzt sich dann vor den Fernseher, und seine Brüder verschwinden irgendwohin. Und wenn die Mutter dann heimkommt, werden die Kinder von ihr irgendwie wegorganisiert» (Hans-Peter, 40, Vater von drei Kindern).

«Oft denke ich daran, daß wir uns total fremd sind, wenn wir uns wiedersehen. Wahrscheinlich vermittelt die Mutter Babsi ein sehr schlechtes Bild von mir. Vielleicht denkt sich meine Tochter: ‹Was ist das denn für ein böser Papa. Wenn der nicht da ist, mag er mich sicherlich nicht.› Das macht mir angst» (René, 32, seit siebzehn Monaten von seiner Tochter, 4, getrennt).

«Gesa ist mir von der Mutter systematisch weggelebt worden. Ich habe den Eindruck, daß sie aus meinem gegenwärtigen Erleben, aus meinem Lebenskreis weggezogen worden ist. Und zwar mit einer Systematik, die ungeheuerlich ist, von der ich eigentlich noch gar nicht weiß, ob sie der Mutter selbst so bewußt ist» (Holger, 37, Pastor in einer ländlichen Gemeinde und Vater ohne Trauschein).

Reaktionen von Vätern ohne Kinder

Trauer und Niedergeschlagenheit, Sehnsucht und Schmerz, Gleichgültigkeit, Angst, Ohnmacht oder «eine Mordswut im Bauch»: Die Trennungs- und Verlustreaktionen von Vätern sind ganz unterschiedlich. Schlagartig wechseln sie sich ab und variieren in ihrer Intensität. Väter ohne Kinder schwanken, vor allem kurz nach der Trennung, zwischen Entschlossenheit und Niedergeschlagenheit, zwischen wütendem Aufbegehren und verdrängender Resignation.

Drei extreme Reaktionsformen wurden in den Gesprächen und Interviews ersichtlich: Der «flüchtende Vater», der «arme Vater» und der «wütende Vater». Die Verhaltensmuster dieser Väter sind nicht immer fein säuberlich zu trennen; mitunter treten sie auch nacheinander auf. In zumeist schwächeren Dosen kommen sie bei fast allen Vätern in der Nachtrennungsphase irgendwann einmal vor.

Der flüchtende Vater:
«Familie? Nie gehabt!» Über Nacht durchtrennt der flüchtende Vater alle bisherigen Familienbande, läßt Kind und «Lebensabschnittsgefährtin» links liegen. Sein Verdrängungsapparat läuft auf Hochtouren. Die «neue Freiheit» kostet er in vollen Zügen aus.

Oft verschwindet er nicht völlig von der Bildfläche, nervt die Umwelt jedoch mit seiner notorischen Unzuverlässigkeit: Unterhaltszahlungen – «Müssen wir darüber schon wieder reden?» Geburtstage der Kinder – «Vergesse ich meistens.» Besuchstage – «Stören oft meine Freizeitgestaltung. Wenn die Kinder kommen, verziehe ich mich. Sie können sich ja auch mit ihren Großeltern beschäftigen.»

Bernd ist so ein flüchtender Vater. Nach seinem Auszug blendete er «Frau und Kind» erst einmal völlig aus. «Florians Entwicklung habe ich ein halbes Jahr nicht so recht nachvollziehen können. Ich habe mich nach der Scheidung in den Alkohol, in Diskotheken und in irgendwelche Frauengeschichten geflüchtet, so daß ich permanent irgendwie geistig abwesend war und nicht viel über meinen Sohn nachgedacht habe – nachdenken mußte. In dieser Zeit habe ich nur ganz wenig darunter gelitten, daß ich mein Kind nicht sehen konnte. Manchmal habe ich gedacht: Da hast du nun ein Kind, aber du wirst nicht mit ihm zusammen groß, weil du mit der Beziehung nicht zurechtkommst. Gedanken um das Drumherum habe ich mir selten gemacht.»

Der arme Vater:
«Sie ist an allem schuld!» hat er sich auf die Stirn geschrieben. Als «hilfloses Opfer» der Ex-Partnerin wirbt er um die Unterstützung seiner Umgebung. Diskussionspartner, die nicht binnen einer viertel Stunde auf «sein Thema» zu sprechen kommen, sind für ihn uninteressant. Doch meistens schafft er es auch so, den Gesprächsbogen schnell auf «den Wahnsinn der mütterlichen Destruktionsmaschinerie» zu lenken.

Mit seinen Kindern spricht er gerne und ausdauernd über die «schöne Zeit, als Mama, Papa, Tim und Timo noch sehr glücklich waren.» Durch sein (meist unbewußtes) Aufrechterhalten der Scheidungssituation agiert der arme Vater machtvoll gegen einen «Nach-Scheidungs-Alltag». Daß er damit vor allem seine Kinder belastet, ist ihm nicht bewußt.

Mathias geht es auch zwei Jahre nach der Scheidung «meistens sehr schlecht». Er sieht seinen Sohn Daniel einmal in der Woche. Jeden Mittwoch holt er ihn von der Schule ab und bringt ihn am nächsten Morgen wieder dorthin zurück.

«Daniels zehnten Geburtstag feierte die Mutter im Ferienhaus einer Freundin. Ich habe mich fürchterlich elend gefühlt, Daniel an seinem Geburtstag nicht zu sehen. Nicht zu hören, wie ihm das kleine Geschenk gefällt, das ich ihm mitgegeben hatte. Am Nachmittag habe ich mir überlegt: Dann feiere ich eben Daniels Geburtstag alleine! Wenn ich ihn schon nicht sehen kann, dann nehme ich mir ein Foto und gehe jetzt Kaffeetrinken mit Daniel. Abends habe ich meine Freundin zu einem Glas Sekt eingeladen, einfach so, ganz spontan, und ich habe gesagt: ‹Wir feiern jetzt Daniels Geburtstag!›

So konnte ich die negative Energie, die ich in mir hatte, doch noch ganz gut in positive Energie umwandeln. Meine neue Freundin erlebt diesen entsetzlichen Kampf, den ich mit meiner Ex-Frau um die Kinder führe, auch sonst hautnah mit. Diese ganze Problematik belastet unsere Beziehung natürlich sehr, weil bei mir überhaupt keine innere Ruhe da ist. Es kommt immer sehr viel Aufruhr in mir hoch, wenn ich von meiner Ex-Frau wieder einmal vor den Kopf gestoßen worden bin.»

Der wütende Vater:
«Widerstand gegen diese widerborstige Frau!», heißt sein Leitspruch. Dem wütenden Vater geht es auch, um «Wiedergutmachung». Mit Hilfe von Verbündeten – Freunde, Eltern, Privatgutachter und Anwälte (deren mindestens zwei) – will er seine erlittenen Verletzungen «rückgängig machen».

Den Erziehungsidealen der mächtig gewordenen Ex-Partnerin trotzt der in seiner Selbstachtung getroffene Vater mit allen Regeln der Kunst: Bei ihm dürfen die Kinder auf einmal «Video around the clock» gucken. Vaters Gummibären und Smarties sagen Mutters Vollwertküche den Kampf an. Kleine Nadelstiche gegen «eure Mutter» sind auf der Tagesordnung. Gemeinsam mit seinen Kindern fühlt sich der wütende Vater wieder stark.

Manch Widerständler liebt es, bar jeder «väterlichen Vernunft», weiterhin das Familienoberhaupt zu spielen. Ein Vater pflegte seine – kerngesunden – Kinder am Besuchstag bei seinem Hausarzt vorzustellen. Ein anderer meldete die Söhne im Fußballverein an, obwohl seine Frau sie tags zuvor im Tennisclub untergebracht hatte. Seine verflossene Kompetenz glaubte ein Vater dadurch ausleben zu können, daß er sich in der gleichen Gymnastikgruppe wie Ex-Frau und Tochter anmeldete – seine Interpretation der folgenden Botschaft des Kommunikationsforschers Paul Watzlawick: «Es ist nicht möglich, nicht zu kommunizieren.»

Auch Gerd ist wütend. Seit Jahren ringt er mit Sozialarbeitern, Sachverständigen und Richtern um eine Ausdehnung seiner Besuchszeiten, kämpft für das gemeinsame Sorgerecht. Von Geburt an hat der Unternehmer seine beiden Töchter betreut, lange Zeit als Hausmann, während seine Frau in der Firma das Geld verdiente.

«Da ist eine sehr intensive Herzensbindung gewachsen. Für meine Kinder ist es ganz wichtig, daß sie freien Zugang zu ihrem Vater haben, denn dies ist der einzige stabile männliche Mensch in ihrem Leben, bis sie einmal selber heiraten. An der Seite der Mutter wird es mehrere soziale Väter geben, die mit den Kindern alle nicht die innige Beziehung haben, die nicht alles Leid, alle Not durchstehen werden wie ich. Außerdem möchte ich meine eigenen Kinder weiterhin begleiten dürfen. Ich möchte mit meinen Kindern endlich einmal zur Ruhe kommen. Das ist der eine Antrieb für mein Engagement.»

Und der andere? Da ist auch noch die «Erlebnisdimension Gewinnen–Verlieren», von der bereits die Rede war: Gerd gibt zu, daß es ihm nicht nur um seine Kinder geht. «Das ist keine selbstlose Aktion. Ich denke, mein Engagement ist fifty-fifty: Ich möchte auch, daß die Willkür der Mutter einmal ein Ende findet. Diese andere Hälfte ist für *mich* ganz wichtig. Für mein Lebensglück.»

Gerd will nicht nachgeben. Nicht noch mehr verlieren. «Ich kann doch meine Kinder nicht aufgeben! Ich habe meinen Beruf aufgegeben. Ich habe mein Vermögen aufgegeben. Ich habe einen Offenbarungseid abgelegt, habe 200000 Mark Schulden. Aber ich werde doch meine Kinder nicht aufgeben. Das ist das allerletzte, was mir im Leben passieren kann!»

Gerd hat die ablehnende Haltung der Trennungsbegleiter als «Herausforderung» angenommen. Sie ist zu seinem neuen Lebensinhalt geworden. «Meine Auseinandersetzung mit denen ist für mich auch eine psychohygienische Maßnahme, die ganz allein mich betrifft, die ich verwende, um nicht unterzugehen. Es ist doch unerträglich, wenn du von denen plötzlich laufend in den intimsten Belangen deiner Lebensführung fremdbestimmt wirst. Ich stoße da auf Wertungen, die über meine Handlungen, meine Person abgegeben werden, und stelle regelmäßig fest, daß sie niemals sachlich begründet sind, sondern immer dem Schema F folgen. Diese Widersprüche versuche ich an die Instanzen zurückzuweisen – in Texten oder in Handlungen gegenüber dem Gericht, gegenüber dem Jugendamt oder gegenüber dem Gutachter. Das ist ein sehr anstrengender Prozeß, der mir aber außerordentlich hilft, bei der Wahrheit der Empfindungen zu bleiben, die es zwischen den Kindern und mir gibt.»

Was tun, wenn die Mutter den Kontakt zum Kind blockiert?

«Die Reaktionsmuster, die du da eben beschrieben hast, sind doch auch ganz normale, zum Teil sogar wichtige und berechtigte Bewältigungsstrategien von Vätern, die ihre Kinder nicht aufgeben wollen», vermerkte ein Vater, nachdem er mein Manuskript gelesen hatte. Zu Recht:

Hinter dem «Ich-muß-hier-weg!» *flüchtender* Väter steckt häufig große Hilflosigkeit und tiefe Verletztheit; der Entzug des Sorgerechts, der plötzliche Bedeutungsverlust treibt manche Väter in die Flucht. Die Reaktionen vieler *armer* Väter zeigen deutlich, wie sehr sie der Abbruch einer fundamentalen Beziehung schmerzt, wie stark die Bindung zum Kind vor der Trennung von der Partnerin war und noch ist. *Wütend* ist der Vater ohne Kind auch wegen des Unrechts am Kind und wegen der Nichtbeachtung seiner Beziehung zum Kind. Angesichts der Verständnislosigkeit, mit der viele Trennungsbegleiter Vater-Kind-Bindungen behandeln, angesichts der entwürdigenden Bedingungen, unter denen einige Väter nach Trennung oder Scheidung mit ihren Kindern zusammentreffen, kann ich sehr gut verstehen, daß ein Vater (nach langen, erfolglosen Bemühungen) wütend ist.

Mit der Beschreibung des wütenden Vaters geht keinesfalls die Aufforderung einher, nichts zu tun und alles hinzunehmen, wenn die ehemalige Partnerin den Kontakt zum Kind aushöhlt. Stellt sich die Mutter immer wieder quer und schlagen sämtliche Vermittlungsversuche fehl, braucht der Vater viel Energie für die notwendigen Anträge beim Gericht, für die vielleicht erforderlichen Dienstaufsichtsbeschwerden und Befangenheitsanträge.

Die von mir gewählte typisierende Darstellung möchte sich nicht über verständliche Verlust- und Ohnmachtsgefühle von Menschen, die an einem ganz empfindlichen Nerv – an der Beziehung zu ihren Kindern – getroffen werden, lustig machen oder sie abwerten. Sie möchte Väter ohne Kinder anregen, sich zu fragen und zu verstehen, wo sie selbst gerade stehen und einmal einen *Perspektivenwechsel* vorzunehmen. Denn Ohnmacht führt leicht zu Reaktionen, die mit dazu beitragen, daß sich keine «Normalität» in der Nach-Trennungs-Zeit einstellt. Leicht werden aus solchen Reaktionen Querschläger, die dann mehr der eigenen «psychischen Hygiene», weniger den Interessen des Kindes dienen.

Wie sollen sie sich verhalten, wenn ihre Ex-Partnerin den Kontakt zu ihren Kindern einschränkt oder vollständig unterbindet? Wie können sie die Beziehung zu ihnen erhalten, neu aufbauen?

Das fragen sich viele Väter ohne Kinder. Aufgeben wollen sie ihre Töchter und Söhne nicht. Sie möchten ihnen weiterhin als selbstverständliche Bezugsperson erhalten bleiben. Aber bringen ihre Bemühungen für alle nicht nur noch mehr Hektik und Unruhe?

Väter, die ihre Kinder schon über Monate oder Jahre nicht mehr gesehen haben, fangen an, auch über ihre Handlungsmotive nachzudenken: Warum suchen sie überhaupt noch den Kontakt zu ihren Kindern? Langsam zerrinnt die Beziehung zu ihnen, die Erinnerung an die gemeinsam verbrachte Zeit. Ist da nicht nur noch dieses Gefühl des «Sich-Kümmern-Müssens»? Geht es ihnen vielleicht nur noch um Rechthaberei? Wollen *sie* ihre frühere Partnerin nicht in Ruhe lassen?

Väter ohne Kinder stecken in einer Zwickmühle: Halten sie sich an das von der Mutter verordnete Kontaktminimum oder -verbot, kann das von vielen Gerichten falsch verstandene Kontinuitätsprinzip schnell zum Bumerang für sie und ihr Kind werden. Der Richter könnte dann nämlich auf die entstandene «fehlende Beziehungskontinuität» als Begründung dafür verweisen, die Kontakte noch weiter zu verringern oder ganz einzustellen. Verhalten sie sich aber «ungehorsam», indem sie Mutters Willen mißachten, dann wendet man auch dies schnell gegen sie.

Soll der Vater das restriktive Umgangskonzept seiner ehemaligen Partnerin also mißachten und nur seinem Empfinden folgen? Gibt er seinem Kind damit nicht an einer entscheidenden Stelle Orientierung darüber, daß nicht er es ist, der keine Kontakte mehr will? Macht er sich nicht zum Komplizen der Mutter, wenn er nicht handelt? Oder schadet er mit seinem Widerstand gegen Mutters Anweisungen und Richters Beschlüsse seinen Kindern nicht noch zusätzlich?

Ich meine, Väter sollten ihre Kinder nicht aufgeben, auch wenn ihre ehemalige Partnerin sie aus jeglicher Zuständigkeit entlassen will. Sie sollten versuchen, deutlich zu machen, daß sie (weiterhin) Verantwortung für die Kinder übernehmen wollen. Denn später sind die Vorwürfe – an Vater und Mutter – meistens groß: «Warum hast du mich damals verlassen?» – «Warum hast du mich aufgegeben?» – «Warum hast du mir nie etwas von Vater erzählt?» (Vgl. S. 163ff.).

Doch dieses «Nicht aufgeben» bedeutet nicht: Blindlings anrennen! Väter ohne Kinder, auch die vollständig ausgebooteten, sollten sich zuerst einmal fragen, was sie bei sich selbst verändern können. Welchen Beitrag können sie leisten, damit die Konfrontation mit ihrer früheren Partnerin nicht noch weiter angeheizt wird? Welche Zeichen und Impulse können von ihnen ausgehen, um mit ihr zu einem friedlichen Umgang zu gelangen? Nehmen sie Rücksicht auf ihre berechtigten Interessen? Welche Vorleistungen können sie erbringen, um sie zum Einlenken zu bewegen? Wieviel Verantwortung für ihre Kinder wollen sie konkret übernehmen? Sind sie bereit, auch Opfer zu bringen, beruflich zurückzustecken, zu koordinieren zwischen ihrer alten und neuen Familie? Sind sie bereit, auch Pflichten zu übernehmen? Oder wollen sie sich nur die Rosinen herauspicken, während die Mutter mit den Kindern die Klippen des Alltags umschifft?

Dazu gehört auch, daß Väter sich kritisch mit ihren eigenen «Konflikt- und Schuldanteilen», mit ihren eigenen Beiträgen zur entstandenen «Sprachlosigkeit» auseinandersetzen!

Viele ausgegrenzte Väter sind der Auffassung, ihre ehemalige Partnerin handele aus Bosheit und wolle sich mit ihrer strengen Umgangspolitik rächen. Häufig sind es jedoch (Verlust-)Ängste, Verletzungen und Kränkungen, die es ihr erschweren, zwischen Partner- und Elternebene zu unterscheiden (vgl. Kapitel 6).

Väter ohne Kinder sollten versuchen, sich in die Lage und Gefühle ihrer Ex-Partnerin hineinzuversetzen. Sie sollten versuchen, sie zu *verstehen*. Verstehen heißt dabei nicht, ihre ablehnende Haltung zu akzeptieren. Väter ohne Kinder sollten ihrer ehemaligen Partnerin deutlich machen, daß ihnen die Beziehung zu den Kindern wichtig ist, daß es ihnen ernst damit ist, für sie zu sorgen, für sie Verantwortung zu tragen. Väter ohne Kinder sollten beharrlich und beständig sein, wenn es darum geht, die Interessen der gemeinsamen Kinder nach Mutter und Vater darzustellen. Da darf Mann auch mal nerven.

Eines aber ist sicher: Psychoterror bringt niemanden weiter – weder Mutter noch Vater, noch Kind. Sich zu verstehen, sich in seinen berechtigten Interessen und Bedürfnissen wahrzunehmen, ist eine entscheidende Voraussetzung für Dialogfähigkeit zum Wohle des Kindes. Väter, die versuchen, sich in die andere Seite einzufühlen, können dazu beitragen, die bestehenden Konflikte aufzubrechen.

Patentrezepte, wie die Bindung zum Kind aufrechterhalten werden kann, obwohl sich die Mutter dagegen stemmt, gibt es nicht. Das wurde in den Gesprächen und Interviews deutlich. Manche Väter hielten sich an die von ihrer Ex-Partnerin verordnete Kontaktsperre und blieben erst einmal in «Wartestellung». Nach mehreren Monaten konnten sie dann wieder eine Beziehung zu ihren Kindern aufbauen. Ihre Partnerin, sie selbst hätten diese Zeit gebraucht, um Paar- und Elternschiene zu entflechten, berichteten einige dieser Väter. Sie glaubten, daß mit Hilfe von Beratung oder mit gerichtlichen Beschlüssen «alles nur noch schlimmer» geworden wäre.

Bei anderen Vätern hingegen hatte die Blockade ihrer früheren Partnerin nur eines zum Ziel: Die Kind-Vater-Kontakte vollständig und endgültig auf Eis zu legen. Oft versprachen diese Mütter jahrelang, Begegnungen zwischen Kind und Vater «bald» wieder zu ermöglichen. Bis schließlich deutlich wurde, daß diese Isolation auf Dauer erwünscht war. Was diesen Vätern mit zahlreichen Briefen, Telefongesprächen und Kompromißvorschlägen nicht gelang, wo Trennungs- und Scheidungsberater mit jeglichen Informations- und Vermittlungsversuchen auf taube Ohren stießen, wurde dann mit Hilfe eindringlicher Appelle eines Richters oder mit verordneten «Umgangszeiten» von einem Tag auf den anderen wieder möglich: eine Beziehung zwischen Vater und Kind (vgl. S. 126ff.). Mitunter waren die Beschlüsse der Richter sogar Grundlage für eine konstruktive Zusammenarbeit der Ex-Partner für ihr Kind.

«Manche Kinder haben sogar zwei Väter»

Väter ohne Trauschein im Gespräch

«Ein Vater ist nie ersetzbar. Vater ist derjenige, der das Kind gezeugt hat.»

«Das ist ein Mythos. Es gibt heute viele gute soziale Väter. Auch ich bin dafür, den leiblichen Vater nicht auszuschließen, wenn er eine gewachsene Beziehung zu seinem Kind hat oder wenn er für sein Kind sorgen will. Aber grundsätzlich brauchen Kinder nicht leibliche, sondern fürsorgliche Eltern. Der richtige Vater will doch häufig gar keine Verantwortung übernehmen.»

«Viele Trennungskinder, vor allem nichtehelich geborene, wissen von ihren Vätern nicht einmal den Namen. Später machen sie sich dann auf die Suche nach ihrem Vater. Auch wenn ihre Eltern sich schon früh getrennt haben und die Mutter schnell einen neuen Partner findet, sollten sie so früh wie möglich erfahren, wer ihr leiblicher Vater ist.»

«In Ordnung: Es ist gut, wenn das Kind eine gute Beziehung zum sozialen Vater hat und trotzdem die Beziehung zum leiblichen Vater halten oder aufbauen kann.»

«Genau. Wenn das Kind einen sozialen Vater hat, darf ‹sozial› nicht heißen, daß ihm der leibliche Vater vorenthalten wird. Du mußt mal die Kinder in meiner Schule hören. Die erzählen sich zum Teil ganz stolz: ‹Du, ich habe sogar zwei Väter.›»

«Oft frage ich mich: Was kriegen meine Kinder für ein Vaterbild? Meine Ex-Freundin ist ihnen eine liebevolle Mutter, doch ihre Ausgrenzungsbemühungen mir gegenüber, das ist für mich psychische Kindesmißhandlung. Man muß auch einmal über die psychische Gewalt von Frauen gegenüber ihren Kindern reden.»

«Väter emanzipieren sich zur Zeit noch zu selten von der Vorstellung, daß das Kind zur Mutter gehört. Vielen Männern ist gar nicht bewußt, was sie sich alles nehmen lassen.»

«Väter müßten stärker in die Erziehungspflicht genommen werden – vor und nach der Trennung. Wenn Väter eine größere Verantwortung für ihre Kinder übernehmen, dann haben sie auch im Trennungsfall eine stärkere Beziehung zu ihren Töchtern und Söhnen.»

«Gleichberechtigung müßte dann aber heißen: Gleiche Pflichten und auch gleiche Rechte – auch was die Sorge für die gemeinsamen Kinder angeht.»

«Es wäre schöner, wenn mein Kind nicht nach seinem Vater fragt!»

Alleinerziehende Mütter ohne Trauschein im Gespräch

«Er hat sich schon kurz nach der Geburt aus dem Staub gemacht. Wir waren nicht verheiratet. Jetzt will er das Kind plötzlich wieder sehen. Das macht er doch nur aus Rachegefühlen mir gegenüber. Für seine Kehrtwendung ist es jetzt ein bißchen zu spät.»

«Trotzdem hat dein Kind ein Recht auf seinen Vater.»

«Meine Tochter wird rechtzeitig erfahren, wer ihr Vater ist. Ich werde ihr erklären: ‹Es war besser, daß du ihn nicht kennengelernt hast.› Wie ich ihr das sagen soll, weiß ich noch nicht.»

«Ist das nicht ein Rachegefühl von dir?»

«Ihr Verhalten ist doch berechtigt. Ich würde genauso handeln.»

«Darum geht es doch nicht. Auch Katrins Tochter hat ein Recht darauf, ihren Vater kennenzulernen.»

«Dieser Mann ist mir gleichgültig. Er ist ihr Erzeuger, nicht ihr Vater.»

«Ich finde, man bleibt immer Eltern, auch bei strittigen Fällen.»

«Nein. Das ist bei uns echt nicht mehr! Dafür war sein Interesse während der Schwangerschaft und nach der Geburt zu gering. Ich habe keinen Haß mehr auf den Mann. Aber für das Kind ist es nicht gut, diesen Vater zu sehen. Vielleicht sagt sie mal: ‹Mama, ich will ihn kennenlernen!› Dann lege ich ihr keine Steine in den Weg. Obwohl: Schöner wäre das schon, wenn sie das nicht sagt! Solange die Kinder klein sind, stellen sie sich nicht die Frage, wo ihr leiblicher Vater ist. Solche Fragen laufen erst in der Pubertät ab.»

«Das stimmt nicht. Schon im Kindergarten fragen die anderen Kinder: ‹Warum hast du keinen Vater?› Manche Kinder antworten dann: ‹Ich habe sogar zwei Väter!› Deshalb möchte ich meinem Sohn vor allem genug Selbstbewußtsein vermitteln, daß er zu seiner Herkunft steht.»

«Ich mache meine Sache als Alleinerziehende besser als so manche richtige Familie. Man macht sich einfach mehr Gedanken. Ich möchte meiner Tochter so viel mit auf den Weg geben, daß sie später sagt: ‹Mama, das war in Ordnung.›»

8. Kinder ohne Väter

«Elterliche Liebe besteht vor allem darin, sich zur Verfügung zu stellen für die Kinder, für die Liebe der Kinder, für die ganze Palette ihrer Gefühle, ihre Identifikations- und Abgrenzungswünsche und auch für die Loyalitätsbeweise, die Kinder beiden Eltern geben möchten»
(Elisabeth Mackscheidt, Familientherapeutin).

«Jede Beschneidung des Zugangs zu einem Elternteil und erst recht jeder Versuch, diesen Elternteil unkenntlich zu machen, ist inhuman und zynisch»
(Michael Blank, Trennungs- und Scheidungsberater).

Kinder leiden am meisten unter den Trümmern der gesprengten Elternbeziehung. In der Regel wollen sie sich von ihren Eltern nicht mit trennen lassen. Doch nach Trennung oder Scheidung bleibt das Interesse der Kinder meist auf der Strecke: Für jedes zweite Kind wird der Kontakt zum außerhalb lebenden Elternteil – das ist in neun von zehn Fällen der Vater – ganz abbrechen. Jedes vierte Kind wird die Beziehung zu ihm als «sehr entfremdet», «nicht gut» oder «indifferent» erleben.

Kinder sind die größten Verlierer, wenn Mutter und Vater auseinandergehen. Die Trennung von Mama und Papa ist für sie ein gewaltsamer Eingriff in ihr Leben. Scheidung – das heißt für Kinder zuerst einmal nicht: Mama und Papa lassen sich scheiden. Bedeutsam für Kinder ist *ihre* Trennung vom Vater oder von der Mutter.

Oft erleben Kinder ihre Eltern als Großmächte, die – mitunter über Jahre – in einem ruinösen Wettbewerb verharren. «Meine Eltern leben wie in zwei völlig verfeindeten Ländern. Zwischen ihnen ist eine harte Grenze mit Stacheldraht und Wachtposten und Minen. Jeder sagt, in dem anderen Land ist es ganz schrecklich. Aber das stimmt nicht: Ich fühle mich in beiden Ländern gleich wohl. Nur wenn ich über die Grenze muß, kriege ich jedesmal mit der Angst zu tun», beschreibt ein neunjähriges Mädchen diese Situation.[96] «Es ist weniger die Trennung an sich, die das Kind leiden und versagen läßt. Es ist vielmehr Art und Dauer, wie Eltern vor und nach der Scheidung miteinander *und* mit dem Kind umgehen»[97], schreibt der Sozialpsychologe Otto Gaier.

Scheidung bedeutet für jedes Kind etwas anderes: Ortswechsel, Schulwechsel, Berufstätigkeit der Mutter, sozialer Auf- oder Abstieg; viel, wenig oder gar keine Kontakte zum Vater; neue «Stiefeltern», neue Geschwister, neue Verwandte, neue Freunde ... Erlebt das eine Kind den totalen Zusammenbruch seiner Lebenswelt, empfindet das andere vielleicht «das Ende der ewigen Streitereien» als große Erleichterung, als positive Wende.

Kinder reagieren auf die Trennung ihrer Eltern ganz unterschiedlich. Manche werden eher aggressiv, andere ziehen sich zurück. Unmittelbar nach der Scheidung reagieren die meisten Kinder massiv verunsichert: mit Trauer, Wut, Zerrissenheit, Schuldgefühlen und Angst. Diese Veränderungen und Auffälligkeiten im Verhalten sind zunächst einmal *normale* Bewältigungsstrategien. Mit Hilfe ihrer altersgemäßen Reaktionen versuchen die Kinder, Verluste zu überwinden und eine aus den Fugen geratene Welt neu zu ordnen.

In der Essener Kontakt- und Beratungsstelle *«KUGEL»* begleiten Sozialarbeiterinnen Kinder in der Trennungskrise. Sie ermuntern die Mädchen und Jungen, beim Toben, Raufen und Rangeln ihre Gefühle zu zeigen, ihre Spannungen auszuleben. «Ich staune jedesmal wieder, wieviel Wut und Ärger die Kinder plötzlich herauslassen können», berichtet eine Mitarbeiterin. «Manchmal explodieren sie richtig. Wie ein Dampfdrucktopf. Das zeigt, daß sie schon ganz viel in sich hineingefressen haben.» Heraus kommen Gefühle der Ohnmacht, aber auch Wut und Enttäuschung über das Verhalten der Eltern.

Die Folgen von Trennung oder Scheidung sind nicht zwangsläufig pathologischer Natur. Sie verursachen nicht automatisch «abweichendes Verhalten» oder massive Verhaltensstörungen. Zeigen Kinder keine sichtbaren Reaktionen, bedeutet das jedoch noch lange nicht, daß sie keine psychischen Konflikte mit sich herumtragen. Manche Kinder trauern leise – in ihrem Zimmer, im Verborgenen. Oft weinen die Kinder, ohne daß Tränen fließen. Diese Kinder, die scheinbar nicht reagieren, die sehr still werden oder sich übermäßig anpassen, halten viele Kinderpsychologen für besonders gefährdet. Sie verdrängen; ihre

«Ruhe» ist resignativ. Ihre Schwierigkeiten können später um so massiver herausbrechen. Deshalb sollten Eltern ihrem Kind *seine* Zeit der Wut, der Trauer, der Verunsicherung zugestehen.

Trennungs- und Scheidungskinder im Spiegel der Statistik

Jeden Tag verlieren in Deutschland über vierhundert Kinder nach Trennung oder Scheidung einen Elternteil. Trennung oder Scheidung – das bedeutet für Kinder fast immer: Trennung vom Vater. Trennungs- und scheidungsbedingte Vaterlosigkeit ist vor allem in den Großstädten weit verbreitet. Eine Untersuchung mit sechs- bis dreizehnjährigen Schülerinnen und Schülern an Berliner Grundschulen kommt zu dem Ergebnis, daß nur noch jedes zweite Kind mit beiden leiblichen Eltern zusammenlebt.[98]

Jedes dritte bis vierte Kind zwischen Rhein und Oder erlebt mittlerweile die Auflösung seiner (Primär-)Familie. Dreißig Jahre zuvor traf das erst auf jedes zwanzigste Kind zu. Wissenschaftler schätzen, daß nahezu 50 Prozent der in den neunziger Jahren geborenen Kinder die Trennung ihrer Eltern erleben werden, bevor sie die Volljährigkeit erreichen.

Siebenhundertsechzehntausendneunhundertsechsundachtzig minderjährige Kinder verloren in den Jahren 1985 bis 1989 durch *Scheidung* einen Elternteil – 463054 Jungen und Mädchen in Deutschland-West, 253932 in Deutschland-Ost. Im Durchschnitt waren jedes Jahr 143397 Kinder von der Scheidung ihrer Eltern betroffen; Trennungen nichtehelicher Lebensgemeinschaften werden statistisch nicht erfaßt. In den jüngeren Bundesländern waren die Zahlen 1990 (30972) und 1991 (7500) stark rückläufig. Bei dieser Entwicklung spielte vor allem die Umstellung auf das westdeutsche Scheidungsrecht eine Rolle. In Westdeutschland gingen in diesen beiden Jahren 179128 Scheidungskinder in die Statistik ein.[99]

Familienstatistiker schätzen, daß in Deutschland Anfang der 90er Jahre über 1,5 Millionen Trennungs- *und* Scheidungskinder leben, darunter immer mehr Einzelkinder: Jedes dritte Kind wächst in den neunziger Jahren (bis zu seiner Volljährigkeit) ohne Geschwister auf. 30 Prozent sind beim Auseinanderbrechen ihrer Familie jünger als sechs Jahre, insgesamt 80 Prozent jünger als zwölf Jahre. Nach einer Schätzung der Arbeitsgemeinschaft für Ehe- und Erziehungsberatung ist jedes vierte Kind zu diesem Zeitpunkt noch keine drei Jahre alt.

«Mein Sohn hatte Alpträume, daß sein Zimmer zuschneien würde»

Unmittelbare Reaktionen auf die Trennung der Eltern

Jan-Jörg erinnert sich an die Zeit nach der Trennung: «Wenn mein Sohn zu Besuch kam und bei mir übernachtete, kam er auf einmal jede Nacht in mein Bett. Er fühlte sich verlassen. Knut fiel in kleinkindliche Verhaltensweisen zurück. Er hatte Alpträume, daß sein Zimmer bei mir zuschneien und vereisen würde. Das war für mich bildhaft: Die Beziehung zwischen uns erkaltet und erstarrt. Er suchte dann die Wärme durch das nächtliche Ins-Bett-Kommen. Mehrfach wollte er nach den Besuchstagen nicht zurück. Dann bekam er morgens um acht Uhr auf einmal Durchfall und saß eine halbe Stunde auf dem Klo. Das war seine Reaktion auf die Ausdünnung unserer Kontakte. Ich sollte dann in der Schule anrufen und ihn krank melden, damit er noch etwas länger bei mir bleiben kann. Danach mußte ich ihm eine Geschichte vorlesen, und sein Durchfall hörte auf.»

Knut war sieben Jahre alt, als seine Eltern sich trennten. *Kinder zwischen sechs und zwölf Jahren* erleben die Zerstörung der Familie als Bedrohung ihrer Existenz. Aus ihrer Sicht gehören Mama und Papa untrennbar zusammen. Sie fürchten, den abwesenden Elternteil für immer zu verlieren. Die Kinder schwanken in ihrem Verhalten: Mal fühlen sie sich hilflos, niedergeschlagen, einsam und ohnmächtig. Sie trauen sich nichts mehr richtig zu und weinen häufig. Dann sind sie wieder launisch und extrem reizbar; sie sind zornig auf den Elternteil, dem sie die Schuld an der Trennung zuschieben, und haben heftige Wutausbrüche. Sie können nicht verstehen, warum ihr Vater sie verlassen hat. Wieso läßt er sie in dieser schwierigen Situation im Stich? Oftmals glauben sie, daß sie selbst der eigentliche Grund für die Scheidung ihrer Eltern sind. Waren sie böse zum Papa? Sind sie ihm plötzlich egal? Oder weshalb kommt er nur noch so selten?

Kinder in Knuts Alter klagen dann häufig über Kopfschmerzen, fühlen sich schlapp und leiden unter chronischen Magen- und Darmbeschwerden. Andere Kinder reagieren mit Hautausschlägen, mit Sprach-, Eß- und Schlafstörungen. In der Schule können sie sich nicht konzentrieren, ihre Leistungen fallen rapide ab. Oft schämen sie sich vor ihren Freunden, Mitschülern und Lehrern und ziehen sich zurück.

Kinder im Vorschulalter haben besondere Schwierigkeiten mit der Trennung ihrer Eltern. Sie erleben sich noch als Mittelpunkt der Welt und fühlen sich dafür verantwortlich, daß ihr Vater weggegangen ist. Schuld-, Angst- und Verlustgefühlen sind sie unkontrolliert ausgeliefert. Sie befürchten, jetzt auch noch vom anderen Elternteil im Stich gelassen zu werden, denn wenn der eine einfach verschwinden kann, könnte der andere dies ja auch tun. Infolgedessen fällt es ihnen schwer, sich von Mutter oder Vater zu trennen. Viele Kinder reagieren mit Eß- und Schlafstörungen (Alpträume). Manche neigen zu Temperamentausbrüchen, andere werden depressiv und ziehen sich zurück. Ihr Selbstwertgefühl leidet deutlich; in ihrer Entwicklung fallen sie oft zurück: Eine Vierjährige braucht auf einmal wieder eine Windel, ein Fünfjähriger mag nicht in seinem Bett einschlafen, eine Sechsjährige möchte nicht mehr alleine auf den Spielplatz gehen.

Mit zunehmendem Alter fangen Kinder an, sich um ihre Familie zu sorgen. Sie übernehmen Verantwortung für jüngere Geschwister und den Haushalt. Oft schlüpfen sie in eine Erwachsenenrolle: Sie werden zum Verbündeten für den verbliebenen Elternteil und versuchen, einfühlsam auf dessen Probleme einzugehen. Die Umgebung mag ihr Verhalten als angenehm empfinden. Aber diese Tröster- und Helferrolle überfordert die Kinder eindeutig. Sie beschäftigen sich mit Sorgerechtsfragen, während ihre Schulfreunde noch in der *Bravo* schmökern. Ihre Beziehung zu Gleichaltrigen leidet. Mit ihren eigenen Problemen bleiben sie zumeist allein. Dabei bräuchten Kinder gerade in der Trennungszeit Ansprechpartner, die ihren Schmerz, ihre Verunsicherung, ihre Angst und ihre Wut verstehen.

Auch *Jugendliche* können unmittelbar nach der Scheidung mit großer Heftigkeit reagieren. In einer Phase, in der sie Rückhalt zur Ablösung bräuchten, fühlen sie sich von den Eltern im Stich gelassen, zurückgestoßen. Viele haben ein Gefühl von Leere. Sie können sich nicht konzentrieren, sind chronisch müde und träumen schlecht. Lehrer berichten über häufiges Schuleschwänzen und von abfallenden Leistungen, insbesondere bei Jungen. Manche Fast-Erwachsenen distanzieren sich sehr abrupt von ihren Eltern: Sie verweigern ihnen vollständig den Gehorsam, ignorieren sie völlig. Anderen gelingt die notwendige Ablösung von Mutter und Vater nicht, weil sie in deren Familienprobleme verwickelt bleiben. Das gilt vor allem dann, wenn Eltern sie als Partnerersatz, Tröster, Bundesgenossen, Boten zum Ex-Partner oder Sündenbock mißbrauchen und damit ihre eigene Entwicklung behindern.

Lange Zeit hatten Scheidungsforscher angenommen, daß Jungen durch die Trennung der Eltern stärker beeinträchtigt werden als Mädchen, da sie zumeist auffälligere Verhaltensweisen an den Tag legen. Doch Mädchen werden durch das Auseinanderdriften ihrer Eltern ebenso belastet wie Jungen. Sie reagieren nur anders: Jungen neigen eher zu «sichtbaren» Reaktionsformen – zu impulsivem Ausagieren, zu Aggressionen. Tobsucht und häufige Wutanfälle werden meist bei ihnen beobachtet. Mädchen tendieren zu konfliktreichen, depressiven Verhaltensmustern. Sie ziehen sich häufig zurück und erwecken den Anschein, mit der Situation bestens zurechtzukommen. Wissenschaftler vermuten, daß die unterschiedlichen Verhaltensformen der Kinder von den Erwartungen ihrer Bezugspersonen mitbestimmt werden. So konnte beobachtet werden, daß Eltern aggressives Verhalten bei Jungen eher tolerieren. Gleichzeitig erhalten Jungen weniger positive Zuwendung und Hilfe als Mädchen.

Kinder brauchen Mutter und Vater

Langfristige Reaktionen auf die Trennung der Eltern

Meistens klingen die unmittelbaren, altersspezifischen Reaktionen der Kinder ein bis zwei Jahre nach der Trennung ab. Doch jedes vierte Kind leidet *langfristig* unter der Trennung seiner Eltern. Zu diesem Ergebnis kommt die Hamburger Familiensoziologin Anneke Napp-Peters im Rahmen einer Studie mit 269 Scheidungskindern aus 150 Familien.[100] Ihre Untersuchung zeigt, daß Kinder aller Altersstufen von den langfristigen Problemen betroffen sind.

Viele Wissenschaftler ziehen in ihren Scheidungs- und Trennungsstudien recht gewagte, mitunter sogar *unsinnige Verknüpfungen*. Manche bringen Vaterabwesenheit mit Indikatoren wie «Karriereorientierung», «Intelligenzquotient», «moralisches Urteilsvermögen», «kognitive Leistungen», «Gewissensentwicklung», «Schuld- und Schamgefühle» – auf seiten der Kinder – in Beziehung. Dabei entsteht meistens der Eindruck, daß Kinder ohne Väter «hoffnungslos benachteiligt» seien. Es kommt zu so zweifelhaften Aussagen wie der folgenden des Münchner Väterforschers Prof. Dr. Dr. Dr. Wassilios Emanuel Fthenakis: «*Grundsätzlich* waren vaterlose Jungen in der Entwicklung moralischen Verhaltens weniger weit fortgeschritten als Jungen aus vollständigen Familien.»[101]

Zu ganz anderen Ergebnissen kommt Dr. Anita Heiliger, wissenschaftliche Referentin in der Abteilung IV (Mädchen- und Frauenforschung) des Deutschen Jugendinstituts. In ihrem Buch «Alleinerziehen als Befreiung» singt sie das Hohelied auf die «autonome», ja «verschmelzende Mutter-Kind-Einheit». Ihre Botschaft: Ohne Vater geht's oft besser! Kinder fänden vor allem in der ledigen Mutter-Kind-Familie «nahezu optimale Bedingungen» vor. Hier seien die Mädchen und Jungen selbständiger, unabhängiger, selbst- und verantwortungsbewußter. In der Schule seien sie erfolgreich, manche brächten es auf einen IQ von 155![102] Doch damit nicht genug: Die Kinder in Heiligers «empirischer Untersuchung» sind anpassungsfähiger, wirken frühgereifter, sind weniger aggressiv und offener im sozialen Kontakt. Und auch ihre Mütter berichten über ein größeres Wohlbefinden: Sie haben mehr Selbstvertrauen sowie Gefühle von Unabhängigkeit und Selbstbestimmung; sie verfügen über Entscheidungsfreiheit über die familialen Belange und führen ein harmonischeres Leben.[103]

Ideologie statt Information! Derartige Abhandlungen verdienen sicherlich alles andere als das Prädikat *«wissenschaftlich»*. Es drängt sich die Frage auf: Verpacken Forscherinnen und Forscher hier nicht bloß ihre eigenen, aus der Kindheit, aus vergangenen Partnerschaften und Beziehungen resultierenden Verletzungen und Sehnsüchte in bedeutungsschweres Papier? Dem eigenen Ego tut's mit Sicherheit gut. Mit den Bedürfnissen der meisten Kinder hat dies aber herzlich wenig zu tun.

> «Während bei etwa jedem zweiten Kind langfristige Störungen aufgetreten sind, das keine Beziehung oder eine durch andauernde Elternkonflikte belastete Beziehung zum getrennt lebenden Elternteil hat, trifft das gleiche nur auf jedes vierte Kind zu, bei dem entweder eine feste Besuchsregelung besteht oder ein zuverlässiger Kontakt zum nichtsorgeberechtigten Elternteil vorhanden ist» *(aus der Studie «Scheidungsfamilien» von Anneke Napp-Peters, S. 43)*

Kinder, die mit wenig oder ohne Vater aufwachsen, sind in der Tat nicht von vornherein «zum Scheitern verurteilt», wie viele Untersuchungen es nahelegen wollen! Fest steht jedoch: «Kinder, die auch nach einer Scheidung von beiden Elternteilen erzogen werden, haben ein unschlagbares ‹Plus› im Leben.»[104] Dieses Plus läßt sich in IQ und kognitiven Leistungseinheiten jedoch schlecht messen. Viel sinnvoller ist es, den Blick auf *grundlegendere Faktoren* zu richten.

Kinder benötigen Mutter und Vater von klein auf für ihre *Identitäts-*

findung. Wird ihnen diese Gelegenheit verwehrt, machen sie sich später oft auf die Suche nach dem großen Unbekannten in ihrem Leben. Die gelebte Beziehung zu Mutter und Vater ist auch wichtig für ihre eigene, zukünftige Liebes- und Beziehungsfähigkeit. Sie wird «entscheidend zum späteren Lebensglück beitragen»[105].

Kinder im Vorschulalter setzen sich besonders intensiv mit ihrem Junge- oder Mädchen-Sein auseinander. Sie brauchen beide Geschlechter, um unterschiedliche Rollen zu lernen, um ihre *geschlechtsspezifische Persönlichkeit* – und die besteht aus gleich- *und* gegengeschlechtlichen Rollenbezügen – auszubilden. Wenn ein Elternteil selten da ist oder ganz fehlt, bleibt ihr Rollenmodell oft einseitig. (Klein-)Kindern ohne Väter oder mit Phantomvätern, ob nun Junge oder Mädchen, fällt es schwerer, Nähe- und Distanzwünsche zu erproben und die notwendige Loslösung von ihrer Mutter zu vollziehen. Das gilt auch für den notwendigen Ablösungsprozeß von Jugendlichen.

Jungen werden häufig Probleme haben, ihre männliche Identität zu entwickeln.[106] Für sie sind Väter während des Ablösungs- und Verselbständigungsprozesses besonders wichtig. Viele Jungen mit einer unzureichenden oder gar keiner Beziehung zum Vater verbringen später einen Großteil ihres Erwachsenenlebens mit der – zumeist quälenden und kraftraubenden – Suche nach einem, nach ihrem Vater.[107] Sie haben Probleme, Gefühle einzugestehen und Empfindungen auszudrükken. Jungen, die im Alltag auf positive, konkrete männliche Vorbilder verzichten müssen, neigen häufiger als andere Jungen zu gewalttätigen Aggressionen; sie sind – das verdeutlichen auch die Lebensverläufe vieler Skins und Neo-Nazis – für destruktive Pseudo-Ideologien besonders anfällig.

Und die Mädchen? «Verletzte oder ungelebte Beziehungen zum Vater sind ‹offene Wunden›, unter denen Töchter lebenslang leiden»[108], vermerkt Helga Häsing-Levend. Die Alleinerziehenden-Expertin sieht einen Zusammenhang zwischen fehlender Anerkennung und Nähe des Vaters und Verhaltensmustern wie dem selbstüberfordernden Leistungsverhalten (die «Amazone») oder der Püppchen-Rolle des ewig kleinen Mädchens («Marilyn-Monroe-Komplex»). Psychotherapeutin Sigrid Steinbrecher beobachtet bei Töchtern, die auf die Liebe und Zuneigung ihrer Väter verzichten mußten, eine «Vaterfalle»: «Angst vor Liebesverlust, Verlassenheitsgefühle, Existenzängste überhaupt überwiegen und führen zu einer tiefen Verunsicherung.»[109]

Wie wichtig der Kontakt zu beiden Eltern ist, verdeutlicht auch eine

Analyse von 32 Langzeitstudien, die der amerikanische Psychiater Edward Beal vorgenommen hat. Beal kommt zu dem Ergebnis, daß die «Schatten einer Scheidung» sich durch das ganze Leben ziehen. Erwachsene Kinder geschiedener Eltern geben durchweg mehr (emotionale) Probleme und weniger Wohlbefinden an und zeigen mehr Lebens- und Bindungsängste als Erwachsene, deren Eltern sich nicht getrennt haben. Es fällt ihnen schwerer, dauerhaft glückliche Beziehungen aufzubauen; ihre eigene Scheidungsrate wird die von Kindern aus ungeschiedenen Familien deutlich übertreffen.[110]

Wie gut oder schlecht Kinder mit der Trennung ihrer Eltern klarkommen, hängt zu einem großen Teil davon ab, wie sehr oder wie wenig Mutter *und* Vater «verfügbar» bleiben. Mädchen und Jungen mit sehr wenig oder gar keinem Draht zum nicht sorgeberechtigten Elternteil haben die größten Probleme nach einer Scheidung. Sie leiden am meisten unter langfristigen Störungen und zeigen besonders häufig Verhaltensauffälligkeiten und Kontaktschwierigkeiten. Kinder, die dagegen weiterhin eine verbindliche Beziehung zu Mutter und Vater halten dürfen, werden deutlich besser mit der Trennung ihrer Eltern fertig.

Fazit: Kinder wollen sich im Scheidungsfall in der Regel nicht von ihren Eltern trennen. Sie wollen sich vor allem nicht *für* den einen und *gegen* den anderen Elternteil entscheiden. Ginge es nach ihnen, hätten sie auch nach dem Scheitern der Beziehung ihrer primären Bezugspersonen Kontakt zu Mama *und* Papa. Wenn die beiden es schaffen, bald nach ihrer Trennung einen Strich unter die Streitereien zu ziehen, hilft das den Kindern enorm. Dann kann die Auflösung der häuslichen Gemeinschaft für die Kinder sogar zur Ent-Lastung, nicht zur Last werden!

«Kinder haben keine Probleme mit mangelnder Eindeutigkeit!»

Gespräch mit dem Hamburger Partnerschafts- und Trennungsberater Michael Blank

Viele Kinder stehen bei Trennung oder Scheidung ihrer Eltern vor der Wahl: Mutter oder Vater. Warum kritisieren Sie diese Aufteilungspolitik?

Kinder sind völlig überfordert, wenn sie gefragt werden: «Bei wem willst du leben?» oder: «Welchen Elternteil hast du lieber?» Diese Fragen werden leider noch immer von Sozialarbeitern, Gutachtern und Richtern gestellt – entweder direkt oder versteckt. Sie sind kinderfeindlich, weil ja ein Kind noch gar nicht überschaut, um was es dabei eigentlich geht. Das Kind kann die Folgen einer solchen Entscheidung nicht absehen. Bereits die Frage «Mutter *oder* Vater?» ist eine Manipulation, eine Projektion von Erwachseneninteressen auf die Kinder. Ein Kind mit sechs oder zehn Jahren will das nicht entscheiden. Aber man täuscht ihm vor, daß es sich für einen und damit gegen einen anderen Elternteil zu entscheiden hat.

Kinder müssen wissen, wohin sie gehören, würden Ihnen viele Scheidungsbegleiter da entgegnen.

Nur Erwachsene haben Probleme mit mangelnder Eindeutigkeit. Kinder haben damit keine Schwierigkeiten. Für Kinder ist es ganz normal, mit Mehrdeutigkeiten zu leben: Mit einem getrennt lebenden Vater dort und einer Mutter hier. Das läuft natürlich nur dann, wenn die Eltern ihre Auseinandersetzungen nicht auf dem Rücken der Kinder austragen. Kinder brauchen auch kein alleiniges Zuhause. Wir Erwachsenen brauchen das.

Aber oft scheinen sich Kinder doch ganz offenkundig für einen Elternteil zu entscheiden…

Wenn Kinder in Sorgerechtsverfahren klare Antworten liefern, zeigen sie damit meist vor allem eines: In welch hohem Grade sie bereits von außen von ihren wahren Empfindungen abgetrennt wurden, manipuliert wurden, fremdbestimmt wurden. Loyalitätskonflikte, die auch aus der Wahl zwischen den Eltern resultieren, begleiten viele Menschen bis in ihr Erwachsenenalter.

Einige Ihrer Kollegen meinen: Wenn die Väter sich nach Trennung oder Scheidung klar und deutlich zurückziehen, werden unnötige Probleme aus der Entwicklung ihrer Kinder herausgehalten.

Das ist in meinen Augen eine Sackgasse: Kinder müssen in der Zeit ihres Heranwachsens unmittelbar erleben, wie man mit Konflikten zwischen zwei Menschen umgeht. Und wie lernen sie das anders als durch die Vorbilder ihrer Bezugspersonen! Das erlernen sie nicht, indem eine Friedhofsruhe eintritt, in der es scheinbar keine Probleme gibt. Eine solche Ruhe lehrt Kinder, daß Beziehungen brüchig sind, daß es sich nicht lohnt, etwas auszuhandeln, und daß man anderen nicht trauen kann.

Der Loyalitätskonflikt: Wer liebt wen am meisten?

«Loyalität, die: a) Treue gegenüber der herrschenden Gewalt; b) Vertragstreue, Achtung vor den Interessen anderer» (aus dem Duden, Bd. 5, Das Fremdwörterbuch, 1990).

«Loyalitätskonflikte»: So nennen Scheidungsfachleute den Zwiespalt, in den Kinder geraten, wenn ihre Erziehungsberechtigten hinsichtlich der Kind-Eltern-Beziehungen unterschiedliche Interessen verfolgen. Machen Mutter und Vater sich vor und nach der Trennung gegenseitig mies oder versuchen sie, den Kontakt zwischen Kind und anderem Elternteil einzudämmen, sind diese Konflikte besonders ausgeprägt. Dann schwirren Kinder als hilflose Doppelagenten zwischen ihren Eltern hin und her. Kinder als Nachrichtenkuriere, die mit den Botschaften des einen den anderen treffen sollen.

Manche Kinder erleben die Besuchssituation nach der Scheidung immer wieder als «Verrat» an dem Elternteil, den sie verlassen müssen. Andere ergreifen Partei für denjenigen, der aus ihrer Sicht «hilfloser», «schutzbedürftiger» ist. Die Entscheidung für den einen führt bei anhaltendem Streit zwischen Mutter und Vater oftmals zur vollständigen Ablehnung des anderen.

Doch auch wenn sie es nicht zeigen: Fast alle Kinder haben Sehnsucht nach dem Elternteil, der von ihnen getrennt lebt. Sie wünschen sich, daß sie beide Eltern weiterhin unbeschwert liebhaben dürfen. Die einseitige Konzentration auf Mutter oder Vater verursacht bei ihnen heftige Schuldgefühle gegenüber dem Zurückgewiesenen. Mit ihren eigenen Problemen, mir ihrem eigenen Recht auf Entwicklung bleiben diese Kinder meist auf der Strecke.

Kinder spüren genau, was ihre Alten wollen. Klare Worte oder Verhaltensanweisungen sind dafür nicht notwendig. Gerade Eltern, die wissen, wie wichtig sie beide auch nach der Trennung für ihr Kind sind, benutzen – oft unbewußt – subtile, versteckte Mittel gegen den Ex-Partner. Sie mögen dem Kind verbal signalisieren, daß seine Kontakte zum anderen Elternteil «vollkommen in Ordnung» sind. Aber Mimik, Gestik, Tonlage, Betonung («Typisch *dein* Vater/*deine* Mutter!») und viele andere Signale (wenn das Kind vom Wochenende beim Vater erzählt, verstummt die Mutter und wechselt schnell das Thema) sprechen eine andere Sprache: Ablehnung! Um diese Ambivalenz auszuhalten, übernimmt das Kind häufig die Meinung des einen, verbliebenen Elternparts über den anderen. Das Kind weiß genau, was dieser (hören) will und erfreut ihn deshalb mit seiner «Umgangsverweigerung» oder mit entsprechenden Berichten über den anderen Elternteil.

Zunehmend bekommt das Kind den Eindruck, daß seine fortgesetzte Liebe zu Mutter *und* Vater irgendwie nicht in Ordnung ist. Ist mit ihm selbst nicht auch etwas in Unordnung? Ist es vielleicht selbst für das alles verantwortlich? «Zwischen Mutter und Vater hin- und hergerissen fühlte ich mich damals», erinnert sich die 26jährige Susanne fünfzehn Jahre nach der Scheidung ihrer Eltern. «Ich kann mich noch genau daran erinnern, wie ich zu meinem Vater am Besuchstag sagte: ‹Papa, ich will bei dir leben.› Um meiner Mutter dann wenige Stunden später dasselbe zu erzählen.»

Vor allem Mütter erwarten – bewußt oder unbewußt – in der Trennungssituation von ihrem Kind eine Loyalität, die es oft zur totalen Leugnung des Vaters zwingt. Mit «Wohl des Kindes», mit *Loyalität der Eltern gegenüber den Interessen ihres Kindes* hat das nichts zu tun. Übernimmt das Kind die negative Einstellung der Mutter über den Vater, gerät es oft in heftige Konflikte: Es muß seine Liebe, seine Eigenheiten und Wesenszüge «vergessen» und seine Gefühle zu ihm verschleiern. Es muß manchmal sogar so tun, als ob der Vater gar nicht vorhanden wäre.

Ein Vater berichtet: «Mein Sohn lernt, daß er seine Beziehung zu mir heimlich leben muß. Gegenüber seiner Mutter kann er dazu nicht stehen. Das erzeugt bei ihm ein Untergrund-Bewußtsein. Thorsten lebt in einem Zwiespalt. Neulich hat er mich der Mutter seines besten Freundes vorgestellt und zu ihr gesagt: ‹Das da ist der böse Mann.› Dann stellte er sich demonstrativ vor mich und umarmte mich, um ihr zu zeigen, was er von diesem bösen Mann hält.»

Kinder wie Thorsten haben oft ein langes Verdrängungstraining hinter sich. Sie wachsen mit einer Lebenslüge auf, mit einem Geheimwissen: «Eigentlich hab ich ja beide lieb. Aber das dürfen die beiden nicht wissen.» Sie fangen an zu verdecken, ihre Gefühle zu verdrängen. Aber Kinder kann man nicht halbieren. «Verdrängte Empfindungen, möglicherweise über Jahre hinweg, sind (...) fraglos so etwas wie das Rohmaterial für vielerlei Störungen bis hin zu schweren Verhaltensstörungen»[111], weiß Otto Gaier aus seiner Praxis als Kinderpsychologe.

Loyalitätsbrüche sind immer auch *Identitätsbrüche:* Dadurch, daß ein Elternteil den anderen abwertet, vielleicht sogar verbannt, wird auch ein bedeutender Teil des Kindes herabgestuft: ein Teil seiner Persönlichkeit – ein Teil seiner Lebensgeschichte.

Die Familientherapeutin Elisabeth Mackscheidt: «Kinder fühlen sich zerrissen, wenn sie den Eindruck gewinnen, daß es sich nicht verträgt, Vater *und* Mutter zu lieben; wenn sie in sich selbst eine Spaltung vollziehen müssen zwischen der Welt des Vaters und allem, was diese für ihre eigene Identität bedeutet, und der Welt der Mutter. Nicht daß diese beiden Welten verschieden sind und in gewissem Ausmaß auch unterschiedliche Regeln in ihnen gelten, ist das Problem der Kinder, sondern die Erfahrung einer gegenseitigen Entwertung dieser Welten (...) verzweiflungsvoll ist für ein Kind der Gedanke, daß es im Grunde wählen muß, ob es Vaters oder Mutters Kind ist. Es möchte nicht nur die Sicherheit haben, daß beide Eltern ihm zugetan bleiben, daß es keinen von beiden verliert, sondern es braucht auch selber das Bewußtsein, sich loyal zu verhalten, und zwar beiden Eltern gegenüber.»[112]

Auf der Suche nach den eigenen Wurzeln

«Wenn meine Tochter älter ist, wird sie ihre Mutter fragen: ‹Warum hast du dich so verhalten, Mama?› Jetzt lebt sie in dem Glauben, daß ihr Vater jemand ist, der sich nicht um sie kümmern wollte. Jemand, der böse zu ihrer Mutter war. Doch irgendwann wird sie durchschauen, daß ihr etwas genommen worden ist. Und zwar von ihrer wichtigsten Bezugsperson: ihrer eigenen Mutter. Das wird sicherlich auf das Verhältnis zur Mutter Auswirkungen haben»
(ein Vater «ohne Umgang»).

Immer mehr Kinder, vor allem außerehelich geborene, machen sich in der Pubertät und in der Adoleszenz auf die Suche nach ihren Wurzeln. Die meisten haben keinerlei persönliche Erinnerungen an ihren leiblichen Vater. Meist hat sie der neue Partner ihrer Mutter adoptiert, als sie noch in den Windeln lagen. «Viele Kinder erfahren erst mit fünfzehn oder sechzehn Jahren, daß sie noch einen anderen Vater haben, und wenden sich dann auf der Suche nach dem fehlenden Zweig ihres Stammbaumes an uns», berichtet der Leiter einer westdeutschen Adoptionsvermittlungsstelle.[113]

Die Folge ungelebter Kind-Vater-Beziehungen: Je übersichtlicher, je marginaler die «realen» Erfahrungen der Kinder mit dem Vater gewesen sind, desto größer ist nun das Zerrbild von ihm: positiv wie negativ. Jahrelang hegten sie ungestillte Sehnsüchte und überzogene Wunschbilder – Bilder, die sie nicht durch eigenes Wissen, durch eigene Erfahrungen korrigieren konnten. «Vater»: das sind realitätsferne

Idealisierungen, das sind düstere Imaginationen, die nicht an der Wirklichkeit des realen Vaters überprüft werden können. Eine unbekannte Variable, diese Person. Ein Buch mit sieben Siegeln. Die Kinder phantasieren einen Vater, mit dem sie sich nie auseinandersetzen, an dem sie sich nicht reiben konnten. Sie konnten weder positive noch negative Gefühle aufbauen: Für ihn, gegen ihn und mit ihm.

Kinder, die ihren Vater vollständig ausblenden müssen, haben keinerlei Möglichkeiten, das von ihrer Mutter aufgebaute «Vaterbild» zu überprüfen. Eine eigene Meinung können sie sich nicht von ihm bilden, geschweige denn eine autonome Beziehung aufbauen. Was oder wie ihr Vater ist, diese Ansicht übernehmen die Kinder von ihrer Mutter. Oft erkennen sie erst später, wer das Drehbuch «Dein Vater, dieser böse Mann» geschrieben hat.

Ihre Phantasiebilder brechen nun plötzlich auf. Die Kinder spüren: Ein Teil meines Lebenspuzzles fehlt mir. Sie fragen sich: Wer bin ich eigentlich? Woher komme ich? Wer kann ich sein?

Das Ziel mancher Mütter, den Vater möglichst komplett aus dem Leben ihres Kindes auszublenden, schlägt häufig ins Gegenteil um. Für den Sozialpsychologen Otto Gaier stellt die *Verhinderung* oder auch nur die *Behinderung* des Zugangs zum anderen Elternteil ein «ziemlich sicheres Mittel» dar, um in der Pubertät eine Kehrtwende herbeizuführen. Heranwachsende im «emotionalen Frontwechsel»: weg von der Mutter, hin zum Vater. Die oft bedrückende, einengende Beziehung zwischen Mutter und Kind gerät in die Krise. Für viele Mütter ist der gewohnte Hausfrieden jetzt erst einmal vorbei. Plötzlich fliegen die Fetzen. Ihre pubertierenden Kinder konfrontieren sie mit ihrer starren Haltung, machen ihnen Vorwürfe und entwickeln zum Teil heftige Aggressionen.

Otto Gaier beobachtet immer wieder, daß Jugendliche sich in der Pubertät «zeitverschoben» mit dem zuvor verbannten Vater liieren – «Nacharbeit» des behinderten oder vollständig verhinderten «Umgangs» mit dem «unbekannten Mann». Er wertet dies als Indiz dafür, daß die Vaterdefizite bereits «bleibende Wunden» hinterlassen haben. Denn diese späte «Verbindung» vollzieht sich zu einem Zeitpunkt, wo andere Heranwachsende sich bereits von *beiden* Eltern lösen. «Manchmal hat man fast den Eindruck, als würde die verengte Kindheitsbeziehung zum Sorgeberechtigten auf den Umgangsberechtigten verschoben und dort noch einmal nachgespielt. Wenn Jugendliche das erlittene Leid ihrer Kindheit auf diese Weise kompensieren, so ist dies aber nicht altersgerecht. Es ist schlicht deplaziert.»[114]

Regelmäßigen, alltäglichen «Umgang» mit dem Vater hätten die Kinder eigentlich in einer viel früheren Altersstufe benötigt. Lebendige, emotionale Beziehungen und Intimität, die nur durch beständiges Miteinandersein entstehen, lassen sich jetzt nicht mehr aufbauen, geschweige denn nachholen. Viele dieser Kinder werden mit schweren Bindungs- und Beziehungsproblemen ins Erwachsenenleben entlassen.

Wie erleben Kinder und Väter lange Phasen des Voneinander-Getrennt-Seins? Wie können sie wieder in Kontakt kommen? Mit diesen Fragen beschäftigt sich der Psychotherapeut Willi Butollo in seinem fesselnden Buch «*Die Suche nach dem verlorenen Sohn. Von der Lebendigkeit des Totgeschwiegenen*» (Piper 1993). Sensibel analysiert Butollo die Geschichte behinderter Vater-Kind-Beziehungen. Bei Kindern, die mit sozialen Vätern aufwachsen und diese für ihre leiblichen Väter halten, setzt im Erwachsenenalter häufig eine besessene Suche, ein zähes Ringen nach ihrer Identität ein. Erst wenn diese Kinder und Väter sich – nach mitunter jahrzehntelang abgerissenen Kontakten, nach langer Zeit der inneren Zerrissenheit – kennengelernt haben, kommen beide «zur Ruhe».

Butollo, Professor für klinische Psychologie an der Universität München, bezeichnet es als «Mißbrauch», als «Behinderung und Entstellung von Menschenwürde und Menschenrecht in den elementarsten zwischenmenschlichen Beziehungen», daß Kindern, aus Angst heraus, sie könnten die Wahrheit nicht verkraften, ihre wahre Herkunft vorenthalten und der Kontakt zum anderen Elternteil verwehrt wird. «Wer soll wirklich geschont werden mit solchen Geheimnissen?» Butollos Antwort ist eindeutig: die ausgrenzende Elternperson und ihre Befürchtung, alles werde zusammenkrachen; ihre Ängste, die Beziehung zum neuen Partner und zum Kind sei gefährdet.

Butollos Ausführungen sind ein Plädoyer für die Transparenz zwischenmenschlicher Beziehungen: Konflikte, die sich aus «geleugneter oder tabuisierter Elternschaft» ergeben, sind «Beziehungswirklichkeit». Werde diese totgeschwiegen, «kostet das unmerklich Kraft, die dem Leben anderswo und ständig fehlt». Die betroffenen Kinder leben in einer Welt von Heimlichkeit, Versteckspiel und Doppelbödigkeit, von Verleugnung und Verdrängung: «Verleugnete Beziehungen verursachen – wie alle Verdrängung – hohe psychische Kosten; sie können die Entstehung von

Identität, die Persönlichkeitsentwicklung beeinträchtigen, verhindern.»

Nicht gelebte Vater-Kind-Beziehungen können nicht wiederholt werden, schreibt Butollo. «Es gibt meist nichts mehr nachzuholen, nichts zu ersetzen, sondern nur die Chance, das schwere Schicksal und die zwar nicht gelebte, aber existente Beziehung zu würdigen.» Deshalb ermuntert er Kinder und getrennt lebende Eltern, das Gespräch zu suchen: «Der Mut, diesen Dialog zu versuchen, ist die wesentliche Vorausetzung dafür, daß der Dialog zwischen Kindern und denjenigen Eltern, die aus der Restfamilie ausgeschlossen sind, aufrechterhalten bleiben bzw. erst geschaffen werden kann.»

«Das Kind ist nach den Besuchen immer völlig durcheinander!»

«Der Schlüssel zu meinem Sohn liegt meiner Meinung nach ganz bei seiner Mutter. Entweder sie bringt ihm bei: ‹Dein Vater war schlecht. Er will nichts von dir wissen. Nun sollst du auch nichts mehr von ihm wissen. Und wenn du etwas wissen mußt, dann nur Schlechtes.› Oder sie klärt ihn irgendwann auf, daß die Beziehung seiner Eltern gescheitert ist. Aber daran war das Kind nicht schuld» (ein Teilzeitvater).

Eine «klare Lösung» ist für alle das beste. Die Kinder müssen wissen, wo sie hingehören: Dieses Gefühl haben viele Mütter nach Trennung oder Scheidung. Verläuft der Erziehungsalltag ohne Vater nicht «reibungsloser», nicht «störungsfreier» als mit ihm? Würde er überhaupt allein mit den Kindern klarkommen? Hat er sich überhaupt schon mal um die Kinder gekümmert? Eigentlich nur selten, also soll er sich jetzt auch heraushalten!

Das «Besuchsrecht» diene nur dem Ex-Partner und überfordere das Kind. Das Kind müsse «zur Ruhe kommen» und «Abstand gewinnen». Das haben die anderen doch auch gesagt – Angehörige, Freundinnen, der neue Partner, der Hausarzt, der Anwalt, der Therapeut. Und die Broschüren des *Verbandes alleinstehender Mütter und Väter* (VAMV). Mit diesem «guten Rat» stornieren viele Mütter die Beziehung zwischen Kind und Vater. Oder sie reduzieren die Kontakte auf ein – für sie – erträgliches Maß.

«Mein Kind ist nach dem Besuchstag beim Vater immer vollkommen durcheinander. Total unbrauchbar!» So lautet das klassische Argument, mit dem die abgewürgten Begegnungen zwischen Kindern und Vätern begründet werden. In der Tat sind Kinder, vor allem Vor- und Grundschulkinder, die vom Wochenende beim Vater zurückkehren, oft unruhig und «total aufgedreht». Einige sind traurig und verängstigt, andere werden plötzlich aggressiv.

Diese Reaktionen der Kinder beziehen sich fast immer auf das feindselige Beziehungsklima zwischen den Eltern und auf ihre *viel zu kurzen Besuchszeiten* beim Vater, nicht auf Mama oder Papa als Personen. Immer wieder werden ihre Besuchstage sabotiert, verweigert, mit immer neuen Ausreden abgesagt und verschoben. Immer wieder werden sie an die Trennung ihrer Eltern erinnert. Wie sollen sie anders darauf reagieren als verstört? Je heftiger der Grabenkampf zwischen Mutter und Vater tobt, desto schwieriger ist es für sie, frohen Herzens von einem zum anderen zu wechseln. Kein Wunder, daß manche Kinder bei solchen Bedingungen schon Tage vor dem Besuchstag nerven, daß ihnen mitunter «richtig übel» wird, wenn «der Tag» bevorsteht.

> «Zweifellos braucht das Kind nach der Scheidung Ruhe. Aber nicht seine eigene, sondern die Ruhe der Eltern. Das Kind muß lernen, sich trennen zu können und darauf zu vertrauen, daß der nun außerhalb lebende Elternteil erhalten bleibt. Eine Unterbrechung der Besuche würde die Ängste des Kindes, den anderen zu verlieren, geradezu bestätigen» (Helmuth Figdor, Psychotherapeut).

Vor allem in der akuten Trennungsphase haben Kinder große Angst, nun auch noch den verbliebenen Elternteil zu verlieren. «Geht Mama jetzt etwa auch noch weg?», befürchten insbesondere die Jüngeren. Sie reagieren auf die Trennung ihrer Eltern mit umgänglichem, verschmustem Verhalten und verengen ihre Beziehung zur Mutter. Wenigstens ihre Liebe wollen sie bewahren – Psychologen nennen das «Überbindungsverhalten». Diese Bündnistreue der Kinder wiederum bestärkt die Mutter in ihrem Verhalten: Macht sie nicht alles goldrichtig? Den Kindern geht's offensichtlich wieder prima. Seitdem sie ihren Vater nur noch selten oder gar nicht mehr treffen, sind ihre «Auffälligkeiten» wieder verschwunden. Sie wollen anscheinend auch nichts mehr mit ihm zu tun haben. Offensichtlich haben sie sich daran gewöhnt, daß die Begegnungen reduziert oder ausgesetzt worden sind ...

Bei solchen Überlegungen vergessen Mütter, daß ihre Kinder ihnen und ihren Ansichten schnell folgen. Wenn Mutter nicht will, will das Kind auch nicht: Kinder wollen den gesicherten Rest an verläßlicher Elternliebe nicht auch noch aufs Spiel setzen. Deshalb passen sie sich an die – bewußt und unbewußt geäußerten – Erwartungen ihrer Mutter an. Sie spüren ihre ablehnende Haltung genau und fürchten, ihr weh zu tun, wenn sie freiwillig und freudig zum Vater gehen. Schließlich verkünden sie, anscheinend von selbst, daß sie Papa nicht mehr treffen wollen.

Solche Reaktionen – von Mißbrauchsfällen abgesehen – sagen so gut wie nie etwas über eine Abneigung gegen den Vater oder den Kontakt mit ihm aus. Ebensowenig erhellen sie die tatsächliche Qualität der Kind-Vater-Beziehung. Deutlich hingegen belegen sie die noch immer schwelenden Elternkonflikte. Und den Druck, der auf das Kind ausgeübt wird. Wenn Kinder sich gegen den Kontakt zum anderen Elternteil wehren, offenbart das vor allem ihren verzweifelten Versuch, die ihnen aufgenötigten Loyalitätskonflikte zu bewältigen.

Entgegen weitverbreiteter Einschätzung bringt der Ausschluß des «Umgangsrechts» für Kinder keine «Beruhigung» mit sich. Der «eindeutige Schlußstrich» ist für sie die schlechteste aller Lösungen. Fast alle Mädchen und Jungen leiden unter dem Verlust des Vaters, auch wenn sie das nicht offen aussprechen oder zeigen.

Was bleibt, sind Wunden, die Außenstehende nicht sehen. Wunden, die oft nach Jahren wieder aufbrechen. Ruhe, warnt der Psychotherapeut Helmuth Figdor, ist genau der falsche Weg. Eine *Scheinruhe:* «Je intensiver und je unbelasteter der Kontakt des Kindes zum Vater bleibt, um so weniger muß es ihn später zum übermächtigen Märchenprinzen idealisieren.»

Unter normalen Umständen lernen Kinder nach ein paar Monaten, mit der neuen Familiensituation umzugehen. Voraussetzung: *Ihre Eltern arbeiten zusammen und lassen Ruhe einkehren.*

«Umgangsprobleme» sind keine Probleme der Kinder, sondern ihrer Eltern. Das «Ruhepostulat» dient in den meisten Fällen ausschließlich den Bedürfnissen der Mütter. Nicht den Bedürfnissen der Kinder. *Die Abwesenheit ihres Vaters trägt viel Unruhe in ihre weitere Entwicklung hinein.* In ihrem Interesse käme es darauf an, die Elternkonflikte zu verknappen und die «Besuchszeiten» auszudehnen. Nicht umgekehrt!

«Es gibt kein Argument, die Ausgrenzung des Vaters zu rechtfertigen»

Gewöhnlich geben psychologische Sachverständige grünes Licht, wenn eine Mutter vor ihrem Ex-Mann ihre Ruhe haben will. Auch dann, wenn sie zu keinem Kompromiß bereit ist. Die Auszüge aus dem folgenden Gutachten sind ein seltener Fund aus der deutschen Sachverständigenpraxis.

«Es geht im vorliegenden Fall ohne Wenn und Aber um die Rechte des Kindes. Um sein Recht auf freien Zugang zu beiden Menschen, denen es seine Existenz verdankt. Das sind Mutter und Vater. Kein Elternteil hat das Recht, die Beziehungsebene zwischen Kind und dem anderen Elter zu behindern. Kinder, allemal Kinder im Vorschulalter, entwikkeln sich nicht allein durch einen für sie verfügbaren und versorgenden Elternteil zu psychisch gesunden und sozial kompetenten Persönlichkeiten. Dazu brauchen sie vielmehr auch Kontakte zum anderen Elternteil, und zwar möglichst spannungsarme. Das können auch Vatersurrogate, zum Beispiel in Gestalt eines Großvaters, nicht voll kompensieren. Die Bindungsgestalt zwischen einem Kind und seinen beiden Elternteilen ist ein hohes, ein zu schützendes Gut.

Kontakte zwischen abwesendem Elternteil und Kind können dann, wenn dieser Elternteil dem Kind gegenüber aufrichtig Elternverantwortung tragen will, wohl kaum schaden, sondern nur immer zum Nutzen des Kindes sein.

Die Mutter nimmt ihre Aufgaben sehr ernst, daran kann man nicht zweifeln. Aber in diesem ganz entscheidenden Punkt ihrer Aufgabenverpflichtungen als Mutter fühlt sie nicht, wie sehr sie in die Rechte und Entwicklungsbedingungen ihres Kindes eingreift, oder sie fühlt es doch, kann aber aus ihrer Verstrickung nicht heraus. *Es gibt kein noch so wichtiges Argument, keine noch so logisch aufgebaute Argumentation, mit dem die Ausgrenzung des Vaters zu rechtfertigen wäre.*

Was man der Mutter vielleicht vorhalten kann, ist, daß sie es bei dem jetzigen Beziehungsstatus beläßt, daß sie nichts unternimmt, aus ihren emotionalen Verstrickungen dem Vater gegenüber herauszukommen. Da *die Kosten für dieses ‹Aussitzen› vor allem das Kind zahlt,* muß ohne Wenn und Aber konstatiert werden, daß durch das Nichtstun die Sorgepflichten der Mutter nicht adäquat erfüllt werden. Natürlich kann die Mutter nicht über ihren emotionalen Schatten springen. Sie hat ihre Gefühle, und sie hat ein Recht auf ihre Gefühle.

Derartige gefühlsmäßige Verstrickungen sind aber kein unabänderliches Schicksal. Man kann durch Beratung und Therapie viel aufarbeiten und bewältigen. Solange die Mutter als Frau nicht anders handeln kann, als jede Annäherung zum Ex-Partner als Selbstschutz aus Angst vor Verletztungen zu vermeiden und zu konterkarieren, bleibt sie als Mutter paralysiert, und die Beziehungen zwischen Kind und Vater bleiben auf der Strecke.

Eine Lösung für das Kind kann nur von den Beteiligten kommen. Beide sollten sich beraten lassen, um ihre Beziehungsproblematik, ihre Kommunikations- und Dialogdefizite zu überwinden, um darüber zu einem souveränen, respekt- und würdevollen Umgang miteinander zu kommen.»

(*Hervorhebungen* vom Autor)

9. Väter auf Visite – Stunden gehetzter Zärtlichkeit

Joachim hat seine Tochter in den ersten 78 Wochen nach der Scheidung insgesamt drei Stunden gesehen. Mittlerweile treffen das dreijährige Mädchen und der fremde Mann zweimal im Monat aufeinander: Eine Diplompädagogin bringt Jana in ein Zimmer mit viel Spielzeug plus einem wartenden Vater – der «*Eltern-Kind-Treffpunkt*» einer Münchner Erziehungsberatungsstelle – und holt sie 120 Minuten später wieder ab. Ihre Mutter wartet bereits im Nebenraum.

Kalle lebt von seinem Sohn eine Straße entfernt. Als er sich von seiner Freundin trennte, lag Carsten noch in der Wiege. Vier Jahre später: Carsten besucht Kalle alle drei Tage in dessen Wohnung. Am nächsten Morgen bringt ihn sein Papa dann in den Kindergarten.

Frank hat seinen Sohn vor einem dreiviertel Jahr das letzte Mal gesehen. «Bei einem konspirativen Treffen in einer Eisdiele», erinnert sich der Tontechniker. «Nach 90 Minuten war alles wieder einmal vorbei. Boris ist jetzt sechs Jahre alt und weiß nicht, wer oder was ich bin. Das ist wirklich ein komisches Gefühl: Da sitzt du unter vielen Leuten, und dann geht deine ehemalige Frau mit dem gemeinsamen Kind wieder weg – als wäre das mal eben so ein zufälliges Zusammentreffen auf einer Autobahnraststätte gewesen.»

Rinus holt seine Töchter einmal pro Woche von der Schule ab. Seine geschiedene Frau arbeitet an diesem Tag bis zehn Uhr abends. Währenddessen macht er den Kindern Abendbrot und bringt sie ins Bett. Die Nacht schläft er im Gästezimmer. Am nächsten Morgen frühstükken alle noch zusammen. «Der Kontakt zu meinen Töchtern ist gut», sagt Rinus.

Vier Väter in der «Zeit danach». Ob als Wochenend-, Tages-, Stunden- oder Quartals-Väter: Die Beziehung zu ihren Kindern ändert sich nach Trennung oder Scheidung gewaltig. Was Vätern bleibt, ist – Trauschein oder Einwilligung der Mutter vorausgesetzt – ein «Umgangsrecht».

Dieses Recht besagt zuerst einmal, daß ein Vater nach Trennung oder Scheidung im Leben seiner Kinder weniger Bedeutung hat. Viele Väter richten sich damit ein: Termingerecht überweisen sie den Unterhalt. Am Wochenende ziehen sie mit ihren Töchtern und Söhnen los. Manchmal verreisen sie zusammen in den Schulferien. Bei Abschlußfeiern, bei Geburtstagen oder wenn das Kind im Krankenhaus liegt, kommen sie vorbei. Ansonsten halten sie sich als seltener, oft sehnsüchtig erwarteter Familiengast im Hintergrund.

Auf einmal ist es nicht mehr da – das tägliche Zusammensein, der gemeinsame *Alltag:* Das Gespräch beim Essen. Die Begegnung im Korridor. Miteinander lachen und reden; sich streiten und wieder vertragen; raufen und toben. Beständige Anregung. Dem Kind Trost und Bestätigung geben, seine Fragen beantworten. Das Kind ins Bett bringen; das Kind in den Kindergarten fahren und vom Turnen abholen. Das Wissen, da ist jemand. Und wenn er jetzt nicht da ist, dann wird er bald kommen.

Gefühlvolle, lebendige Beziehungen zwischen Kind und Vater bleiben leicht auf der Strecke, wenn beide nicht mehr unter einem Dach zusammenleben. Was fehlt, ist kontinuierliche, menschliche Präsenz. Und Zuwendung, die scheinbar von selbst entsteht, indem man beisammen ist. Gemeinsamkeiten gehen verloren und werden nicht mehr aufgebaut.

Vater-Morgana: «Ich merke einfach nicht mehr, wie meinem Kind innerlich zumute ist»

«Seit der Scheidung merke ich, daß ich die Entwicklung meines Sohnes gar nicht mehr richtig mitbekomme. Dann kommt Patrick mir auf einmal ein ganzes Stück größer vor. Früher habe ich an seinem Leben richtig teilgenommen. Ich wußte über alles Bescheid – über den Kindergartenkram, seine besten Freunde, seine Krankheiten. Wenn man dasselbe Kind dann nur noch einmal im Monat sieht, bekommt man das alles nur erzählt. Wenn überhaupt. Man erlebt es nicht mehr mit.»

Bodo ist verunsichert. Er fühlt sich von seinem Sohn abgeschnitten. Wie ein Vertriebener. «Bin ich überhaupt noch wichtig für ihn?» fragt er sich häufig nach seinem «Umgangswochenende». Dann guckt er in den Kalender und weiß, daß das nächste Wiedersehen noch in weiter Ferne liegt. In dreißig Tagen. Nach so einer langen Besuchspause passiert es manchmal, daß Bodo «ein ganz neues Kind» erlebt.

Väter wie Bodo spüren eine zunehmende Entfernung, eine zunehmende Entfremdung, wenn sie ihre Kinder längere Zeit nicht gesehen haben. Wenn die Kinder noch klein sind, fällt es Vätern besonders schwer, ihre Entwicklung mit zu vollziehen. Tag für Tag entwickeln sie sich einen Schritt weiter. Ihre Gesten und ihr Verhalten wechseln, ihr Sprachschatz wächst. «In letzter Zeit merke ich, wie die Entwicklung meiner Tochter an mir vorbeigeht. Sie macht riesige Schritte, und ich merke einfach nicht mehr, wie ihr innerlich zumute ist», erzählt ein anderer Vater.

Vielen Trennungs- und Scheidungsvätern wird auf einmal klar, wie weit sie vom wirklichen Leben ihrer Kinder weg sind. Was wissen sie schon von ihnen? Über die wichtigsten Ereignisse aus dem Alltag ihrer Kinder erfahren sie nur wenig. Mit wem ihre Kinder in der Schule Streit haben? Mit wem sie sich nachmittags treffen? Keine Ahnung! Dieser Einschnitt zwischen den Kindern und ihnen wird einigen Vätern ganz drastisch bewußt: «Neulich habe ich Patrick zu einem Kindergeburtstag gefahren. Sein bester Freund begrüßte ihn an der Tür mit den Worten: ‹Wer ist denn dieser Mann?›»

Noch vor kurzem kamen vielen Vätern ganz «praktisch-alltägliche Dinge» in den Sinn, wenn sie an ihre Kinder dachten: «Schön, daß Julia in Mathe wieder Land sieht.» – «Mein Gott, war Clemens heute morgen am Frühstückstisch wieder nervig.» – «Heute abend muß ich mit den beiden mal wieder Memory spielen.» Oder: «Mist, ich habe vergessen, die Windeln für Sonja zu kaufen.» Und jetzt?

Das «Bild» von den Kindern verändert sich nach der Trennung. Vätern bleibt für Wochen und Monate oftmals nur der Blick auf ein paar vergilbte Fotos. Dann schwelgen sie in – häufig geschönten – Erinnerungen an gemeinsame Stunden: «Das Lächeln meiner Tochter»; «Wie mein Sohn mich verstohlen anguckt, wenn er etwas ausgefressen hat»; «Seine Tränen in den Augen»; «Am Sonntag haben wir immer im Bett mit den Kissen herumgetobt»...

Das alles sind jetzt nur noch Rückblicke, die zusehends verblassen. Die Stunden (und Tage), in denen Mann Vater ist, sind rar geworden. Noch betrachtet er sich als Vater. Vatersein wird aber immer schwerer – nicht nur praktisch, sondern auch gedanklich. Gleicht er nicht immer mehr einem «Vater ohne Eigenschaften?» Läuft er nicht plötzlich einem Trug-Bild hinterher?

Einer Vater-Morgana?

Je öfter Vater und Kind sich sehen, um so heller sind die Erinnerungen. «Gruselig wird es, wenn du dir gar nichts mehr vorstellen kannst», erzählt ein Vater. «Das letzte Mal begegneten wir uns zufällig auf der

Straße. Das war vor einem Jahr, ich habe ihn kaum wiedererkannt. Dann wird alles häßlich und schwarz. Du kannst nur noch daran denken, daß du dein Kind *nicht* sehen darfst. Du denkst zurück an die schrecklichsten Auseinandersetzungen mit deiner Ex-Frau und wie die Kinder dazwischenstanden. Auch an die gerichtlichen Debatten wegen der Umgangssperre, die nichts brachten.»

«Sonntagsvater? Damit wäre ich schon sehr zufrieden!»

Wie einschneidend Väter die neuen «Umgangsformen» erleben, hängt vor allem davon ab, wie intensiv ihre Beziehung zu den Kindern vorher gewesen ist. Für einen Vater, der vor der Trennung in Beruf und Erziehung «seinen Mann stand», sind Kontakte nach der Formel «großzügiges Umgangsrecht» fast gleichbedeutend mit dem Ende seiner Verbindung zum Kind. Ein 60-Stunden-Manager hingegen dürfte eine solche Besuchsregelung als «vollkommen ausreichend» einstufen.

Väter mit besonders kargen «Besuchsbudgets» haben die größten Schwierigkeiten mit ihrem «Teilzeitvater-Dasein». Wie *Zaungäste* fühlen sich. Oft mußten sie von einem Tag auf den anderen von ihrer aktiven Vaterrolle Abschied nehmen. So werden sie vom präsenten Papa zum prominenten Onkel.

«Ich bin nur noch ein punktuell präsenter Vater», beschreibt Lutz diesen Zustand. Wie vielen anderen Vätern ist es ihm ergangen: Der Kontakt zu seiner siebenjährigen Tochter wurde «fast auf null» heruntergeschraubt. Lutz ist 34 Jahre alt und macht Pressearbeit bei einer Umweltschutz-Organisation.

«Ich habe Marlina jetzt seit sechs Wochen nicht gesehen. Was wir machen, wenn sie bei mir vorbeikommt? Das Problem ist, wir machen viel zuwenig miteinander, weil die Zeit zu kurz ist. Wir können keine richtige Beziehung im Sinne von Miteinandersein entwickeln. Da kommen immer nur irgendwelche Aktivitäten heraus, bei denen ich mich meistens sehr unwohl fühle. Man fährt ein bestimmtes Ziel an, einen Tierpark, einen Zirkus, erlebt da etwas und fährt wieder zurück. Danach bräuchten wir eigentlich Zeit, um darüber zu reden, was wir erlebt haben. Diese Zeit haben wir aber nicht.

Sonntagsvater? Ich bin nicht einmal das. Denn dieser Begriff beinhaltet ja wohl, daß man sich jeden Sonntag sieht. Damit wäre ich schon sehr zufrieden! Ich bin ein Wochenendvater – und das nur ein- bis zweimal im Quartal.»

Marlina fühlt sich auch nicht wohl bei diesen seltenen Ausflugsstunden mit ihrem Vater, vermutet Lutz. In der Tat können die spärlichen Vatereinheiten auch für Kinder sehr befremdlich, sehr künstlich sein. Bei manchen «Besuchsvereinbarungen» – wenige Stunden einmal im Monat – ist eine lebendige Vater-Kind-Beziehung *von vornherein* nicht aufrechtzuerhalten. *Hier ist die Vater-Morgana auch für das Kind bereits vorprogrammiert.*

Bei Kindern unter drei Jahren verschwimmt das Bild vom Vater schon nach drei bis vier Tagen. Da wird Papa schnell zum Fremden, auch dann, wenn beide vorher ein enges Verhältnis hatten. Erst im Schulalter sind Kinder nicht mehr so abhängig davon, wie oft sie den außerhalb lebenden Elternteil sehen. In Gedanken können sie die räumliche Trennung teilweise überwinden. Sie können ihren Vater anrufen, ihm schreiben und so «in Verbindung» bleiben.

Viele «Umgangsregelungen» blenden das *Zeitgefühl von Kindern* vollständig aus. Eigentlich müßten die Abstände zwischen den Treffen für das Kind, seinem Alter entsprechend, *überbrückbar* sein. Je kleiner die Kinder, desto häufiger die Kontakte, empfehlen deswegen fast alle Kinderpsychologen ratsuchenden Eltern (vgl. S. 191ff.).

Weit auseinandergezogene Aufeinandertreffen stellen sich insbesondere für jüngere Kinder als eine Kette von Abbrüchen dar. Solche *Erwachsenen*-Regelungen können sie kaum überblicken. Sich sehen und dann lange (wie lange?) wieder nicht sehen: Immer wieder wird ihr Draht zum Vater abrupt unterbrochen. Da kommt der Vater plötzlich aus dem Nichts und verschwindet nach kurzer Zeit auch wieder dorthin. Für ein schlichtes Miteinander, das aufhört und ganz bald wieder weitergeht, steht er meistens nicht zur Verfügung. Je seltener Vater und Kind zusammentreffen, desto mehr wird der Vater zum «treulosen Freund».

Unberechenbar und unzuverlässig ist er, dieser «Freund». Emotionale Beziehungen lassen sich mit ihm nur schwer fortentwickeln oder gar aufbauen. Was fehlt, ist eine altersgemäße Kontinuität zwischen Vater und Kind. *Es gibt keine Eltern-Kind-spezifische Geschichte.*

Viele Kinder fangen in dieser Situation an zu zweifeln: Lohnt es sich überhaupt noch, für diesen Vater Gefühle zu investieren? Ist es nicht einfacher, wenn sie ihm ganz aus dem Weg gehen?

«Man stelle sich einmal vor, ein Kind habe eine Puppe, die es seit vielen Jahren über alles liebt. Eines Tages nimmt die Mutter dem Kind die Puppe weg. Dann erhält das Kind plötzlich die Puppe für wenige Stunden zurück. Danach wird sie wieder für sechs Wochen weggeschlossen. Ob wohl das Kind die Beziehung zu seiner Puppe weiter pflegen wird?» (Michael Blank, Trennungs- und Scheidungsberater)

Die Vater-Morgana, diese *gegenseitige Entfremdung zwischen Kind und Vater*, spürt auch Holger deutlich. Der Pastor sieht seine Tochter Gesa (8) nur noch alle sechs Wochen. Vom Sonntagsgottesdienst bis zum Abendessen.

«Ab und zu rufe ich sie an», berichtet er. «Aber in der letzten Zeit merke ich, daß meine Tochter diesen Telefonaten ausweicht, daß sie nicht gern mit mir spricht, weil sie auch nicht weiß, wie sie eine Beziehung über das Telefon gestalten soll. Ich habe ihr letzte Woche ein Päckchen geschickt, habe ihr ein Papier mit großen Lettern geschrieben, so daß sie es selber lesen konnte. Eine Antwort bekomme ich nicht. Vor einigen Monaten habe ich noch einige Bilder und eine Einladungskarte zu ihrem Geburtstag bekommen. ‹Lieber, lieber Papa!› stand da drauf. Ich glaube, daß Gesa noch viel für mich empfindet. Das hat ihre Mutter mir bis vor kurzem auch bestätigt, doch in letzter Zeit verschwindet das sehr deutlich. Oft frage ich mich: Wie kann ich meinem Kind überhaupt noch Vater sein?»

Das Wechselspiel zwischen plötzlichem Wiedersehen und langem Abschiednehmen bereitet auch Vätern große Probleme. Einige hokken nach den «Meetings» tagelang apathisch in ihrer Wohnung herum. Andere stürzen sich besinnungslos in Arbeit.

Wolfgang, 40, lebt «richtig hin» auf die Begegnungen mit seinen Töchtern: «Alle drei bis vier Wochen sehen wir uns. Nach unserem Wochenende falle ich immer in ein emotionales Loch, weil unsere Beziehung so intensiv ist. Dann weiß ich, daß wir uns erst einmal einen Monat nicht sehen werden. In Gedanken bin ich noch lange bei Jennifer und Stefanie. Ich sehe ihre Spielsachen hier in der Wohnung herumliegen. Da stolpert man dann drüber, und Stunden zuvor war alles noch ganz lebendig. Natürlich geht es mir auch gut, weil sie bei mir waren und es schön war. Aber es ist immer auch ein Verlustgefühl mit dabei. So wie nach einem Urlaub, an den man noch lange denkt, bis einen der Alltag langsam wieder einholt.»

«Die Beziehung zu meinen Kindern ist eine Geschichte ewig neuer Abbrüche»

Im Vergleich zu vielen anderen Trennungs- und Scheidungsvätern kann Dietmars Umgangsregelung als geradezu üppig bezeichnet werden. Alle zwei Wochen kommen seine drei Söhne zu ihm in die Wohnung. Trotzdem beschreibt er die Beziehung zu seinen Kindern als eine «Geschichte ewig neuer Abbrüche». Dietmar, 37, ist Lehrer an einer Fremdsprachenschule. Auch seine Frau ist und war berufstätig. Für Erziehung und Haushalt waren sie beide in gleichem Maße verantwortlich. Die Jungen sind fünf, zehn und elf Jahre alt.

«Zwischen meinen Kindern und mir gibt es im Grunde keine gemeinsame Entwicklung mehr. Das ist das Entscheidende, was sich geändert hat. Statt dessen gibt es alle vierzehn Tage ein Einbrechen des Vaters in das Leben der Kinder. Plötzlich ist dieser Mensch wieder da, und zwei Tage später fällt er genauso schnell wieder heraus. An diesen Wochenenden gibt es eigentlich nichts, woran anzuknüpfen wäre. Es beginnt immer etwas völlig Neues. Ein Beispiel: Ich habe vor einiger Zeit mit meinem ältesten Sohn ein Schiffsmodell gebaut. Da muß man oft etwas ausprobieren. Dann verwirft man es wieder, weil man sieht, daß irgend etwas nicht paßt. Man muß Dinge nachkaufen und macht dann weiter. Bei uns wird dieser Prozeß immer wieder unterbrochen. Ich kann nicht noch mal am Montag zu ihm hingehen, um einen Baufehler zu korrigieren. Wir müssen dafür 14 bis 21 Tage warten. So wird aber der Spannungsbogen, der eigentlich die Sache trägt, nämlich das Schiff in einer überschaubaren Zeit fertigzustellen, immer wieder gestört. Das Ergebnis: Wenn das Ding dann endlich vom Stapel läuft, besteht eigentlich gar kein Interesse mehr daran. Wir haben es dann einmal fahren lassen, und das war's dann. Jetzt steht das Schiff bei mir im Regal.

Ich möchte das nicht beschränken auf diese Bastelei. Das ist nur ein Beispiel dafür, wie gänzlich anders der Kontakt zwischen meinen Kindern und mir geworden ist. Ich erfahre nichts mehr über ihre schulischen Leistungen. Ich weiß nicht, welche Freunde sie haben. Auch über ihre Krankheiten bekomme ich nichts mit. Neulich habe ich erfahren, daß mein ältester Sohn im Krankenhaus war. Nicht durch die Mutter, sondern durch Markos Brüder. ‹Hatte Marko heute keine Lust mitzukommen?›, fragte ich. ‹Der ist im Moment im Krankenhaus. Hirnhautentzündung›, war die Antwort. Das hat mir so weh getan, daß die Mutter es nicht für nötig hält, mich in so einem Moment zu informieren. Eigentlich müßte sie doch froh sein, daß da jemand ist, der natürlich sofort ins Krankenhaus fahren würde.

Was hat sich sonst noch geändert? Im Grunde kann ich kein richtiges Gespräch mehr mit meinen Söhnen führen. Eigentlich reden wir nur über lapidare Dinge, über das, was an den Wochenenden so anfällt. Uns fehlt der gemeinsame, permanente Diskurs. Das ist etwas, was mich sehr unruhig macht. Das macht mir große Angst, weil es eben auf die Dauer unsere Beziehung beschädigt. Es wird immer gesagt, diese Umgangskontakte, diese regelmäßigen Begegnungen alle zwei bis vier Wochen, sollen dazu dienen, die Beziehung aufrecht zu erhalten, sie zu pflegen und zu fördern. Das ist meiner Meinung nach eine glatte Lüge! Das ist gar nicht zu machen, zumal mit kleinen Kindern.

Wenn eine derartige Beziehung an so einem Wochenende wieder auflebt: Wie sieht das denn aus der Sicht der Kinder aus? Die verstehen vielleicht gar nicht, warum der Papa am Montag plötzlich nicht mehr da ist – für die nächsten zwei bis drei Wochen. Für meine Kinder bin ich ein sehr treuloser Freund. Und je emotionaler, je intensiver unser Verhältnis am Wochenende war, desto größer sind dann die Enttäuschungen. Diese regelmäßigen Kontakte sind also nicht eine Geschichte der Pflege von Beziehungen, sondern eine Geschichte der sich immer neu wiederholenden Abbrüche und der sich immer wieder neu einstellenden Frustrationen.»

Väter als Entertainer

Nach Trennung oder Scheidung fehlt Vätern häufig die Erfahrung, was man «normalerweise» mit Kindern macht. «Zeiträume exklusiver Zweisamkeit» (Helmuth Figdor) konnten die meisten zuvor an einer Hand abzählen. So ist es für viele Väter zuerst recht ungewohnt, über einen längeren Zeitraum hinweg *zu zweit* miteinander umzugehen. Vorher war ihre Partnerin ja gewöhnlich dabei, wenn sie mit dem Kind zusammen waren. Diese «vermittelnde Rolle» der Mutter entfällt jetzt. Das verunsichert viele Väter.

Sind ihre Kinder überhaupt zufrieden, jetzt so ganz allein mit ihnen zu sein? Ist es nicht besser, zu den Großeltern zu fahren? Da könnten die Kinder ein wenig in vertrauter Umgebung spielen. In der neuen Wohnung fühlen sie sich sicherlich nicht sehr wohl. Da ist kaum Spielzeug, und die Nachbarn und Freunde sind auch nicht da…

Allein mit ihren Kindern waren viele Väter vor der Scheidung vorwiegend dann, wenn irgend etwas «unternommen» wurde. Dann haben sie sich gemeinsam *mit etwas* beschäftigt: Mit einem Fußball, mit dem Schlitten, mit den Schiffsmodellen im Heimatmuseum. Diese «Umgangsmuster» setzen Väter jetzt oftmals fort. Dabei unterschätzen sie, welche Bedeutung sie *als Person* für ihre Kinder haben. «Diese Väter übersehen, daß ihre *periphere Anwesenheit* an den Besuchstagen nicht ausreicht, um die Abwesenheit im Alltag zu kompensieren, und bringen durch ihre Selbstunterschätzung sich und die Kinder um eine große Chance.»[115]

Häufig gesellt sich zu dieser «peripheren Abwesenheit» noch ein *hektischer Aktionismus*.

«Unsere Zeit ist meistens schon vorbei, bevor überhaupt ein wichtiges Wort gewechselt, bevor eine richtige Sache gemacht worden ist.» Dieses Gefühl haben viele «Schattenväter», wenn der Tag oder das Wochenende des «Umgangs» sich wieder einmal dem Ende neigt. Hinter ihnen liegen Stunden, in denen sie mit ihren Kindern Programme «abgerissen» haben, die andere Väter nicht in zwei Jahren auf die Beine stellen: Jahrmarkt, Tennis spielen, kurz an die Nordsee jetten, Oma und Opa besuchen, Essen gehen und danach noch schnell ins Kino.

Viele Väter meinen, sie müßten so viel wie möglich in ihre kurze Vater-Zeit reinpacken. Sie setzen sich unter Druck: Es muß etwas «herauskommen» an diesem Tag, denn jede Sekunde zählt! Feiertagsklima rund um die Uhr.

Diese Väter wollen dann alles auf einmal nachholen, wenn ihr Einsatz geschlagen hat. Sie wollen sich von ihrer «besten Seite» zeigen. Unbehelligt von den täglichen Sorgen und Nöten der Kinder, wird Vatersein zum Entertainment, geraten Väter zu *Animateuren*, die ständig fürchten, keinen Erfolg mehr zu ernten. Manche merken erst nach Jahren, daß sie mit ihren «Vater-Nummern» alle maßlos überfordern. Daß niemand von ihnen den permanenten «Wochenendprinzen» fordert.

> «Alltagsväter gehen mit dem Kind zum Zahnarzt. Sonntagsväter kaufen ihnen Zuckerstangen» (ein Wochenendvater).

Warum belasten Väter ihre Kinder und sich selbst mit ihren Verwöhnattacken? «Um mit sich selbst klarzukommen, macht man gerne ein Programm, obwohl das Kind das gar nicht fordert», gesteht ein Besuchsvater. Die Folge: Für viele Väter, für viele Kinder entwickeln sich die Besuchseinheiten zu *Stunden gehetzter Zärtlichkeit*, zu einer Achterbahn der sporadischen Zuwendung. «Umgang» bedeutet dann mehr Frust als Freude. «Spontaneität ist nicht mehr möglich. Die zeitlichen Zwänge erschweren den Aufbau oder die Erhaltung einer natürlichen Beziehung. Da verlieren Zoo- und Museumsbesuche, Badeaktionen und nach Stunden bemessene Exkursionen leicht den Stellenwert, den sie in der bestehenden Familie haben.»[116]

Es mangelt an Formen der Begegnung, die nicht in exakten Zeiteinheiten bemessen werden. Viele Väter berichteten, wie sehr sie die «eher unstrukturierte Zeit» vermissen – Zeiten der Emotionalität, Zeiten mit offenem Ende: der abendliche Plausch auf der Terrasse, die heiße Schokolade in der Küche. Einfach nur so herumtrödeln oder quatschen.

Bei dem Wort «Besuchsvater» muß ich an den Fußballprofi Wiggerl Kögl denken. Ballfreunde werden sich sicherlich an den «Joker» des FC Bayern München erinnern: Wenn Wiggerl in der 76. Minute ins Spiel geschickt wurde, wollte er stets den ganzen Platz umpflügen und möglichst noch drei Tore erzielen. Eine Zeitlang ging das Konzept seines Trainers auf. Kurzspiel-Kögl traf ins Netz, die Fans liebten ihn. Aber je länger sein Auswechselstatus währte, desto mehr Knoten lief er sich in die Beine. Schließlich fehlte ihm jegliches Spielverständnis; die Fühlungnahme mit dem Rest der Equipe war dahin. Das wiederum mißfiel Spielleiter, Mannschaft und Publikum. So durfte sich Wiggerl einen neuen Verein suchen. Seitdem überzeugt er beim VfB Stuttgart durch Spielwitz und Torriecher – als Stammspieler.

Wenn normale, teilhabende Vaterschaft zur großen Unbekannten wird, denken viele Väter gerne an ihren «Stammplatz», an alte Alltäglichkeiten zurück. Zum Beispiel, wie sie mit ihren Kinder alle zwei Wochen das Fahrrad geflickt haben. Damals war das «Papa, ich hab 'n Platten!» noch alles andere als eine Verlockung. Aber jetzt wäre das ja mal wieder ganz schön, so ein Stündchen im Fahrradkeller. Ein anderer Vater wünschte sich, mit seinen Kindern wieder einmal in der Bücherhalle herumzustöbern. Aber die hat am Sonntag immer zu.

Tobias kommt nach zwei Jahren noch immer nicht mit seinem «Umgangsrecht» klar: «Besuch vom eigenen Kind – das ist eine ganz blöde Situation. Ich weiß, daß eine vernünftige Beziehung nur durch Gelassenheit entstehen kann. Wenn wir einfach mal nur so beieinander da sind. Das Entscheidende kommt dann ja von sich aus hoch. Meine

Tochter und ich wissen natürlich, daß wir nicht viel Zeit haben. Meistens ist sie es, die fragt, ob wir nicht mal dies oder das machen wollen. Sie bringt da immer eine Unruhe mit, daß jetzt und sofort etwas ganz Besonderes geschehen muß. Diese Unruhe würde ich am liebsten in Ruhe überführen, aus der heraus wir dann etwas gemeinsam entstehen lassen können. Aber es ist die Kürze der Zeit, die das einfach nicht zuläßt.»

Natürlich freuen Kinder sich, wenn sie mit ihrem Wochenendpapa etwas Schönes unternehmen. Es wäre ja auch noch schöner, wenn ihr Vater, den sie so selten zu sehen bekommen, während der kostbaren Stunden nur den Sheriff spielt und Vokabeln mit ihnen paukt. Kinder wollen an den Besuchstagen auch keinen Papi, der sie mit seinen Problemen volltextet. Väter, die permanent kundtun, wie schwer ihnen jetzt alles fällt, wie sehr sie sich die alten Zeiten wieder herbeisehnen, als alle noch zusammenlebten und glücklich waren, bringen ihren vielfach loyalitätsgeschädigten Kindern mehr Leid als Freud.

Das heißt aber noch lange nicht, daß irgend jemand von ihnen eine perfekte Unterhaltungs-Show von A bis Z erwartet.

Udo, 40, arbeitet in einer Behindertenwerkstatt. Er versucht, an *seinen* Wochenenden einen vernünftigen Ausgleich zwischen Ruhe und Rummel zu finden. «Das gelingt mir nicht immer. Die wenigen Momente, die wir im Monat haben, sind für uns sehr kostbar, sehr exklusiv. Dafür läßt Ole alles andere stehen und liegen. Dafür sagt er am Freitagnachmittag auch seinen Judo-Unterricht ab, damit wir zwei Stunden mehr haben. Unsere Beziehung ist immer noch sehr gut. Weil die Kontakte jedoch so selten sind, ist sie heute anders. Früher war das Alltag mit mir. Jetzt ist alles auf ein Wochenende begrenzt. Da muß dann alles stattfinden. Da will Ole mit mir die tollsten Sachen erleben. Dann müssen wir in ganz kurzer Zeit alles nachholen: Geburtstagsfeiern, alte Spielfreunde besuchen, in Freizeitparks fahren ...»

«Entspricht das volle Programm Oles Wünschen, oder bist du es, der meint, ihm ein ganz besonderes Wochenende bieten zu müssen?» frage ich Udo.

«Das ist ja nicht die ganze Zeit so. Aber Ole erwartet von mir, daß wir einen Teil unserer Zeit Aktion machen. Am Freitag hole ich ihn von der Schule ab. Dann machen wir erst mal gar nichts. Ole beschnuppert sein Kinderzimmer, und wir dödeln nur so herum, sind einfach füreinander da. Erst im Laufe des zweiten Tages sind wir dann richtig beieinander. Das braucht so lange, bis man alles ausgequatscht hat, was man sich erzählen wollte. Erst dann haben wir den Raum, uns anderen Dingen zuzuwenden. Der Sonnabend hat sich zu unserem Ausflugstag entwickelt. Da muß irgend etwas Größeres passieren, von dem er nachher erzählen kann. Diese Ausflüge und Erlebnisse sind auch wichtig für uns. Sie haben einen großen Erinnerungswert, von dem wir noch lange zehren. Wir erzählen uns oft, wie es da und dort war oder was wir zum Beispiel im Urlaub erlebt haben. Das verbindet uns.

Sonntag ist dann wieder ein Tag, an dem wir unsere Ruhe haben wollen. Bereits morgens verkündet Ole Endzeitstimmung: ‹Heute ist ja schon wieder der letzte Tag!› Sonntag abend kommt dann ein unheimlicher Zeitdruck herein. Dann will er alles auf einmal machen, holt noch unzählige Spielekästen hervor und will in einer Viertelstunde noch zehn Spiele mit mir absolvieren. Ole möchte dann nicht einmal Abendbrot essen, weil ihm die Zeit zu schade ist. Um 19 Uhr hetzen wir dann gemeinsam zur Mutter.»

«Am wichtigsten ist, daß er gerne zu mir kommt»

Wie wünschst du dir die Beziehung zu deinen Kindern?

«Ich hoffe, daß wir bald nicht mehr an so große Entfernungen gebunden sind. Dann könnten wir uns treffen, wann immer wir Lust dazu haben. Mein Sohn soll das Gefühl bekommen, daß er immer zu mir kommen kann, auch wenn er Hilfe braucht. Am wichtigsten ist jedoch, daß er gerne zu mir kommt. Dann sind wir einfach zusammen – wie andere Leute auch.»

«Ich wünsche mir den wöchentlichen Wechsel. Das haben meine Ex-Frau und ich anderthalb Jahre lang erfolgreich praktiziert, bis sie ihren neuen Mann kennenlernte. Wöchentlicher Wechsel – das bedeutet: Eine Woche ist das Kind hier, die nächste Woche dort. Beide Eltern können prima damit leben. Jeder hat seine Freiräume, ist aber trotzdem ganz normal mit den Kindern zusammen. Und die Kinder entbehren auch nichts. Dieses Betreuungsmodell setzt einen gewissen finanziellen Status der Eltern voraus, weil ja in beiden Elternhäusern alles da sein muß – Kinderzimmer, Klamotten, Spielzeug und so weiter.»

«Es geht mir nicht um irgendwelche mechanischen Regelungen – eine Woche hier, eine Woche da. Das hat mit Kindeswohl nichts zu tun. Ich habe vier Kinder in einem ganz unterschiedlichen Alter, mit unterschiedlichen Wünschen. Kinder haben normalerweise keine längerfristigen Wünsche, auch keine längerfristige Planung. Von daher ist es völlig unsinnig zu sagen: Übernächste Woche kommt jetzt der zu mir, und die bleibt dort. Ich möchte ein größtmögliches Maß an Flexibilität haben. Die Eltern müssen in einer von den Kindern selbst überbrückbaren Nähe zueinander wohnen, so daß die Kinder mit dem Fahrrad oder zu Fuß vom einen zum anderen wechseln können.»

«Die Kinder leben bei der Mutter, und ich hätte alle zwei Wochen die Möglichkeit, für ein Wochenende die Kinder zu betreuen oder auch nur ein Kind. Ich würde sie auch gerne einmal zwei Wochenenden hintereinander nehmen. Ich möchte nicht, daß es heißt: ‹Jetzt darfst du sie erst wieder in drei Wochen sehen. Jetzt kriegst du sie nicht!› Ich würde mir das zwangloser wünschen. Schön wäre es, wenn die Kinder auch einmal in der Woche kurz vorbeikommen. Und daß wir telefonieren können, wann immer wir wollen.»

«Die Abstände zwischen den Treffen dürfen nicht so aussehen, daß man schon überlegen muß, wie der andere aussieht. Auch zwei Wochen sind schon sehr lang. Man muß gefühlsmäßig so dranbleiben, daß man weiß, was in dem anderen vorgeht, was er will und wie er ist.»

10. Perspektiven für Teilzeitväter

Daß der kontinuierliche Kontakt zu Mutter und Vater für die psychosoziale Entwicklung und emotionale Stabilität von Trennungs- und Scheidungskindern von großer Bedeutung ist, darüber sind sich die meisten Familienexperten einig. «Verstandesmäßig» sind sich auch die meisten Eltern darüber im klaren, daß ihre Kinder Mama und Papa weiterhin brauchen.

Trotzdem legen sie sich mal kleinere Steinchen, mal größere Brocken in den Weg. «Der Besuchstag» bleibt noch lange der wunde Punkt für die ehemaligen Partner. Wie auf einem Basar schachern sie mitunter um die Zeiteinheiten für Kind und Vater. «Beziehungspflege» auf Stechkarte hat mit dem «Wohl des Kindes» jedoch herzlich wenig gemeinsam.

Patentlösungen für den «Nachscheidungsalltag» gibt es nicht, schon gar keine perfekten von Anfang an. Kein «Umgangsmodell» kann für alle Zeiten Gültigkeit haben, denn die Bedürfnisse der Kinder ändern sich beständig. Außerdem sind die Rahmenbedingungen nach Trennung oder Scheidung sehr unterschiedlich: Eine Besuchsvereinbarung für Kind und Vater, die beide in einem Dorf wohnen, wird sich für eine Familie mit Haushalten in unterschiedlichen Bundesländern kaum bewähren.

Jede Nachtrennungsfamilie muß sich ihre *eigene* Lösung zurechtbasteln. Dafür brauchen Eltern und Kinder vor allem *viel Zeit*. Zeit, in der sie auch Fehler machen dürfen! Kinder benötigen in der Regel einige Monate, um sich auf die neuen Beziehungsformen einzustellen. Es ist daher hilfreich, Vereinbarungen erst einmal auszuprobieren, zu besprechen und gegebenenfalls zu verändern.

Kinder *mit* Vätern und Väter *mit* Kindern – das muß auch nach dem Scheitern der Elternbeziehung kein utopisches Gedankenspiel bleiben. Das ist machbar! Wenn Eltern nach der Trennung einige Spielregeln beachten, kann sich die neue Konstellation für Kind, Mutter und Vater bald positiv entwickeln.

Sobald die alten Auseinandersetzungen zwischen den Eltern aufhören, eröffnet sich für viele Kinder und Väter sogar eine ganz neue Beziehung. «Ich habe jetzt mehr von meinem Papa», erfahren Scheidungsbegleiter häufig in Gesprächen mit Trennungs- und Scheidungskindern. Bei manchen Vätern wachsen leider erst nach der Trennung Fertigkeiten, die für die Betreuung von Kindern unerläßlich sind: Geduld, Aufmerksamkeit, Einfühlungsvermögen und Ausdauer.

Beziehungen zwischen Kindern und Vätern brauchen Kooperation der Eltern

Die wesentliche Voraussetzung für einen lebendigen Vater-Kind-Kontakt ist ein weitgehend spannungsarmes Verhältnis zwischen den Ex-Partnern. Beide müssen lernen, zwischen *gescheiterter Paar- und fortdauernder Elternebene* zu unterscheiden. Sie sollten versuchen, alte «Schuldrechnungen» so schnell wie möglich beiseite zu legen. Wichtig ist vor allem, daß Sie sich *als Eltern* weiterhin akzeptieren.

Gefragt ist pragmatische Kooperation statt Konfrontation. Die amerikanischen Wissenschaftler Andrew Cherlin und Frank Furstenberg haben dafür den Begriff «parallele Elternschaft» geprägt. Elterliche Verantwortung wird dabei nach folgendem Modell organisiert: «Sie haben nicht viel miteinander zu tun, auch wenn sie beide Zeit mit ihren Kindern verbringen (...), dabei nehmen sie auf zwei getrennten Schienen ihre Elternschaft wahr.»[117]

Das fällt vielen Eltern in der Trennungsphase jedoch sehr schwer. Sie sollten deshalb die professionelle Hilfe einer Beratungsstelle oder eines Vermittlers (Mediators, vgl. Kapitel 11) in Anspruch nehmen. Auch die Jugendämter bieten Eltern mit «Umgangsschwierigkeiten» seit 1991 «Beratung und Unterstützung bei der Ausübung des Umgangsrechts» an. Das gilt auch für die «Herstellung von Besuchskontakten» (vgl. § 18 [4] Kinder- und Jugendhilfegesetz, S. 209).

Zwei Drittel aller Kinder, deren Eltern nach Trennung oder Scheidung locker und freundschaftlich miteinander umgehen, haben «eine enge und herzliche Beziehung zum nichtsorgeberechtigten Elternteil», stellt die Familiensoziologin Anneke Napp-Peters in ihrer Untersuchung fest. Bei Eltern, die sich aus dem Weg gehen, trifft das nur auf 38 Prozent aller Kinder zu. Ist der Kontakt zwischen den Eltern ganz abgebrochen, hat nur jedes zwanzigste Kind ein enges Verhältnis zu Mutter und Vater.[118]

Entscheidend ist also, daß die ehemaligen Partner sich auch nach der Trennung über die fortbestehende Verantwortung für ihre Kinder einig sind. Nur dann werden sie in der Lage sein, sich eine *verbindliche, eigenständige* Beziehung zu ihren Kindern einzuräumen. Das setzt väterliches Engagement ebenso voraus wie die Bereitschaft der Mutter, Zuständigkeiten abzugeben und ihren ehemaligen Partner aktiv am Leben der Kinder teilnehmen zu lassen. Wenn die Kinder noch jünger sind, sind Väter dabei besonders auf die Unterstützung ihrer früheren Partnerin angewiesen.

Mütter und Väter, die auch nach der Trennung für ihre Kinder Verantwortung tragen, die sich gegenseitig Zuständigkeit für Tochter oder Sohn zubilligen: Eltern, die sich in ihrer Sorge*pflicht* ernst nehmen, zeigen vor allem Respekt vor dem Elternsein des ehemaligen Partners.

Besteht bei einem Elternteil stets die Furcht, das Kind an den anderen zu verlieren, wird das Kind kaum darin bestärkt, daß sein Leben beim anderen glücklich weitergehen kann. Diese Angst spüren Kinder, besonders die jüngeren, ganz genau. Da muß überhaupt nichts gesagt werden.

Soviel Kontakt wie möglich

Das «Umgangsrecht» ist zuerst einmal ein *Recht des Kindes* auf beide Eltern, kein Anspruch der Eltern auf ihr Kind. Ehelich oder nicht ehelich: Unter welchen ordnungspolitischen Vorzeichen Mama und Papa vorher zusammen waren, ist Kindern total egal. Kinder haben zu beiden Eltern eine eigenständige Beziehung, die von dem Verhältnis zwischen Mutter und Vater unabhängig ist.

Viele Väter glauben, daß ihr Kind sie nach der Scheidung «nicht mehr richtig braucht». Sie fühlen sich «weniger wert», «überflüssig». Doch auch nach dem Entzug des Sorgerechts bleibt Vater noch Vater, ist die Beziehung zu ihm für das Kind unverändert wichtig. Deshalb ermuntern viele Trennungs- und Scheidungsberater Väter, sich und anderen zu sagen, daß sie *weiterhin* eine Familie haben. Die Kinder bleiben weiterhin auch ihre Kinder. Wenn sie zu Besuch kommen, sind sie auch bei ihnen zu Hause.

Kinder und Väter brauchen nach der Trennung vor allem *alltägliche Berührungspunkte.* Nur so können sich Mädchen und Jungen eine wirklichkeitsgerechte Vorstellung von ihren Vätern machen. Damit Kinder kein Phantom von Traumvater aufbauen, dem sie später vergeblich nachjagen, empfiehlt der Psychologe Heiner Krabbe von der Beratungsstelle *TRIALOG* (Münster) «so viel Kontakt wie möglich». Kind und Vater sollten so viel Besuchszeit zur Verfügung haben, daß sie «normales Leben» miteinander verbringen können: «Das Kind sollte seinen Vater richtig kennenlernen – mit allen Fehlern und Schwächen. Das wird sicher manchmal weh tun. Aber es ist eine Realität, mit der es sich auseinandersetzen kann.»

Krabbes Kollege Helmuth Figdor hält einen intensiven Kontakt «gerade in der ersten Trennungsphase» für notwendig. Häufige Begegnungen helfen, bedrohliche Verlustängste und Schuldgefühle bei den Kindern aufzufangen. Sie stärken sein Selbstwertgefühl, seine Sicherheit. Deshalb sollte die Kind-Vater-Beziehung *nahtlos* weitergeführt werden.

«Wie kann ich aus der neuen Situation für uns alle etwas Gutes herausholen? Werde ich die Beziehung zu den Kinder überhaupt halten können? Und wie füllen wir unseren ‹Umgang› mit Leben?» Das fragen sich viele Väter nach Trennung oder Scheidung.

Einfach nur miteinander sein: Das sollte während der gemeinsamen Stunden im Mittelpunkt stehen. Es ist nicht nötig, die Zusammenkünfte von A bis Z durchzuplanen. «Sonntagserziehung» wird schon nach relativ kurzer Zeit fad und öde. Väter, die stets ein neues Sonderprogramm zelebrieren, kommen auf Dauer schlechter an als ‹normale› Papis, die schlicht und ergreifend da sind. Kinder finden es meist tausendmal schöner, mit ihrem Papa in der Küche herumzubrutzeln, als geföntund geschniegelt in einem feinen Restaurant zu dinieren.

Nehmen Sie sich vor allem genügend Zeit, um miteinander zu reden! Und zeigen Sie Ihren Kindern durch *alltägliche Signale*, daß sie willkommen sind. Haben Ihre Kinder eine Spielecke und ein eigenes Bett? Steht in der Küche ihr Trinkbecher bereit? Für Kinder ist das viel wichtiger als «schon wieder Freizeitpark».

Kinder, die nicht nur stundenweise beim Papa sind, sondern *ganze Tage* zusammen mit ihm verbringen, können sich zu zwei Haushalten zugehörig fühlen. Der Vater sollte einige liebgewonnene Rituale aufrechterhalten und neue aufbauen: zum Beispiel regelmäßig Schwimmen gehen, gemeinsam die Lieblingsschallplatte anhören oder eine Gute-Nacht-Geschichte vorlesen – zu den Kind-Vater-Begegnungen gehören selbstverständlich auch Übernachtungen!

Während der ersten Stunden des «Wiedersehens» sollten sich Vater und Kind ausreichend Zeit lassen. Beide müssen sich ja erst einmal beschnuppern. Wie soll die alte Vertrautheit auch gleich wieder da sein, wenn man sich so lange nicht gesehen hat? Eine hohe Erwartungshaltung ist in diesem Moment fehl am Platze. Vielleicht möchte sich das Kind zuerst einfach nur an die andere Wohnatmosphäre gewöhnen und einige Neuigkeiten erzählen.

Manche Umgangsväter üben mit ihren Kindern am Wochenende auch mal Vokabeln. Sie gehen mit ihnen einkaufen oder begleiten sie zum Haltungsturnen. Mit diesem Engagement zeigen sie auch Respekt vor dem Erziehungsalltag ihrer ehemaligen Partnerin. Andere Väter machen zusammen mit ihren Kindern Sport im Verein und lassen sich auch beim Schulfest oder bei Musik- und Theateraufführungen blicken.

«Ich bin keine Besuchsstation für meine Tochter. Wir sehen uns etwa 120 Tage im Jahr. Ich sage ihr immer: ‹Wir haben ein Zuhause, nur mit zwei auseinanderliegenden Zimmern›, berichtet ein Alltags-Besuchs-Vater. «Natürlich gehen wir ab und zu in den Zirkus. Aber ich drücke Kristina auch mal Werkzeug in die Hand. Damit kann sie im Garten Blumen einpflanzen. Sie erntet mit mir Äpfel, und wir pflücken Kirschen. Das wichtigste ist, daß wir zusammen Normalität erleben. Dazu gehört bei uns auch, daß ich sie mit erziehe und ihr auch mal Dinge untersage. Ich versuche, ihr bestimmte Regeln anzueignen, die für das Zusammenleben in unserer Restfamilie wichtig sind. Und ich bemühe mich, ihr altes soziales Netz aufrechtzuerhalten: Wir fahren regelmäßig zu Oma und Opa. Manchmal ist sie bei ihrer besten Freundin, oder die beiden sind zusammen bei mir. Ihre Freundin, bleibt auch öfters über Nacht bei uns. Vor allem soll Kristina Liebe vermittelt bekommen, wenn sie bei mir ist. Das zeige ich ihr auch, wenn ich sie zu Bett bringe und noch ein bißchen mit ihr kuschele.»

Erst feste, dann flexible Regelungen

Am sinnvollsten ist es, wenn die Eltern Häufigkeit, Dauer und Ausgestaltung der Kontakte untereinander ausmachen. Mit einer «freiwilligen» Vereinbarung werden Mutter und Vater auf Dauer besser zurechtkommen als mit einer Vorgabe des Familien- oder Vormundschaftrichters. Juristische Lösungen sind nicht mehr als Krücken, die höchstens in der ersten Zeit nach Trennung oder Scheidung nützlich sein können.

§ 1634 Bürgerliches Gesetzbuch
(1) Ein Elternteil, dem die Personensorge nicht zusteht, behält die Befugnis zum persönlichen Umgang mit dem Kinde. Der Elternteil, dem die Personensorge nicht zusteht, und der Personensorgeberechtigte haben alles zu unterlassen, was das Verhältnis des Kindes zum anderen beeinträchtigt oder die Erziehung erschwert.
(2) Das Familiengericht kann über den Umfang der Befugnis entscheiden...
Eine wichtige Entscheidung des Bundesverfassungsgerichts (Az. 1 BvR 692/92, vom 11.03.1993):
Das «Umgangsrecht» geschiedener oder getrennt lebender Eltern mit ihrem (ehelich geborenen) Kind darf nicht nach Faustregeln, Vermutungen oder allgemeinen Erfahrungssätzen bestimmt werden. Vorrang hat das Wohl des Kindes. Sein Wille und seine Belange müssen berücksichtigt werden. Dem «Elternrecht beider Elternteile» ist Rechnung zu tragen, «soweit das mit dem Kindeswohl vereinbar ist».

Für den Anfang können feste, «klare Umgangsregelungen» sinnvoll sein. Sie dienen allen Beteiligten als erste *Orientierungshilfe* im Nachscheidungsdickicht. An diese Vereinbarungen sollten sich Mutter und Vater unbedingt halten, damit sich ihre Kinder langsam an die neue Realität gewöhnen können. Gleichmäßige Besuchsintervalle verschaffen ihnen die notwendige Gewißheit, daß Mama und Papa weiterhin zur Verfügung stehen. Der Kontakt mit dem Vater erscheint ihnen als fest und verläßlich.

Genaue Absprachen (Wer holt die Kinder wann und wo ab? Wer bringt sie wieder zurück?) sind ein gutes «Auffangnetz», wenn wieder einmal Verstimmungen zwischen den Ex-Partnern aufbrechen. Besuchsregelungen, wonach der Kontakt «großzügig gehandhabt werden soll», überfordern viele Eltern in der unruhigen Zeit vor und nach der Scheidung. Später sollten die Besuche jedoch – Alter und Wünschen der Kinder entsprechend – flexibler gehandhabt werden.

Auch Kleinkinder haben ein Recht auf Mutter und Vater

«Kein Kind käme auf den Gedanken, von sich aus nach Ballett oder nach einem Klavier zu fragen. Dennoch sind viele Eltern bereit, Woche für Woche diesen Unterricht zu unterstützen. Sie sorgen dafür, daß ihr Kind die Möglichkeit geboten bekommt zu erfahren, was eine Ballettschule ist. Wenn das Kind Klavierspielen lernen soll, dann wird erst einmal beharrlich dafür gesorgt, daß es dieses Klavier kennenlernt ...»

«Was hat denn das jetzt mit Ihrer Tochter zu tun?» unterbrach der Sozialarbeiter den jungen Mann. Er hatte den «nichtehelichen Vater» zu einem Gespräch geladen, da dieser «ein Besuchsrecht für meine Tochter und mich» beantragt hatte. Sein Kind hatte der Mann seit der Geburt erst wenige Male gesehen.

«Ich kann mir nicht vorstellen, daß ein Umgang zur Zeit sinnvoll ist», sagte der Beamte. Das Mädchen (zu Amtsdeutsch: die «Amtspflegschaftssache»), für das er sprach, war gerade vier Jahre alt geworden. «Wie stellen sie sich das vor? Wie soll der Kontakt zwischen Ihnen und Ihrer Tochter denn hergestellt werden?»

«Im Laufe der Zeit entwickelt das Kind immer mehr Spaß am Musizieren», fuhr der Vater fort. «Hätten seine Eltern keine Angebote gemacht, hätte das Kind wohl kaum nach Klavier oder Ballettschule gefragt. Auf meine Tochter und mich bezogen heißt das: Sie soll die Möglichkeit haben, langsam zu lernen, daß es da einen Menschen gibt, der sie mag. Es ist also dafür zu sorgen, daß sie diesen Menschen kennenlernen kann. Vielleicht mag sie ihn ja auch irgendwann. Sie kann zu diesem Menschen aber nur dann eine Beziehung aufbauen, wenn sich von außen etwas bewegt. Später mag sie dann vielleicht sagen: ‹Ich möchte mich morgen mit dir treffen!› oder: ‹Heute möchte ich lieber mit meiner Freundin ausreiten!› Genauso, wie sie später selbst entscheiden wird, ob sie Lust hat, Klavier zu spielen oder nicht. Unsere Beziehungs*möglichkeit* sollte also gefördert werden. So etwas kommt nicht von allein, schon gar nicht durch Warten.»

Für den Jugendamtsmitarbeiter war nach dieser Antwort das Gespräch beendet. Daß ein Kind Kontakt zu einem fremden Vater aufbauen könnte, übertraf sein Vorstellungsvermögen.

Aber auch Kleinkinder haben ein Recht auf Mutter und Vater, sagt der Kinderpsychologe Ernst Ell. Sein Ratschlag: Wenn die Eltern sich bereits vor der Geburt getrennt haben, sollten sie die Kind-Vater-Verbindung *langsam aufbauen und beständig erweitern.* Kennen sich Baby und Vater nicht oder nicht mehr, sollten sie sich im Beisein der Mutter aneinander gewöhnen können. Mit einem Jahr würden Kind und Vater auch schon alleine einen Spaziergang machen können. Ell: «Ab zwei Jahren wird das Kind dann etwa von zehn bis siebzehn Uhr beim Vater bleiben können. Im allgemeinen sind Kinder ab vier Jahren in der Lage, beim Vater zu übernachten.»

«Meine Tochter ist jetzt elf Monate alt. Ihr Vater kommt einmal in der Woche bei uns vorbei. Bewußt bekommt Isabell ihn jetzt wohl noch nicht mit. Aber irgendwann wird sie die Besonderheit der Person Matthias kennenlernen, und dann können die beiden aus ihrer gemeinsamen Vergangenheit schöpfen. Ich will, daß Isabell später etwas mit ihm zu tun hat. Deshalb ist es wichtig, daß Matthias schon jetzt eine Beziehung zu ihr hat. Die hat er zur Zeit vor allem in seinem Herzen, nicht im alltäglichen Umgang. Die Gefühle, die er jetzt für sie aufbaut, sind für die Zukunft wichtig: Wenn Isabell älter wird und ihn bewußt fordert» (Isabells Mutter, 24).

Kinder und Väter, die sich noch gar nicht oder nur flüchtig kennen, sollten die Möglichkeit haben, eine Beziehung aufbauen zu können. Eine Beziehung, die schließlich auch längere Treffen, Übernachtungen und gemeinsame Reisen beinhaltet. Dafür plädiert mittlerweile die große Mehrheit der Kinder- und Familienpsychologen. Je früher, desto besser und einfacher für beide! Sollten Mutter und Vater mit direkten Aufeinandertreffen große Schwierigkeiten haben, können die ersten Begegnungen auch an einem «neutralen» Ort, zum Beispiel in der Wohnung der Großeltern oder bei einer guten Freundin, stattfinden. Einige Erziehungsberatungsstellen bieten Eltern hierfür spezielle Spielzimmer an. Auf Dauer ist es aber besser, wenn die Kinder merken, daß ihre Eltern sachlich und konfliktfrei, vielleicht sogar freundschaftlich miteinander umgehen können.

Auch Kinder und Väter, die lange getrennt waren, können noch eine gute Beziehung aufbauen. Ein Vater, der seinen Sohn bis zum sechsten Lebensjahr nicht eine Sekunde gesehen hatte, berichtete mir, daß beide mittlerweile eine «quicklebendige Beziehung» haben: «Vor drei Jahren haben wir angefangen, uns zu treffen. Zuerst haben wir einmal im Monat Benjamin-Blümchen-Kassetten gehört. Jetzt sehen wir uns alle zwei Wochen, von Freitag nachmittag bis Sonntag abend. Wir fahren nicht nur in den Zoo, sondern wir üben auch Silbentrennung.»

Je jünger die Kinder, desto häufiger die Kontakte

Fortschrittliche Richter gewähren zur Zeit für Väter und *Scheidungs*kinder (leider erst selten bei außerehelich geborenen Kindern) unter zwölf Jahren zwei Besuchswochenenden im Monat, bei Kindern unter vier Jahren oft noch zusätzlich einen Besuchstag innerhalb der Woche. Positiv an derartigen Vereinbarungen ist, daß sie deutlich großzügiger angelegt sind als die meisten «Umgänge» aus den achtziger Jahren. Für kleine Kinder sind solche Regelungen jedoch weniger sinnvoll: *Ein Zeitraum von vierzehn Tagen ist für sie nicht überschaubar.* Von häufigeren Kurzbesuchem profitieren sie mehr als von ausgedehnten Kontakten in großen Abständen. Ihr Vater könnte zum Beispiel zweimal pro Woche nachmittags zum Spielen kommen und abends zusammen mit ihnen essen.

Für Kinder vom Kindergartenalter bis zum dreizehnten Lebensjahr empfehlen viele Trennungsberater einen zweiwöchigen Besuchsturnus von Freitag nachmittag bis Sonntag abend oder Montag früh. Wichtig ist, daß Kind und außerhalb lebender Elternpart mindestens einen Tag ohne die mit dem Abholen oder Zurückbringen verbundene Hektik verbringen können. Die Schulferien des Kindes und die Feiertage sollten sich Mutter und Vater aufteilen – vor allem dann, wenn sie nach der Scheidung weiter voneinander entfernt wohnen.[119]

Gute Erfahrungen liegen auch für noch ausgewogenere Modelle vor: Wohnen die Eltern dicht beieinander, können sie die Betreuung auch im *wöchentlichen Wechsel* vornehmen. Ein Vater einigte sich mit seiner ehemaligen Partnerin auf «paritätische Erziehung», als sein Sohn erst zweieinhalb Jahre alt war. Dem Kind scheint es zu gefallen: Im Kindergarten beschreiben ihn seine Erzieherinnen als «total selbstsicher und sehr stabil».

Je älter die Kinder werden, desto mehr sollten sie an der Ausgestaltung der Begegnungen beteiligt werden. Mit zunehmendem Alter möchten sie selbst über ihre Zeit bestimmen. Vielleicht ist am Besuchstag das neue Computerprogramm, die erste Liebe oder die Geburtstagsparty viel mehr angesagt als «Papa-Treffen». Jugendliche sollten selbst entscheiden können, wann sie bei wem wie lange bleiben wollen.

«Das klappt alles sehr gut, wenn deine Eltern keinen Streß machen», erzählt der achtzehnjährige Thorsten. «Meine Mutter und mein Vater haben sich schon vor siebzehn Jahren scheiden lassen. Sie wohnten fast immer in einer Stadt. Ich habe bei beiden mein Zimmer und lebe dort jeweils für ein paar Wochen. Als ich kleiner war, wohnte ich mehr bei meiner Mutter. Ich erinnere mich noch, wie mein Vater mich am Wochenende abholte. Manchmal auch in der Woche. Später gab es dann diese starren Übergänge nicht mehr. Es wäre schlimm gewesen, wenn sie mich irgendwann gezwungen hätten, zu entscheiden: entweder hier oder da. Inzwischen haben meine Eltern wieder geheiratet. Sie verstehen sich gut. Beide Familien haben letztes Wochenende zusammen gegrillt und das Fußballspiel Deutschland gegen Schweden gesehen.»

«Stieffamilien» und Besuchsväter

Zu seinen «Stiefeltern» hat Thorsten ein «gutes und freundschaftliches Verhältnis». Nicht alle Kinder verstehen sich mit ihren «neuen» Eltern so prächtig. «Wir sind jetzt eine ‹richtige› Familie», lautet dort schnell das neue Credo. Doch das neue Familien-Feeling mag sich bei Trennungs- und Scheidungskindern nicht so schnell einstellen, wie Mama und ihr neuer Partner sich das wünschen. Oft haben die beiden *eigentlich* gar nichts gegen Kontakte zum außerhalb lebenden Elternteil. Doch im Alltag stört sie die Gegenwart einer weiteren Elternfigur. Sie sehen im leiblichen Vater einen Rivalen, einen Konkurrenten: «Wird unser neuer Familienrhythmus durch ihn nicht aus dem Takt gebracht?»

Viele «Stieffamilien»-Eltern (in der Regel sind das die leibliche Mutter und der «Stiefvater») stemmen sich vehement gegen die Bindungen des Kindes zum leiblichen Vater. Dessen Bedeutung für das Kind zuzulassen fällt ihnen schwer. Oft ist es kein Zufall, daß verlokkende Unternehmungen just am «Umgangstag» stattfinden sollen – «Du kannst dich ja selbst entscheiden!» Manche versuchen, die Vater-Kind-Beziehung vollständig zu unterbinden. Andere fördern die Kontakte zum leiblichen Vater zumindest nicht und sind froh, wenn «dieser Mann» sich so wenig wie möglich um seine Kinder kümmert.

Im Alltag spielen soziale Väter für Kinder oft eine größere Rolle als leibliche Väter. *Leibhaftige* soziale Väter können für Kinder wichtiger werden als *leibliche* Väter. *Ersetzen* kann der «Stiefelternteil» den leiblichen Elternteil jedoch nicht: Für das Kind ist es wichtig, «den *Kontakt zum außen lebenden leiblichen Elternteil nach eigenen Bedürfnissen* zu gestalten und dabei nicht durch noch bestehende Konflikte zwischen seinen Eltern belastet zu werden»[120], betonen fast alle «Stieffamilien»-Forscher. Auch der außerhalb lebende Vater gehört zu *seiner* Familie. Wenn beide «Stieffamilien»-Eltern diese Realität akzeptieren, ersparen sie dem Kind quälende Loyalitätskonflikte.

Soziale Eltern, die den Kindern Kontakte zum leiblichen Vater madig machen, erreichen in der Regel das Gegenteil der gewünschten

Auswirkungen: Mädchen und Jungen, die derartigen Manipulationsversuchen unterliegen, werden zum neuen «Stiefvater» nur selten eine gute Beziehung aufbauen. Soziale Eltern sollten die Kontakte zum leiblichen Vater also aus eigenem Interesse respektieren, ja fördern. Und die leiblichen Väter müssen lernen zu akzeptieren, daß ein anderer Mann jetzt meist mehr Zeit mit ihren Kindern verbringt als sie selbst.

Die «Stieffamilien»-Expertinnen Ingrid Friedl und Regine Maier-Aichen berichten, daß *«glückliche Stiefkinder»* eine «tragfähige Beziehung» zum «Stiefvater» haben: Der neue Mann ihrer Mutter läßt ihnen Zeit, eine eigenständige Beziehung zu ihm aufzubauen. Er wird ihr «Freund und Kumpel». Das Verhältnis zu ihm und zur Mutter ist um so besser, je weniger das Kind unter emotionalem Druck steht und je mehr der leibliche Vater präsent bleiben darf. Wichtig für das Kind sind zuverlässige und vertrauensvolle Beziehungen zu allen Elternfiguren.

Friedl und Maier-Aichen: «Für die Kinder in diesen Familien ist es wichtig und wohltuend, daß in bezug auf den außerhalb lebenden leiblichen Vater klare Verhältnisse herrschen, großzügige und flexibel gehandhabte Besuchsregelung, und bei Terminabsprachen nehmen die Erwachsenen Rücksicht aufeinander.

Die Beziehung der Kinder zu ihren leiblichen Vätern ist den ‹neuen› Eltern wichtig, und sie lassen den Kindern ausreichend Raum, diese Beziehung zu leben und zu gestalten. Die leiblichen Väter ihrerseits suchen regelmäßigen Kontakt zu ihren Kindern. Sie haben seit der Trennung über die Jahre und sich ändernde Umstände hinweg eine kontinuierliche und intensive Beziehung zu ihrem Kind gehalten und nehmen auch Anteil an dessen jetzigem Familienleben. Die gegenseitige Akzeptanz und Gelassenheit der Erwachsenen erlaubt es den Kindern, sich frei zwischen ihren ‹beiden› Familien zu bewegen, ohne sich hin- und hergerissen zu fühlen, ja sogar die Beziehungen zu mehreren Elternfiguren zu genießen; sie verstehen es, diese Beziehungen in ihren unterschiedlichen Qualitäten in ihr Leben zu integrieren, und bringen zum Ausdruck, daß sie es gut finden, ‹zwei Väter› zu haben.

Diese Kinder hängen alle sehr an ihrem leiblichen Vater, besuchen ihn gerne und für sie ist er unumstritten der ‹richtige› Vater, eine Empfindung, die für sie unabhängig ist von ihrer Wertschätzung des Stiefvaters.»[121]

Kinder können damit leben, daß Mama anders mit ihnen umgeht als Papa

Auch in einer «intakten» Kernfamilie haben Mutter und Vater unterschiedliche Standpunkte. Sie gehen nicht in gleicher Weise mit ihren Kindern um. Kinder haben auch nach Trennung oder Scheidung keine Probleme, mit den verschiedenen Verhaltensweisen ihrer Eltern zu leben. Sie lernen schnell, sich auf die unterschiedlichen Gegebenheiten ein- und umzustellen. Die Unterschiede zwischen Mutter und Vater sind für viele Kinder sogar sehr anregend. Aus ihrer Sicht ist es selbstverständlich, daß Mama anders mit ihnen umgeht als Papa.

Es wäre sicherlich positiv, wenn beide Eltern sich über die wichtigsten Erziehungsgrundsätze einig sind. Noch wichtiger ist aber, daß sie sich nicht gegenseitig belauern und versuchen, dem anderen ihren Erziehungsstil aufzudrücken.

Kinder fühlen sich hin- und hergerissen, wenn sie der eine Elternteil über den anderen «aushorcht» oder wenn sie spüren, daß sie nach ihrer Rückkehr vom anderen schweigen müssen: «Muß ich Mama jetzt schützen?» Kann ich verraten, was Papa und ich für tolle Sachen gemacht haben? Kinder brauchen das Gefühl, daß sie Dinge für sich behalten dürfen und nicht zu Notlügen und Schauspielerei greifen müssen. Sie möchten Mutter und Vater von den Erlebnissen mit dem anderen frei erzählen können, ohne daß bei denen gleich die Kinnlade herunterfällt. Der «Umgang» ist kein Tabuthema!

«Am besten hören Sie Ihren Kindern nach dem Besuchstag zu und verzichten dabei auf Bewertungen», rät Heiner Krabbe von *TRIALOG*. «Sagt Ihr Kind zum Beispiel: ‹Bei Papa habe ich heute ganz toll gespielt›, sollten Sie nicht sagen: ‹Aber hier hast du doch viel mehr Spielzeug.› Wenn Sie einfach nur sagen: ‹Da hat es dir gut gefallen› oder einfach nur: ‹Ja› oder mit dem Kopf nicken, dann fühlt sich Ihr Kind verstanden und kann weitererzählen. Es hat dann eine Möglichkeit, den Tag zu verarbeiten.»

Die «Übergabe»

Auf den bevorstehenden Tag oder das Wochenende mit dem Vater sollte die Mutter ihr Kind vorbereiten. Das Kind sollte frühzeitig wissen, wann das Wiedersehen stattfindet, um sich darauf einstellen zu können. Mutter und Kind können gemeinsam die Sachen zusammensuchen und das Schmusetier bereitlegen. Damit zeigt die Mutter, daß auch sie den Besuch beim Vater in Ordnung findet.

Ein Foto vom «Ex» im Kinderzimmer mag der Mutter mißfallen. Aber dem Kind zeigt es an, daß Papa weiterhin zu seinem Leben dazugehört. Auch Väter können ihre Kinder auf die gemeinsame Zeit einstimmen, indem sie vorher anrufen oder schreiben. So spürt das Kind: Der Papa freut sich auf mich.

«Als wir noch verletzt waren, haben wir unseren Sohn förmlich unter der Haustür hindurchgeschoben», erinnert sich eine Mutter. Tür auf, tschüs und raus: Viele Scheidungseltern inszenieren die «Übergabe» ihrer Kinder wie einen Gefangenenaustausch. Kinder finden es jedoch schöner, wenn sie nicht wie Frachtgut zwischen Mama und Papa hin- und hergeschoben werden. Sie hätten nichts dagegen, wenn der andere Elternteil kurz mit in die Wohnung kommt. Besonders angenehm ist es für Kinder, wenn ihre Eltern noch ein paar freundliche Takte miteinander wechseln können, zum Beispiel bei einer Tasse Tee in der Küche. Dabei könnte die Mutter dem Vater noch kurz mitteilen, wie es dem Kind geht.

Einige Mütter und Väter bringen ihre Kinder abwechselnd zum anderen Elternteil und holen sie dort wieder ab. So vermitteln sie ihnen, daß die Besuchstage auch für Mama und Papa ganz normal sind. Diese Sicherheit brauchen Kinder vor allem in den ersten Monaten nach der Trennung. Genauso schön finden sie es, wenn ihr Papi sie von der Schule oder vom Kindergarten abholt.

Kleinkinder trennen sich besonders ungern von ihrer vertrauten Umgebung. Ihre Eltern sollten sich für den Wechsel besonders viel Zeit lassen. Oft kommt der Vater, wenn das Kind noch mitten in einem schönen Spiel ist. Hier sollte er erst einmal vorsichtig am Spielgeschehen teilnehmen und so langsam die für Tage oder Wochen unterbrochene Beziehung erneuern. Mit solchen kleinen «Tricks» kann die natürliche Trennungsangst des Kindes besänftigt werden. «Bei kleinen Kindern ist die Besuchsverweigerung zumeist nur die Kehrseite der Angst, sich von der Mutter zu trennen, oder einfach nur der (zornige) Widerstand, eine, im Augenblick schöne und lustvolle Beziehungssituation zu unterbrechen.»[122]

Und nach dem Besuchstag? Wenn der Vater rechtzeitig das Ende der gemeinsamen Zeit angekündigt hat, kann das Kind sich langsam von ihm, von den Spielsachen und der Wohnung verabschieden. Die letzten Stunden sollten Kind und Vater ruhig ausklingen lassen. Der Abschied ist für beide, insbesondere dann, wenn die Trennung noch nicht lange zurückliegt, oft sehr schmerzhaft. Da ist wieder viel Nähe entstanden, und jetzt gilt es erneut, sich zu trennen. Tränen beim Abschied sagen in der Regel nichts darüber aus, daß Kinder nicht wieder oder nicht mehr zum anderen Elternteil zurückwollen. Dieser Trennungsschmerz wird sich nach einiger Zeit legen. Die Kinder werden immer besser mit dem «Hin und Her» zwischen Mama und Papa zurechtkommen, sobald sich eine gewisse Routine eingespielt hat.

Auch nach dem Besuch sollten die Eltern noch kurz besprechen, wie es den Kindern ergangen ist. Wo waren sie? Mit wem sind sie zusammengetroffen? Das hilft, Mißverständnissen vorzubeugen, und zeigt den Kindern, daß Papa es vollkommen normal findet, daß sie nun wieder bei Mama sind.

«Vermeiden Sie es, Aussagen des Kindes wie zum Beispiel ‹Bei dir ist es schöner!› überzubewerten. Kinder spüren sehr gut, was ihre Eltern gern von ihnen hören möchten, und sprechen das dann aus. Wenn sie beim anderen Elternteil sind, kann es sein, daß sie das gleiche zu ihm sagen» (aus der Broschüre «Partnerschaft kann zerbrechen – Elternschaft ist nicht auflösbar» / IETE, München).

Kurz nach der Trennung ihrer Eltern sind viele Kinder nach den Besuchen angespannt und aufgeladen. Manche sind niedergeschlagen und traurig. Das sind ihre *Reaktionen* auf das Auseinanderbrechen der vertrauten Familiengemeinschaft. Deshalb sollten sie nach dem Wechsel die Möglichkeit haben, sich erst einmal ordentlich auszutoben. Andere Kinder mögen lieber Entspannung – zum Beispiel bei einem warmen Kakao oder in der Badewanne. Dabei kann Mama ihnen eine vertraute Geschichte vorlesen oder eine schöne Kinderplatte auflegen. So werden sie sich schnell wieder eingewöhnen.

Wenn Kinder nach den Besuchen «immer durch den Wind sind», versuchen manche Mütter, die Treffen mit dem Vater einzuschränken oder vollständig zu streichen. Doch die Aggressionen, die Trauer und Verwirrung der Kinder sind nicht durch die Besuchsregelung entstanden. Ihre Wurzeln liegen vor allem in der Auflösung der alten Hausgemeinschaft. «Beheben» lassen sich diese kindlichen Reaktionsweisen durch die Reduzierung oder Aussetzung des Kind-Vater-Kontaktes nicht!

Noch einmal die Familienexperten von der Münchener Beratungsstelle IETE: «Oftmals werden die Ursachen für Verhaltensauffälligkeiten, die mit den Kontakten zusammenhängen, beim anderen Elternteil gesucht und deswegen keine Kontakte mehr zugelassen. Nach unseren Erfahrungen hat sich dagegen gezeigt, daß in der Regel die Auffälligkeiten oder Störungen verschwinden, sobald es den Eltern gelingt, eine positive Einstellung zu der veränderten Familiensituation zu entwickeln.

Die Praxis hat bestätigt, daß es ratsam ist, die Kontakte zu erweitern und zu verlängern, wenn es Probleme gibt, und nicht, wie so oft, zu reduzieren. Im Gegensatz zu der üblichen Meinung besteht bei minimalen Kontakten die Gefahr der Verunsicherung viel eher als bei häufigen und längeren Kontakten. Zu kurze oder keine Kontakte zum anderen Elternteil führen oft dazu, daß sich das Kind ein irreales, das heißt ein idealisiertes oder ein unrealistisches Bild über diesen Elternteil macht. Dieser Umstand behindert die kindliche Entwicklung eher, als er sie fördert.»

Liebe aus der Ferne – geht das?

«Zwischen den Wochenenden mit meinem Sohn liegen im Schnitt vier Wochen. Ich notiere mir deshalb immer in meinem Kalender, was wir erlebt haben, worüber wir geredet haben und was wir uns vorgenommen haben, damit wir dort weitermachen können, wo wir aufgehört haben. Die Abstände zwischen unseren Treffen sind einfach zu groß. Ich habe Angst, etwas zu vergessen. Manchmal schreibe ich auch einige Fragen, Ideen und Gedanken auf, die mir in der Zwischenzeit kommen. Und was Tante Soundso mir am Telefon erzählt hat, was ich Boris sagen soll.»

Mit Hilfe seines Kalenders versucht dieser Vater, den Draht zu seinem Sohn außerhalb der festgelegten «Umgangszeiten» nicht ganz abreißen zu lassen. Andere Väter schreiben für ihre Kinder und sich Tagebuch. Sie notieren sich Namen von Lehrern und Freunden des Kindes, damit sie nicht immer wieder nachfragen müssen. Sie legen Dinge, an die sie später anknüpfen wollen, in eine «Erinnerungskiste»: die Vogelfeder, die ihr Kind letztes Wochenende gefunden hat, ein Bild aus der Zeitung oder das Spiel, das nicht mehr zu Ende gespielt werden konnte.

Es gibt noch andere Möglichkeiten, mit den fernen Kindern in Kontakt zu bleiben und kleine Lebenszeichen zu setzen: Manche Väter schicken ihren Kindern regelmäßig Briefe, telefonieren mit ihnen oder schicken Fotos, Zeitschriftenschnipsel und Zeichnungen. Ein paar Zeilen – «Wie war deine Theateraufführung? Wie lief die letzte Klassenarbeit? Hast du letztes Wochenende ein Tor geschossen gegen TSV Sasel?» – zeigen den Kindern, daß Papa an sie denkt.

Kinder, die noch nicht lesen können, freuen sich besonders über Postkarten mit bunten Bildern und Zeichen für Küsse und Umarmungen. Auch besprochene Kassetten kommen bei ihnen sehr gut an. Ein Vater erzählte mir, daß sein Sohn und er sich fast jeden Tag ein «Fax» zusenden.

Auch Mütter können ihre Kinder ermuntern, dem Papa ein Bild zu malen oder einen kurzen Brief zu schreiben. Ältere Kinder werden das oft von sich aus machen, wenn sie ihre Umgebung nicht daran hindert.

Schwierigkeiten mit dem Nachscheidungsalltag?
Die folgenden *Broschüren* können weiterhelfen:

- «Eltern bleiben Eltern. Hilfen für Kinder bei Trennung und Scheidung.» Herausgegeben von der Deutschen Arbeitsgemeinschaft für Jugend- und Eheberatung e.V. Zu beziehen beim Bundesministerium für Familie und Senioren, Godesberger Allee 140, 53175 Bonn.
- «Partnerschaft kann zerbrechen – Elternschaft ist nicht auflösbar.» Bei: IETE – Intakte Elternschaft trotz Trennung/Scheidung. Germersheimer Str. 26, 81541 München.
- «Die Eltern trennen sich. Die Kinder sehen beide.» Bei: TRIALOG – Beratungsstelle für Familienkrisen, Trennung und Scheidung e.V. Von-Vincke-Straße 6, 48143 Münster.
- «Mehr Zeit für Kinder. Auch nach Trennung und Scheidung. Nichtsorgeberechtigte Väter und Mütter und die Beziehung zu ihren Kindern.» Bei: Mehr Zeit für Kinder e.V. Schmidtstraße 12, 60326 Frankfurt/Main (DM 5,— Schutzgebühr und DM 3,20 in Briefmarken)

Empfehlenswert sind auch die folgenden Ausführungen:

- Keyserlingk, Linde von: Liebe aus der Ferne. Wie Kinder mit dem abwesenden Vater in Kontakt bleiben; Herderbücherei 1983.
- Mackscheidt, Elisabeth/Tull, S.: Hilfen für Eltern und Kinder bei Trennung und Scheidung. In: Katholische Bundesarbeitsgemeinschaft für Beratung (Hg.): Kirchliche Beratung – Hilfe zum Leben. Freiburg 1990, S. 209–217.

– Rowlands, Peter: Wochenend-Eltern. Intakte Elternschaft trotz geschiedener Ehe; Kösel 1983.

Zahlreiche Argumente für einen lebendigen Vater-Kind-Kontakt nach Trennung oder Scheidung liefert der Diplompsychologe Ernst Ell in seinem Aufsatz: Psychologische Kriterien zur Umgangsregelung. In: Der Amtsvormund, Oktober 1986, S. 745–752.

«Von meinem Vater weiß ich mehr als meine Freundinnen»

Ein Trennungskind erzählt

«Von meiner Mutter und meinem Vater gibt es nur dieses Foto. Komisch, denke ich manchmal: Das sind meine Eltern?»

Kira legt das Bild zur Seite. Zwei Twens stehen dort – Hans und Inge, Arm in Arm vor dem Atomium – und lächeln in die Linse. Brüssel 1970. In solch trauter Zweisamkeit hat sie diese beiden Menschen sonst nie erlebt. Zusammen waren Mutter und Vater nur selten. Wenn überhaupt, dann für wenige Stunden, zum Beispiel wenn Kira Geburtstag hatte. Manchmal haben sie noch ein Glas Wein getrunken, wenn Hans Kira am Sonntagabend zu Hause ablieferte.

Kira ist zwanzig Jahre alt und studiert Sozial- und Wirtschaftsgeschichte. «Geplant» war sie nicht. Als ihre Mutter, heute 42, feststellte, daß sie schwanger war, war die Beziehung mit Hans bereits zu Ende. Hans, heute 40, ist Abgeordneter in einem Landesparlament.

«Wie soll der Kontakt zwischen dem Kind und dir denn noch funktionieren?», ist häufig zu hören, wenn Eltern auseinandergehen oder wenn neue Partner auftauchen. Mütter und Väter vergessen dabei, daß Kinder mit «Mehrdeutigkeiten» leben können. Vorausgesetzt, ihre Eltern lassen das zu.

Kira ist mit drei Vätern groß geworden: Mit ihrem, wie sie ihn nennt, «richtigen Vater» Hans und mit ihren «sozialen Vätern» Rudi und Bernd. Dabei war die Bezeichnung «Vater» für sie, vor allem als sie noch kleiner war, «total nebensächlich».

Unter einem Dach haben Kira und Hans nie zusammengelebt. Trotzdem haben beide eine gemeinsame Geschichte.

Kannst du dich noch erinnern, was du mit deinem Vater gemacht hast, als du jünger warst?

«Als ich vier war, da stand mein Vater alle zwei Wochen am Montagnachmittag um fünf Uhr vor dem Kindergarten. Dann sind wir zu ihm gefahren und haben da gespielt. Kochen kann er wie kein zweiter. Wenn ich bei ihm war, gab es immer Pfannkuchen oder Spaghetti. Ich sehe die Maschine, mit der er die Spaghetti gemacht hat, noch deutlich vor mir. Bei Hans war es immer lustig. Wir waren oft im Kindertheater oder sind zu meinen Großeltern, also seinen Eltern, gefahren. Manchmal war ich auch am Wochenende bei ihm.

Ob ich Hans als Vater betrachte? Das kann ich dir gar nicht so genau sagen. Diese Begriffe sind immer so doof. Meine Mutter ist meine Mutter. Klar. Mit meiner Mutter habe ich ja die ganze Zeit zusammengelebt. Und mein Vater? Hans ist mein biologischer Vater, soviel steht fest. Als ich in die Grundschule ging, habe ich auf die Frage ‹Wer ist dein Vater?› immer geantwortet: ‹Ich habe zwei Väter.› Meine Mutter hatte mir das so erklärt: ‹Der, mit dem ich dich gemacht habe, das ist Hans. Und der, der immer für dich da ist, das ist Rudi.›

Rudi war der eigentliche Vater für mich. Das war der Freund meiner Mutter. Damit bin ich immer selbstbewußt umgegangen. Wenn jemand nett zu dir ist und sich um dich kümmert, ist es dir als Kind total egal, ob der nun Papa oder Rudi heißt. Rudi hat schon in früher Kindheit die Vaterrolle für mich übernommen. Mit ihm habe ich mehr Zeit verbracht als mit meinem richtigen Vater. Rudi hat sich auch noch um mich gekümmert, als meine Mutter wieder einen neuen Freund hatte. Bis ich vierzehn war, kam er noch einmal in der Woche vorbei, obwohl er da schon verheiratet war und selbst zwei Kinder hatte. Er war damals eine richtige Autoritätsperson für mich. Das war Hans nie. Wenn Rudi gesagt hat: ‹Das darfst du und das nicht!›, galt das so wie bei meiner Mutter.

Mit Rudi, das war Alltag. Wir haben zusammen gefrühstückt und Abendbrot gegessen. Er hat mir Gute-Nacht-Geschichten vorgelesen und hat auf mich aufgepaßt, wenn meine Mutter weg war. Manchmal hat er auch mit mir geschimpft. Rudi hat mir Lesen und Schreiben beigebracht. Natürlich hat er mit mir auch gespielt und gebastelt. So einen Alltag habe ich mit Hans nicht kennengelernt.

Mein jüngerer Bruder hat übrigens einen anderen Vater: Bernd. Der wohnte ungefähr vier Jahre bei uns. Ich habe also praktisch drei Väter. Aber Bernd hat die Vaterrolle nicht so übernommen wie Rudi in meiner früheren Kindheit.

Trotzdem gibt es zwischen meinem richtigen Vater und mir viele Elemente, die eine Beziehung zwischen Vater und Tochter ausmachen: Während meiner Schulzeit habe ich ihn alle zwei Wochen von

Freitag bis Sonntag besucht. Seine Freundin war auch oft da. Die mochte ich übrigens wahnsinnig gern. Das wäre auch blöd gewesen, wenn jemand bei ihm gewesen wäre, den man total bescheuert findet. Wir haben nicht immer nur besondere Sachen wie Kino und so gemacht. Ich habe bei Hans auch gelesen und gemalt, mich also auch alleine beschäftigt. Pfannkuchen und Papa: Das gehört für mich zusammen. Die hat er immer für mich gemacht, wenn ich bei ihm war. Und das Weihnachtskeksebacken. Das machen wir jedes Jahr, auch heute noch. Das hat richtig Tradition. Da haben meine Freunde auch schon mitgemacht.»

Und was ist bei deinem Vater anders im Vergleich zu anderen Vätern?

«Da sind einige Dinge, die ich bei anderen Töchtern und ihren Vätern nicht sehe. Ich rede mit Hans über Sachen, die meine Freundinnen nie mit ihren Vätern besprechen würden: Ich kann ihm zum Beispiel meine Love-Stories erzählen. Ich kenne so viele Mädchen, die werden mit ihrem Vater zusammen alt, aber wissen überhaupt nicht, was er denkt und was er macht. Für viele ist der Vater doch ein Fremder, der mit ihnen bloß in einem Haus wohnt. Der arbeitet, kommt nach Hause und ißt dort sein Abendbrot. Mehr nicht.

Du schreibst ein Buch über Väter ohne Kinder? Ja, so etwas gibt es wohl. Aber es gibt auch viele Männer, die sich als Vater beschissen zu ihren Kindern verhalten. Wie viele Väter gibt es wohl, die da sind und wiederum nicht da sind?

Warum ich mich mit meinem Vater so gut verstehe? Wir hatten nie diesen Alltagsstreß. Hans war nie eine Autoritätsperson für mich. Er konnte mir nie etwas verbieten wie meine Mutter. Wir haben uns immer getroffen, weil wir uns sehen wollten. Und dann schafft man sich natürlich eine ganz entspannte Atmosphäre. Da ist immer etwas Angenehmes, etwas Schönes. Wir können uns prima unterhalten und amüsieren. Wir können uns auch gut über politische Themen streiten. Hans hatte ja sonst nichts mit Kindern zu tun. Deswegen hat er mich schon früh wie eine Erwachsene behandelt.

Meiner Mutter rechne ich es übrigens hoch an, daß sie sich nie zwischen meinen Vater und mich gestellt hat. Sie hat sich manchmal darüber aufgeregt, daß Hans mich am Wochenende mit leckeren Sachen vollgestopft hat. Für eine Mutter muß das schwer sein: Sie hat den Alltag, und der Vater backt die Pfannkuchen. Der Kontakt zwischen Hans und mir lief aber nie über meine Mutter. Ich habe ihn angerufen, oder er hat mich angerufen. Wenn wir uns sehen wollten, war das okay.»

Das hört sich ja bisher alles sehr positiv an. Aber es gibt doch sicherlich auch Dinge, die dich an Hans stören…

«Klar. So mit zwölf, dreizehn, als ich in die Pubertät kam, da hatte ich auch Streß mit meinem Vater. Ich hatte plötzlich das Gefühl, er will mit mir angeben – mit *seiner* tollen Kira, die in der Schule so gut ist. Dazu hatte er doch überhaupt kein Recht. Das war doch nicht sein Verdienst! Einmal wollte er mich auf eine Betriebsfeier mitnehmen, um mich da vorzuzeigen – *seine* Tochter. Aus Protest habe ich meine zerfetzteste Hose mit Tigermuster angezogen. Es stieß mir auch plötzlich auf, daß er sich so wenig um mich gekümmert hat, als ich klein war. Eine Zeitlang hatte meine Mutter ihm verboten, mich zu sehen. Da war ich fünf oder sechs. Hans hatte sich ein paarmal nicht an die Termine gehalten, wann er mich abholen sollte. Ich war damals wahnsinnig enttäuscht, daran erinnere ich mich noch sehr genau.

Und heute? Das mit dem Vorzeigen hat sich gelegt. Und falls es noch da ist, stört es mich jedenfalls nicht mehr. Er schreibt zum Beispiel auch heute noch als Anrede ‚Geliebte Tochter!'. Mit dreizehn fand ich das schrecklich. Jetzt finde ich das wieder schön. Unser Verhältnis ist sogar intensiver geworden. Ich würde zum Beispiel nie auf die Idee kommen, meine Mutter am Telefon zu fragen, ob sie Lust hat, mit mir spazierenzugehen. In den letzten drei Jahren waren wir immer zwei Wochen im Urlaub – Städtereisen nach Berlin, Prag und Budapest. Das war total schön. Da hatten wir viel Zeit zum Reden. Ich habe ihm erzählt, was ich so mache, und er hat mir viel von sich und seiner politischen Arbeit erzählt. Ich habe ihn richtig ausgequetscht, wie das damals war, mit meiner Mutter. Ich habe ihn gefragt, was er damals gefühlt hat, als meine Mutter schwanger war. Er war total überfordert und fühlte sich der Verantwortung nicht gewachsen. Außerdem war seine neue Freundin eifersüchtig. Er hat mir auch erzählt, daß er in der Zeit, als er manchmal nicht gekommen ist, gerade in therapeutischer Behandlung war. Er hatte damals große Probleme mit seinen eigenen Eltern.

Heute gebe ich ihm keine Schuld mehr, daß er sich damals so wenig um mich gekümmert hat. Mich nerven nur seine Beziehungskisten. Und daß er ein Realo geworden ist.»

11. Weniger Streit durch mehr Hilfe und Beratung

Mit *anderer* Hilfe könnte vielen Trennungs- und Scheidungs-Familien geholfen werden. Wenn die Helferfront von Anwälten, Sozialarbeitern, psychologischen Sachverständigen und Richtern auf jene «Eingriffe» verzichten würde, die das akute Trennungsgeschehen festschreiben, oftmals sogar noch anheizen, könnten mehr Eltern nach Trennung oder Scheidung Eltern bleiben. Aber meistens läuft es so: Nach den üblichen Kontakten mit professionellen Trennungsbegleitern ist bei den ehemaligen Partnern auch der letzte Funke an Verständigung und Zusammenarbeit erloschen. Jedes zweite Kind wird einen Elternteil vollständig verlieren – in der Regel seinen Vater. Die andere Hälfte wird sich häufig mit «Umgängen» zufriedengeben müssen, die eher an Großtante Pias Kaffeetafeln als an eine gelebte, sinnliche Liebes-Beziehung erinnern.

Trennungsbegleiter, die gemeinsam mit ehemaligen Partnern Streitpotential abbauen *könnten*, gibt es in Hülle und Fülle. Doch den meisten Anwälten, Jugendamtsmitarbeitern, Gutachtern und Richtern fehlt dazu die erforderliche *Ausbildung*, häufig auch das notwendige *Einfühlungsvermögen*. Nur wenige haben das kindeswohlschädliche Kinder-brauchen-ihre-Ruhe-Credo und das althergebrachte Suchverfahren nach dem «besseren» Elternteil an den Nagel gehängt.

Die erste gesamtdeutsche Umfrage «Trennung–Scheidung–Neubeginn»[123] kommt zu dem Ergebnis, daß 82 Prozent der Scheidungspaare sich psychologische Beratung wünschen. 73 Prozent plädieren sogar für eine *Pflicht*beratung. Die Betroffenen hätten also nichts gegen umfassende nichtjuristische Hilfe einzuwenden. Aber nur die wenigsten finden Helfer, die ihnen helfen. Die Hälfte gab an, vergeblich nach einer Beratungsstelle Ausschau gehalten zu haben.

Trennungseltern fordern Hilfe. Aber selbst unter prominenten Vertretern der Scheidungsbranche macht sich *Hilflosigkeit* breit, mitunter sogar Zynismus. So warnte der Berliner Psychologe und Gutachter Dr.

Rainer Balloff in einer Rede vor alleinerziehenden Müttern davor, «die Tatsache häufig vielfältiger, dem Wohl des Kindes abträglicher Konflikte und Zwistigkeiten der Eltern nach einer Trennung» zu bagatellisieren oder zu verleugnen.[124] Ich frage mich: Wem nützen solche rein pathologischen Zustandsbeschreibungen, solche Fingerzeige auf die Verletztheiten ehemaliger Partner? Den Kindern wohl kaum! Und ihren Eltern?

Daß es nicht einfach ist, zerstrittene Ex-Paare im Interesse ihrer Kinder an einen Tisch zu bekommen, wird kein Scheidungsbegleiter bestreiten. Viele Mütter und Väter lehnen jede Beratung, jede Hilfe ab, weil sie Kritik an ihrem Verhalten befürchten. Doch wer sonst, wenn nicht die Leute vom Fach, könnte Eltern aus ihrer Sackgasse herausführen?

Um festzustellen, daß elterliche Gemeinsamkeiten nicht mehr vorhanden oder gewollt sind, bedarf es keines «psychologischen Sachverstandes». Großes Vertrauen in sein Handwerk scheint der Psychologe Balloff nicht zu haben: Er befürchtet, daß die «kärglichen Reste» elterlicher Gemeinsamkeiten «eher zerstört als ausgebaut werden», «indem man dem heutigen ‹systemischen Zeitgeist› entsprechend über Gebühr nicht mehr vorhandene oder gewollte elterliche Gemeinsamheiten herbeiredet bzw. mit Hilfe von Psychotechniken unter Zwang oder Androhung herbeiberät, herbeitherapiert oder herbeimediatiert»[125].

Ein Aufruf zur Arbeitsverweigerung? Nach dem Motto: «Wir können ja sowieso nichts tun, wenn die Eltern sich zoffen»?

Scheidungsbegleiter mit einer derartigen Arbeitsmoral sollten lieber nach einem anderen Job Ausschau halten. Für sie gilt das gleiche wie für Zahnärzte, die Angst vorm Bohren haben: In der (Scheidungs-)Praxis haben sie nichts zu suchen. Denn von alleine wird ein kranker Zahn nicht gesund.

«Die Familienrichter sollten sich vor jeder Sitzung fragen, wie sie sich selbst nach einer Scheidung den Kontakt zu ihren eigenen Kindern wünschten» (ein Vater).
«Das Gros der professionellen Kindeswohlschützer hat längst Individualität durch Professionalität, mitfühlende ‹Anteilnahme› an Kindern und ihren Familien durch eine sachlich-bewertende ‹Stellungnahme› ersetzt» (Uwe-Jörg Jopt, Familientherapeut).
«Der juristische Weg macht oft mehr kaputt, als daß er den Paaren hilft» (ein Richter).

Wie können wir Streitpotential zwischen den Ex-Partnern abbauen, damit beide ihren Kindern als Bezugsperson erhalten bleiben? Wie befähigen wir sie, ihrer Verantwortung als Eltern weiterhin gerecht zu werden? Wie motivieren wir sie, ihre gescheiterte Liebe von der fortbestehenden gemeinsamen Liebe zu ihren Kindern zu trennen? Wie bringen wir sie zu praktikablen Arrangements über die zukünftige Betreuung und Versorgung der Kinder? Wie können wir den Kindern die Kontakte zum abwesenden Elternteil sichern?

Mit diesen Fragen sollten sich Trennungs-*Begleiter* auseinandersetzen! Denn oft ist Müttern und Vätern gar nicht bewußt, daß sie ihre Kinder für ihre eigenen Bedürfnisse und Motive instrumentalisieren. Deshalb brauchen sie Hilfe von *Menschen*, die sie für die Bedürfnisse ihrer Töchter und Söhne sensibilisieren. Helfer, die ihr Handwerk beherrschen, verstehen es, Eltern in ihren menschlich nachvollziehbaren Abwehrversuchen zu zügeln. Sie sagen nicht ja und amen zu deren gegenseitigen Vernichtungs- und Verbannungswünschen. Vielmehr bemühen sie sich, Mutter und Vater wieder über ihr Kind ins Gespräch zu bringen.

Heraus aus dem Konfliktkreis

«Beide Eltern braucht das Kind, auch wenn sie geschieden sind!»

Ginge es nach den Trennungs- und Scheidungskindern, müßten ihre Eltern diesen Aufkleber des Verbandes *Väter für Kinder* gut sichtbar auf dem Autoheck oder über der Türklingel plazieren. Kinder wünschen sich auch nach Trennung ihrer Eltern intensive und konfliktfreie Beziehungen zu Mutter und Vater. Die aber sind just zu dieser Zeit in einer schlechten Verfassung: Ihre Fähigkeit, sich in die Wahrnehmungswelt und Bedürfnisse anderer hineinzuversetzen, sinkt auf einen Tiefstpunkt. Ihr Paarkonflikt verschlingt eine Menge Kraft.

Wie kann auseinanderdriftenden Partnern geholfen werden, die Interessen ihrer Kinder auch in dieser Krisensituation nicht aus den Augen zu verlieren? Wie die Kinder aus dem psychologischen Würgegriff ihrer Eltern befreien? Wie Dialogfähigkeit herstellen? Wie herauskommen aus dem Konfliktkreis?

Faustregeln und Patentrezepte gibt es dafür nicht. Aber es gibt einige Strategien, die Beziehungen zwischen Eltern nicht noch zusätzlich be-, sondern im Normalfall entlasten. Vorgehensweisen, die ehemaligen Partner *früher* offen für eine gemeinsame Gesprächsbasis, für konstruktive Lösungen machen. Diese Versuche verzichten darauf, den Betroffenen fertige Marschrouten zu geben. Denn in der Zwangsjacke juristischer Beschlüsse und Verordnungen fühlt sich eine Seite gewöhnlich unterlegen.

Fachkundige, die ihr Möglichstes tun, Familien vor und nach der Trennung zu helfen, gibt es schon heute. Sie arbeiten in allen Scheidungsprofessionen und versuchen vor allem, gemeinsam mit den Betroffenen mehr Bewußtsein für fortbestehende Elternschaft aufzubauen. Denn schriftliche «Vereinbarungen» sind nicht das Papier wert, auf dem sie geschrieben wurden, solange sie nicht Spiegel verinnerlichter Ansichten sind.

Richtige Helfer leisten deshalb vor allem Überzeugungsarbeit. Kompromisse und Kooperation, das wissen sie, sind Ausdruck von *Einstellungen,* nicht von Dekreten. Oft sind es schon Kleinigkeiten, die Müttern und Vätern die Augen öffnen: Zum Beispiel das Kinderbuch «Papa wohnt jetzt in der Heinrichstraße»[126]. Das liest Franz Dickmeis, Familienrichter und Präsident des Verbandes *Anwalt des Kindes*, gemeinsam mit unversöhnlichen Scheidungs-Gegnern. Die «leichte Lektüre» habe schon bei so manchem Hardliner einen Bewußtseinsschub für die Wünsche der eigenen Kinder ausgelöst.

Frischer Wind in einigen Jugendämtern

«Als Trennungs- und Scheidungsberaterin des Jugendamtes, beauftragt durch das Kinder- und Jugendhilfegesetz, sehe ich es als meine Hauptaufgabe an, das Kind mit seinen Trennungsängsten und seinen Bedürfnissen, beide Elternteile zu behalten, zu vertreten und beide Eltern an ihre Verantwortung für das Wohlergehen ihres gemeinsamen Kindes zu erinnern und in die Pflicht zu nehmen»
(Helga Schmitz, Bad Honnef).

«Es geht nicht mehr darum, möglichst frühzeitig Verantwortung für die Betroffenen zu übernehmen und damit zu einem Prozeß der Entmündigung beizutragen, sondern es geht darum, Verantwortung dafür zu übernehmen, daß sie wieder befähigt werden, eigenverantwortlich zu handeln. Mit diesem veränderten Arbeitsansatz gelingt es mir sehr häufig, strittige und scheinbar ausweglose Konfliktsituationen von Scheidungseltern in einem gemeinsamen Prozeß aufzulösen und die Konfliktpartner zur Kooperation zu gewinnen»
(Ullrich Bieker, Jugendamt Kassel).

Bad Salzuflen, Erlangen, Geesthacht, Kassel, Karlsruhe, Landsberg am Lech, Siegburg und Saarbrücken: In den Jugendämtern dieser Städte weht ein neuer Wind. Viele ihrer Mitarbeiter haben auf Fortbildungsseminaren Kenntnisse über die komplexen Problemstrukturen in Nachscheidungsfamilien erworben. Sie sind vertraut mit pädagogischer und psychologischer Beratungsführung, mit Vermittlungs-Techniken. Und sie kennen sich aus mit dem rechtlichen Unterbau. Ihre Hauptaufgabe sehen sie darin, die oftmals vollständig eingefrorene Gesprächsbereitschaft zwischen ehemaligen Partnern wieder anzuregen.

Der Gefühlshaushalt von Trennungseltern ist in diesen Bezirken sicherlich nicht weniger durcheinander als bei Trennungseltern in anderen Teilen der Republik. Hier haben sie jedoch größere Chancen, Impulse für eine fortbestehende gemeinsame Eltern-Verantwortung zu erhalten.

Das Jugendamt bzw. das Amt für Soziale Dienste (ASD) ist gewöhnlich die erste Institution, mit der scheidungswillige Eltern konfrontiert werden. Bislang war der «Hausbesuch vom Jugendamt» den meisten Müttern und Vätern ein rotes Tuch. Sie wußten, daß die Sozialarbeiterin anschließend in einer Stellungnahme für und gegen einen Elternteil votieren würde – kein gutes Klima für vertrauensvolle oder gar spannungsmindernde Gespräche.

Die Arbeit in den Reform-Jugendämtern hat mit den herkömmlichen Eltern-Observationen nichts gemeinsam. Hier stehen Beratung, Information und Aufklärung im Mittelpunkt.[127] Hilfe, so interpretieren ihre Mitarbeiter das neue *Kinder- und Jugendhilfegesetz*, muß Trennunngsfamilien *rechtzeitig* erreichen. «Zur rechten Zeit»: das heißt für die Betroffenen, *bevor* die innerfamiliären Fronten durch Sprachlosigkeit und unsachgerechte Eingriffe (Schriftsätze, Gutachten u. a.) hoffnungslos verhärtet sind.

Das Kinder- und Jugendhilfegesetz (KJHG) vom 1. Januar 1991

Im Falle der Trennung oder Scheidung sollen Eltern bei der Entwicklung eines einvernehmlichen Konzepts für die Wahrnehmung der elterlichen Sorge unterstützt werden, das als Grundlage für die richterliche Entscheidung über das Sorgerecht nach der Trennung oder Scheidung dienen kann (§ 17 Abs. 2 KJHG).

Mütter und Väter, denen die elterliche Sorge nicht zusteht, haben Anspruch auf Beratung und Unterstützung bei der Ausübung des Umgangsrechts. Bei der Herstellung von Besuchskontakten und bei der Ausführung gerichtlicher oder vereinbarter Umgangsregelungen soll in geeigneten Fällen Hilfestellung geleistet werden (§ 18 Abs. 4 KJHG).

Die Informationsbroschüre «Das neue Kinder- und Jugendhilfegesetz» ist kostenlos zu beziehen beim Bundesministerium für Frauen und Jugend, Kennedyallee 105–107, 53175 Bonn.

Über zehn Jahre bastelten Bonner Familienhüter am KJHG. Das Jugendamt Kassel durfte schon seit Mitte der achtziger Jahre mit den neuen Richtlinien arbeiten. «Gemeinsame elterliche Verantwortung im Interesse der Kinder» heißt hier die neue Maxime. Wenn eine Sorgerechtsentscheidung im Rahmen des Scheidungsverfahrens bevorsteht, bietet das Jugendamt den Betroffenen Beratung an. «Individuell und ohne Formblatt schreiben wir die Eltern an», erklärt Abteilungsleiter Helmut Matthey. Die anschließenden Gespräche finden in freundlichen, hellen Zimmern statt. Keine Behördenatmosphäre, in der alle zwei Minuten das Telefon klingelt. Möchten die Eingeladenen nicht zusammen erscheinen, finden erst einmal Einzelgespräche statt. Ob die Ex-Partner die Beratung schließlich annehmen, obliegt ganz ihrer Entscheidung.[128]

«Unsere Hauptaufgabe ist es, Eltern zu motivieren, einen einvernehmlichen Vorschlag an das Gericht zu entwickeln», sagt Helmut Matthey. Das «Kasseler Modell» zeigt Wirkungen: 80 Prozent aller Eltern unterbreiten dem Familienrichter einen selbst erarbeiteten Vorschlag, den der Rechtsprecher nur noch zu bestätigen braucht. «Können die Eltern sich nicht einigen, stellen wir beim Gericht einen Antrag auf Fristverlängerung. In der Zwischenzeit werden sie von

Mitarbeitern mit der Sonderausbildung ‹systemische Familienberatung› beraten. Wenn auch das nicht fruchtet, nennen wir ihnen Beratungsstellen in der näheren Umgebung.»[129] Schließlich bleiben, so Matthey, nur vier bis fünf Prozent «hochstrittige Fälle» übrig.

Auch das Kreisjugendamt Landsberg ist der Zeit voraus. «Weil Eltern, die sich trennen wollen, in einer psychischen Ausnahmesituation sind, benötigen sie kurzfristige und frühzeitige Hilfe», faßt der Sozialpädagoge Günther Hartl seine Erfahrungen mit Trennungspaaren zusammen. «Frühzeitige Hilfe» bedeutet für ihn, daß die Familiengrenzen nicht vorschnell festgeschrieben werden – das gilt insbesondere für das obligatorische «Trennungsjahr». Den Eckpfeiler für die neue Arbeitsweise sieht Hartl in der «optimalen Zusammenarbeit» zwischen Jugendamt und Familiengericht. «Mittlerweile haben sich auch die Anwälte auf unsere Arbeitsweise umgestellt.»

Übrigens: 1989 entschieden sich in Landsberg 28 Prozent der Familien für das gemeinsame Sorgerecht – im Bundesdurchschnitt waren es 1 bis 2 Prozent! Die Geschiedenen scheinen es nicht zu bereuen: Bis heute ging im Kreisjugendamt kein einziger Änderungsantrag von gemeinsamer auf alleinige Sorge ein. Auch in Kassel liegen die Zahlen deutlich über dem Standard: 1991 erhielten hier 13 Prozent der Eltern das Recht, auch nach der Scheidung weiterhin gemeinsam für ihre Kinder zu sorgen. In Karlsruhe, wo auch nach dem «Kasseler Modell» gearbeitet wird, entwickelten sich die Entscheidungen für das gemeinsame Sorgerecht folgendermaßen: 1989 = 9 Prozent; 1990 = 12 Prozent; 1991 = 16 Prozent.

Einige Jugendämter weigern sich seit der KJHG-Novelle, dem Richter die herkömmliche Sorgerechtsempfehlung zu liefern: «Wir wollen niemandem bescheinigen: ‹Du bist der Gewinner und du der Verlierer.› Eine einseitige Parteinahme würde uns jeden Kontakt zum Unterlegenen verbauen», sagt Helmut Matthey vom Kasseler Jugendamt. Waren die Vermittlungsbemühungen seiner Mitarbeiter erfolglos, beschränken sie sich darauf, dies kurz mitzuteilen und auf begleitende Hilfsangebote hinzuweisen. Manche Sozialarbeiter teilen dem Richter nur noch mit, welche Bedürfnisse *das Kind* nach der Trennung seiner Eltern hat.

Daß Richter vom Jugendamt keinen Entscheidungsvorschlag erzwingen können, ist mittlerweile auch vorherrschende Meinung in der deutschen Rechtsprechung.[130] Fortschrittliche Familienrechtler schlagen deshalb vor, zwei ganz unterschiedliche Abteilungen in den Jugendämtern zu schaffen: eine Beratungs- und Hilfsangebotsabteilung sowie eine Gerichtshilfeabteilung. Denn wer wird schon vertrauensvolle Gespräche mit einem Sozialarbeiter führen, wenn er anschließend im Gerichtssaal befürchten muß, daß seine eigenen Aussagen gegen ihn verwendet werden!

Jugendamtsmitarbeiter sind also nicht länger die Büttel des Gerichts, sondern Berater und Helfer der Eltern. Eine Beratungs*pflicht* hat der Gesetzgeber Trennungs- und Scheidungsfamilien jedoch nicht vorgeschrieben. «Hilfe zur Selbsthilfe ist nach dem KJHG zu gewähren, nicht mehr, aber auch nicht weniger.»[131] Fehlt den Staatsdienern Zeit oder Qualifikation für eine entsprechende Hilfestellung, können sie Eltern auch an Ehe-, Trennungs- und Scheidungsberatungsstellen weiterleiten.

Ein ausführliches *Verzeichnis dieser Hilfsangebote* findet sich ab Seite 236.

> Ratsuchende Eltern finden inzwischen ein kaum noch zu überblickendes Sortiment an Scheidungs- und Trennungs-Literatur. Sachverstand *und* praktische Hinweise finden sich leider nur in den wenigsten Ratgebern. Hervorragend in dieser Hinsicht ist meines Erachtens Barbara Wildes «*Eine Familie bleiben*. Das gemeinsame Sorgerecht – Ein neuer Weg bei Ehescheidungen»: Mosaik 1989. Wertvolle Anregungen für gemeinsame elterliche Verantwortung nach Trennung oder Scheidung geben auch die auf Seite 199f. vorgestellten Broschüren, Aufsätze und Bücher.
> Ab Seite 233 stelle ich Initiativen, Verbände und Vereine vor, die sich für mehr gemeinsame elterliche Verantwortung engagieren.

Mediation – Vermittlung

«Streiten oder Verhandeln – Fremdbestimmung oder Selbstbestimmung: Diese Frage kann niemand den Eltern abnehmen» (Lothar Beck und Roland Weber, Familientherapeuten).

Es geht um viel. Um fast alles: Wer bekommt das Sorgerecht für die Kinder? Wer die Wohnung und wer das Auto? Wann darf wer die Kinder wie lange sehen? Wie hoch ist der Unterhalt? Und wie teilen wir den Hausrat? Du willst den alten Sekretär? Dann kriege ich die Spülmaschine und den Farbfernseher! Aber die Geranien bleiben hier …

Alles gehört im Scheidungs-Potpourri irgendwie zusammen. Zündstoff in Hülle und Fülle. Ist sachliches Trennungsmanagement da überhaupt möglich?

Die meisten Betroffenen würden bei dieser Frage energisch den Kopf schütteln: Mit diesem Menschen? Wie soll das denn bitte funktionieren? Immer wieder brechen Verletzungen und Wunden auf, die man sich in den letzten Monaten und Jahren zugefügt hat. Ein fruchtbarer Nährboden für eine Alles-oder-nichts-Haltung: Wie schlage ich das beste für mich heraus? Die meisten Trennungsentschlossenen vertrauen dabei ganz ihrem Anwalt.

Es geht auch anders.

Eine wachsende Minderheit von Trennungs- und Scheidungspaaren bemüht sich, gemeinsam mit Fachleuten selbständig einen Kompromiß zu erarbeiten: die für beide bestmögliche Lösung. Ihre Helfer nennen sich «Mediatoren», auf deutsch: Vermittler.[132] Es handelt sich um Anwälte, Pädagogen, Psychologen oder Psychotherapeuten, die über eine entsprechende Zusatzausbildung verfügen. Sie sind selbständig oder arbeiten in Trennungs- und Scheidungsberatungsstellen.[133]

Mediation: Dahinter verbirgt sich die *vor- und außergerichtliche* Suche nach praktikablen, zukunftsbezogenen *Lösungen im Trennungsfall.* Der Vermittler sieht seine Hauptaufgabe darin, gemeinsam mit dem Trennungspaar unterschiedliche Standpunkte zu entflechten. Dabei begibt er sich in die Rolle eines Moderators: Er versucht, aus Gegnern Verhandlungspartner zu machen. Sein Job ist es, vorhandene Konflikte in konstruktive Bahnen zu lenken, nicht, sie unter den Tisch zu kehren. Der Vermittler distanziert, versachlicht und strukturiert. Er unterstützt das Paar, *eigene* Entscheidungen zu treffen. Wenn der Vermittlungsprozeß erfolgreich verläuft, braucht der Richter die getroffenen Vereinbarungen nur noch abzusegnen.

Ein Mediator ist weder Therapeut noch Schlichter, weder Anwalt noch Richter. Er ist «Befähiger», «Impulsgeber» und Erleichterer, kein autoritärer Entscheider. Als Katalysator und Konfliktsteuerer versucht er, die «Selbstregulierungskräfte» von ehemaligen Partnern zu fördern und positive Verstärkungen für deren Verhandlungsverhalten zu setzen. Beide Seiten geben dabei den Konflikt nicht aus der Hand; sie selbst bleiben in der Verantwortung. Sie werden nicht durch einen Rechtsanwalt vertreten, sondern sie vertreten sich selbst.

Bei Vermittlung geht es nicht um «kreative Scheidung», auch nicht um ein harmonisches Happy-End. Es geht um pragmatische Kompromisse, um wechselseitig interessengerechte Vereinbarungen – um *Gewinner-Gewinner-Lösungen*: «Statt einer Entweder-oder-Entscheidung wird nach Und-Lösungen gesucht, statt Sieg oder Niederlage wird doppelter Gewinn oder zumindest ein fairer Ausgleich angestrebt»[134], erklären die Münchner Mediatoren Gisela und Hans-Georg Mähler.

«Die optimale Voraussetzung zur Mediation ist, wenn die Partner ihre berechtigten Interessen angemessen vertreten können», sagt der Psychotherapeut Prof. Dr. Reiner Bastine, der an der Universität Heidelberg die Mediation-Beratungsstelle *Hiatus* leitet. Beide Sichtweisen müßten sich im Vermittlungsprozeß gleichberechtigt entfalten dürfen. Dazu gehöre gelegentlich auch, daß der Mediator den schwächeren Verhandlungsteilnehmer unterstütze. Bastine: «Wenn ein solcher Machtausgleich nicht erreichbar ist, empfehlen wir den Klienten in unserer Mediations-Praxis, ihre Regelungen von Anwälten aushandeln zu lassen. Denn der Mediator kann nicht die Aufgabe übernehmen, das Anliegen des Schwächeren dauerhaft zu vertreten, da er sonst parteilich wird.»

In den U.S.A. greifen Scheidungsfamilien seit mehr als zwanzig Jahren auf diesen Weg der Konfliktbearbeitung zurück. Mediation hat sich dort längst als wirkungsvolle Alternative zu den herkömmlichen juristischen Verfahren etabliert. Im Bundesstaat Kalifornien gibt es für strittige Sorgerechts- und Besuchssachen seit 1981 sogar eine Vermittlungs*pflicht*. Mediationsfachmann Roland Proksch: «Betroffene Familien haben mit Hilfe eines Beraters (Mediators) zunächst den Versuch einer eigenverantwortlichen, rechtsverbindlichen Lösung ihrer Konflikte vorzunehmen, ehe sie zu einem gerichtlichen Verfahrensfortgang ihrer Streitigkeit kommen können.»[135]

Viele deutsche Vermittler arbeiten nach dem Konzept von John M. Haynes, einem bekannten amerikanischen Mediator. Haynes, der 25 Jahre in Tarifverhandlungen zwischen Gewerkschaften und Arbeitgebern vermittelte, hat ein eigenes «Mediation Training Institute» in Northport, New York, und ist Sprecher der «Academy of Familiy Mediators».

«Meine Aufgabe besteht darin», sagt Haynes hilfesuchenden Paaren, «Ihnen zu helfen, eine Vereinbarung zu finden. Ich vertrete keinen von Ihnen einzeln. Mein Ziel ist die Vereinbarung, mit der Sie beide leben können. Ich werde meine Geschicklichkeit im Vermitteln dazu benutzen, Ihnen zu helfen herauszufinden, in welchen Punkten für eine Vereinbarung Sie übereinstimmen und in welch wichtigen Punkten nicht. Wenn das geschehen ist, werde ich Ihnen helfen, auch über die entscheidenden strittigen Punkte zu verhandeln, damit eine

Vereinbarung erreicht werden kann. Ich werde auch im Konflikt zwischen Ihnen vermitteln, so daß der Prozeß produktiv wird und nicht destruktiv.»[136]

Mediation ist stets ein *freiwilliges* Verfahren. Die Vermittlungspartner allein entscheiden darüber, ob sie zu einer Einigung gelangen wollen, gelangen können oder nicht. Zu einem Kompromiß gezwungen werden kann niemand. Jeder kann jederzeit aussteigen. Der juristische Titel «gemeinsame elterliche Sorge» kann, muß aber nicht am Ende einer erfolgreichen Vermittlung stehen. Viel wichtiger ist für den Mediator die Frage: Wie kann ich Eltern animieren, unter komplizierteren Bedingungen gemeinschaftlich Verantwortung für ihre Kinder zu übernehmen? Unter welchem Namen das schließlich geschieht – «alleinige» oder «gemeinsame elterliche Sorge» – ist dabei zuerst einmal Formsache.

Nur wenige Mütter und Väter werden in der «Verleumdungs- und Wutphase» in der Lage sein, miteinander «Sorge- und Umgangsregelungen» zu treffen. Mediation setzt voraus, daß beide ihren inneren Trennungskonflikt bereits ein Stück weit überwunden und sich von der «Verletzungs-Kränkungs-Rache-Spirale» (Mähler und Mähler) entfernt haben. Beide müssen sich sicher sein, daß sie die Trennung wollen. Erst, wenn sie die neuen Verhältnisse mehr oder weniger hinnehmen und mit den Enttäuschungen zurechtkommen, können sie sich auf einer gesprächsfähigen Ebene begegnen.

Einige Vermittler betonen den *therapeutisch-beratenden* Aspekt der *Mediation:* Trauerarbeit und Vermittlung schließen sich ihrer Ansicht nach nicht aus. Denn ohne Trauer kein Loslassen, ohne Loslassen kein Neuanfang. Wer den Verlust einer Trennung verarbeitet, für den muß Trennungsschmerz keine Verletzung fürs Leben bleiben: «Ohne Trauerarbeit gibt es auch keinen Frieden mit dem, was war. Seinen Frieden mit der vergangenen Beziehung zu schließen ist aber nötig, sonst gehen Selbstquälerei und Unversöhnlichkeit womöglich noch jahrzehntelang weiter», sagt der Tübinger Psychotherapeut Hans Jellouschek.

Vermittlung ziele zwar vorwiegend in die Zukunft; trotzdem sei die Vergangenheit des Paares immer präsent. Gefühle dürften deshalb in den Vermittlungsstunden nicht unter den Tisch fallen. «Das elende Unglücklichsein, das da verhandelt wird, muß zugelassen und als eigener Anteil begriffen werden», meint der Münchener Mediator Stefan Mayer. «Sonst besteht die Gefahr, daß trotz erreichter Lösungen alte Beziehungsmuster und Gefühle erhalten bleiben. Erst wenn beide spüren, daß ich ihre Realität verstehe und ernst nehme, werden auch sie die Vermittlung ernst nehmen und die für ein faires Verhandeln nötigen Kräfte mobilisieren.»

Gefühlsarbeit für Väter

Trennung von Partnerin und Kind: Das ist auch für die meisten Väter ein tiefer emotionaler Einschnitt. Wie geht Mann mit seinen Traurigkeiten und Ängsten um?

Oft gar nicht. Männer sind die größten «Verdrängungskünstler». Schmerz und Traurigkeit über enttäuschte Hoffnungen und Träume zuzulassen, fällt ihnen besonders schwer. Ermuntert ihr Umfeld sie nicht auch, zu vergessen, zu verdrängen, die negativen Eigenschaften ihrer Ex-Partnerin hervorzukehren?

Viele Väter berichteten mir, daß ihnen vor und nach der Trennung der richtige Ansprechpartner fehlte. «Einer, der einfach nur mal zuhört. Der einem auch erzählt, was ihm auf der Seele liegt. Jemand, der dir die Augen öffnet», wie ein Vater es ausdrückte.

Initiativen, bei denen Trennungs- und Scheidungsväter Unterstützung und Orientierung finden, stelle ich ab Seite 233f. vor.

Jede Trennung braucht ihre Zeit

Jede Familie braucht für *ihre* Trennung *ihre* Zeit. Termine im Gerichtssaal werden dieser Tatsache nur im Ausnahmefall gerecht. «Ausreichend Zeit» ist eine wesentliche Voraussetzung für erfolgreiche Vermittlung. Im Durchschnitt benötigen Trennungsfamilien zehn bis zwanzig Stunden, um zu einem Kompromiß zu gelangen, der beide Seiten befriedigt. Der Vermittlungsprozeß kann sich über ein Jahr und länger hinziehen; die meisten Paare benötigen zwischen drei und sechs Monaten. Freiberuflich tätige Mediatoren verlangen pro Sitzung zwischen 150 und 300 Mark. Meistens macht sich dieser Einsatz für die Vermittlungspartner in der Nachscheidungsphase «bezahlt».

Themen sammeln, Optionen entwickeln, verhandeln: Mediation vollzieht sich in aufeinanderfolgenden Phasen. Hannelore Diez vom *Familien-Notruf München* und Heiner Krabbe von der Beratungsstelle *TRIALOG* in Münster gehören zu den Pionieren in Sachen «Vermittlung». Mediation läuft nach ihrem Modell in fünf Stufen ab:

In der *ersten Phase* informiert der Vermittler über Ablauf und Regeln der Mediation. Er prüft, ob das Paar für den «freiwilligen Such- und Findeprozeß» überhaupt geeignet ist. Viele Hilfesuchende haben vor dem Informationsgespräch ein ganz anderes Bild von «Vermittlung» gehabt: Sie hoffen, auf einen Schiedsrichter zu treffen, der entscheidet, wer was bekommt. Jetzt erfahren sie, daß der Schlüssel bei ihnen selbst liegt. Mediatoren verlangen, daß beide Eltern einen Beratungsanwalt haben, der sie auf ihre Rechtsansprüche hinweist. Niemand soll mit schlechteren Karten an den Verhandlungstisch kommen.

In der *zweiten Stufe* müssen beide Seiten Daten, Zahlen und Fakten offenlegen – das gilt vor allem für ihre finanziellen Verhältnisse. Anschließend erstellt jeder eine Rangliste der Dinge, über die verhandelt werden soll. Unterhalt rangiert bei den Müttern gewöhnlich an erster Stelle, bei den Vätern die Sorge- und Besuchsregelungen für die Kinder. Weitere Vermittlungsthemen sind: Wohnungszuteilung, pädagogische Absprachen (Schule, Taschengeld etc.), Ferien- und Betreuungspläne für die Kinder, Umgang mit neuen Partnern, Steuer- und Versicherungsfragen, Pensionsansprüche, Regelungen über mögliche zukünftige Wechsel der Kinder von einem Elternteil zum anderen, berufliche Perspektiven der Partner u. a.

Der Vermittler versucht in dieser Phase, die Streitpunkte in «konfliktfähige Verhandlungspunkte» umzuwandeln. Dabei wird er häufig auf die Gegenseitigkeit des Problems verweisen: Beide Seiten sind von der neuen Konstellation betroffen. Danach einigen sich die Partner mit Hilfe des Mediators darauf, in welcher Reihenfolge sie die Verhandlungspunkte angehen wollen. Der Moderator wird darauf bedacht sein, zuerst die fast unstrittigen, dann die heikleren Punkte «abzuarbeiten» – erste Erfolgserlebnisse stärken die Verhandlungsbereitschaft.

Die *dritte Phase* entscheidet über Gelingen oder Scheitern der Mediation. Nun geht es an die «harten Brocken». Die Kunst des Vermittelns besteht jetzt vor allem darin, die Interessen hinter den Positionen zu erkunden und beide Seiten zu ermuntern, Alternativen zu entwickeln. Oft trauen sich die Partner nicht, Vorschläge zu machen. Sie haben Angst, ihre Ideen seien für den anderen nicht akzeptabel. Doch oft bieten sich Eltern jetzt Optionen an, die in naher Zukunft sehr brauchbar sein können. Kommt von seiten der Mediationspartner keine Bewegung in die Verhandlung, wird der Vermittler Wahlmöglichkeiten anbieten, indem er zum Beispiel auf Lösungswege anderer Klienten hinweist.

In dieser *Verhandlungsphase* geht es dem Mediator vor allem darum, die Gefühle und Kräfte der Eltern auf die Sache und in die Zukunft zu lenken: «Wie können wir Ihren Partner dafür gewinnen?» – «Wie wird es Ihnen beiden mit dieser Regelung gehen?» – «Was würde das für Ihren Mann/Ihre Frau/Ihre Kinder bedeuten?» – «Was glauben Sie, braucht Ihr Partner, damit er/sie akzeptieren kann, wie Sie Ihre Interessen wahren?» – «Was wäre, wenn Ihnen Ihr Partner jetzt vorschlagen würde…?» Mit Hilfe solcher vorausschauenden («prospektiven») Fragen versucht der Vermittler, Suchprozesse auszulösen. Denn beide Seiten brauchen Anstöße, um ihre Gesprächssituationen und festgefahrenen Positionen aufbrechen, um aufeinander zugehen zu können.

Zwei Prinzipien fördern, so Hannelore Diez und Heiner Krabbe, den Prozeß der Konfliktlösung:
1. Beide Eltern übernehmen *Verantwortung für ihre eigenen Interessen.*
2. Jeder *respektiert den anderen.*
Deshalb sollte der Vermittler versuchen, ein Gleichgewicht zwischen diesen, auf den ersten Blick gegensätzlichen Grundsätzen herzustellen. Folgende Techniken stehen ihm hierfür zur Verfügung:
- «den Parteien die auftretenden hemmenden Muster aufzeigen und deren Auswirkungen auf den Gesprächs- und Verhandlungsprozeß verdeutlichen;
- Druck auf die Parteien vermeiden (Zeit geben, Humor, Negativität umwandeln);
- jeder Partei helfen, ihre eigene Wirklichkeit zu erkennen (vereinfachen, zusammenfassen, Gefühle zulassen, positive Feststellungen, orientieren an Gegenwart und Zukunft);
- jeder Partei helfen, die Ansichten der anderen Seite zu verstehen (Verständnisfragen zur anderen Position, Rollen- und Perspektiventausch, Rahmen lockern und öffnen, Vielfalt möglicher Antworten anerkennen);
- beide Seiten darin unterstützen, sich auf eine Lösungsmöglichkeit einzustellen, die für beide wechselseitig fair und durchführbar erscheint (Wechselseitigkeit des Problems benennen, gemeinsame, sich überschneidende Interessen und Ziele betonen).»[137]

Bleiben in der Verhandlungsphase noch Punkte offen, wird der Mediator die Eltern ermuntern, sich bei weiteren Fachleuten – z. B. Steuer- und Rentenberatern, Immobilien- und Bankfachleuten – Rat zu holen. Danach wird im *vierten Vermittlungsschritt* eine Mediationsvereinbarung («Memorandum») erstellt, die beide Seiten mit ihrem Beratungsanwalt besprechen. Die Ex-Partner sollten genau wissen, auf welche rechtlichen Positionen sie verzichten, nur dann können freiwillige Ergebnisse Bestand haben. Anschließend formuliert ein Notar oder ein Anwalt den Vertrag.

Bevor das Gesamtpaket geschnürt wird, sollten beide Seiten einige Punkte ausprobieren: Ist die getroffene Besuchsregelung praktikabel? Wie geht es dabei den Kindern? Kommen Mutter und Vater mit ihren finanziellen Mitteln aus? Bewähren sich die Vereinbarungen in dieser *Testphase* nicht, gilt es, andere Lösungen zu finden. Dann wird der Mediator die Eltern ermuntern, erst einmal kurzfristige Abmachungen zu treffen. Vor allem Besuchsregelungen und Unterhaltszahlungen sollten nicht bis an das Lebensende ausgehandelt werden.

In der *letzten Phase* tritt das Übereinkommen in Kraft und erhält meist eine rechtsgültige, verbindliche Fassung. Der Familienrichter wird sich einem sauber erarbeiteten Kompromiß nicht in den Weg stellen und braucht ihn nur noch zu beurkunden. Einige Vermittlungspartner verzichten aus steuerlichen Gründen (zunächst) auf einen Scheidungsantrag und arbeiten mit einer notariell beurkundeten Vereinbarung.

In der Praxis kann es nun erneut zu Problemen kommen. Deshalb sollten sich die früheren Partner darauf einigen, bei Schwierigkeiten erst einmal ihren Mediator – nicht die Anwälte – aufzusuchen. Aber auch sonst lohnt es sich, in regelmäßigen Abständen «TÜV» zu machen, um die getroffenen Vereinbarungen mit dem Vermittler zu überprüfen und gegebenenfalls abzuändern.

Vielleicht wäre die Entscheidung des Richters ähnlich ausgefallen wie die Mediationslösung der Eltern. Waren die Vermittlungsstunden also nur ein kostspieliger Spaß? Nein! Der Beschluß des Richters wäre unter ganz anderen emotionalen (und sachlichen) Vorzeichen zustande gekommen. Entscheidend bei der Vermittlung ist eben auch der Weg, nicht nur das Ziel. Die gemeinsame Anstrengung ermöglicht es den meisten Ex-Partnern, alte Schuldrechnungen (schneller) fallenzulassen und einen tragfähigen Umgang für die Zukunft zu entwickeln.

«Wir brauchen liebevolle Berater!»

Aus einem Gespräch mit dem Hamburger Trennungs- und Scheidungsberater Michael Blank

«Als Vermittler versuche ich, mit den Betroffenen zu einem Kompromiß zu gelangen, der für beide erträglich ist – vor allem für die Kinder.

Eltern und Kindern muß erlaubt sein, den neuen Rahmen im Alltag erst einmal auszuprobieren. Wenn sie das eine ganze Zeit eingeübt haben, sehen die meisten, daß ihre Vereinbarungen praktikabel sind.

Ich muß meine Klienten in ihren Ängsten ernst nehmen. Ich darf sie nicht lächerlich machen, wie man das regelmäßig in Gutachten und Sozialarbeiterberichten lesen kann. Wenn man sich den Ängsten der Klienten aussetzt, selbst angstfrei ist und nicht überträgt, mache ich regelmäßig folgende Erfahrung: Auch der Elternteil, der größere Ängste mit in diese Gespräche hineinbringt, ist bald ein ganzes Stück weit bereit, sie einfach so stehenzulassen und einmal etwas Neues auszuprobieren. Wesentliche Ursachen für Streitereien und Bedrängnisse entfallen ja, wenn beide nicht mehr unter einem Dach zusammenleben.

Als humaner, behutsamer und – ich sage das bewußt: liebevoller – Berater sollte man beiden Seiten klarmachen, daß es nicht ausreicht, einfach nur einen Schalter im Kopf umzustellen. Mutter und Vater müssen die Auswirkungen der Nachscheidungsbedingungen erst einmal *er-leben*, und zwar über eine gehörige Zeit. Als Vermittler muß man um diesen *Prozeß* wissen. Ich muß die Ratsuchenden ermuntern, dabei Geduld zu haben. Sie sollten sich eine Chance geben, mit ihren eigenen Empfindungen zu erfahren, daß ein Weiterleben unter den veränderten Bedingungen möglich ist. Das betrifft vor allem den Umgang mit dem gemeinsamen Kind.

Diese Dinge lassen sich regeln, ohne den anderen zu bevormunden und zu übervorteilen.»

Erste Erfahrungen mit Mediation

Die «Probleme während der Ehe werden das Elternpaar nach der Trennung einholen, weil sie damals wie jetzt ungelöst die gleichen sind. Daran werden noch so viele Stunden Mediation von noch so professionellen Beratern nichts ändern»[138].

Dieser Vermittlungsvorbehalt stammt von der hessischen Rechtsanwältin Cornelia Werner-Schneider und wird von vielen ihrer Berufskollegen geteilt. Wen wundert's: Schließlich würde ein breitflächig ausgebautes «Vermittlungsnetz» viele Familienadvokaten um Schriftsätze, Honorare und Ansehen bringen.

Noch wird der «Kampf ums Kind» als Fortsetzung partnerschaftlicher Differenzen klassisch juristisch geführt. Daß dabei die Konflikte nicht ab-, sondern im Normalfall zunehmen, habe ich ausführlich dargestellt. Leider wissen erst wenige Trennungspaare über Vermittlung Bescheid. Woher auch? Anwaltskanzleien gibt es an fast jeder Straßenecke. Mediatoren aber sind selbst in Großstädten, so sie hier überhaupt schon anzutreffen sind, gewöhnlich an einer Hand abzuzählen. Die Informationen in Tageszeitungen, in Illustrierten und im Fernsehen sind dürftig.

Viel Gutes gibt es über Vermittlung zu berichten. Schaut man in Fachveröffentlichungen, finden sich dort fast immer positive Meldungen. Erste Einsichten über US-amerikanische Vermittlungsprogramme lieferte der Nürnberger Mediationsexperte Roland Proksch: 40 bis 65 Prozent der Mediationspaare erzielen im Scheidungsland Nummer eins eine Vereinbarung; einige Programme kommen sogar auf eine Erfolgsquote von 70 bis 80 Prozent. Außerdem gelangen zwanzig bis dreißig von einhundert Trennungswilligen zu zeitlich begrenzten Einigungen oder zu Teilvereinbarungen.[139] Im Vergleich zu anderen Scheidungspaaren haben Mediationspaare nach der Scheidung weniger Meinungsverschiedenheiten, sie halten ihre «Umgangsregelungen» öfter ein, wenden sich seltener wieder an das Gericht und haben weniger Auseinandersetzungen wegen des Unterhalts.

Vielleicht bringen ja die Ergebnisse der ersten deutschen Vermittlungsstudie etwas Bewegung in die Trennungs- und Scheidungs(begleiter-)Szene. Im *Pilotprojekt Erlangen* wurde Scheidungspaaren Vermittlung vom Jugendamt angeboten – als Standardangebot staatlicher Familienhilfe. Die Vermittlungsofferte ging ausschließlich an Mütter und Väter, die sich nicht auf das «Sorge- und Umgangsrecht» für ihre Kinder einigen konnten.

Die Untersuchung bestätigt den amerikanischen Trend: Zerstrittene Paare kommen mit Vermittlung zu deutlich besseren Ergebnissen als ohne. «In den Vermittlungssitzungen selbst wurde deutlich, daß Eltern – auch bei hohem Streitpotential – befähigt sind oder durch die Vermittlungsintervention befähigt werden können, konstruktiv zu streiten und durch kooperative Kommunikation zu einer einvernehmlichen Lösung zu gelangen», resümiert Projektleiter Proksch.

Das Erlanger Pilotprojekt: Mediation im Jugendamt

Was sagen die Betroffenen?

- Der Vermittler brachte unsere Diskussion immer wieder auf die wesentlichen Punkte: 96,3 Prozent
- Das Vermittlungsverfahren war für mich sehr übersichtlich: 88,5 Prozent
- Vermittlung würde ich meinen Freunden weiterempfehlen: 83,3 Prozent
- Ich war mit der Vermittlung sehr zufrieden: 78,5 Prozent
- Die Vermittlung half mir, meine eigentlichen Probleme, Interessen und Streitpunkte herauszuarbeiten: 66,7 Prozent
- Während der Vermittlung wurde nicht zuviel Zeit mit alten und vergangenen Konflikten vertan: 63,0 Prozent
- Durch die Vermittlung haben wir eine gute Lösung für das Sorgerecht unserer Kinder gefunden: 50,0 Prozent
- Durch die Vermittlung haben wir eine gute Lösung für das Umgangsrecht für unsere Kinder gefunden: 45,8 Prozent

Die größten «kommunikativen Ressourcen» entdeckten die Erlanger Jugendamtsmitarbeiter bei den Trennungseltern in puncto Kinder: 58,8 Prozent hielten bereits vor der Vermittlung sehr viel davon, daß beide weiterhin gemeinsam für ihre Kinder Sorge und Verantwortung tragen, nach der Mediation 66,6 Prozent.

Der Vergleich mit Erlanger «Kontrollgruppeneltern», die nicht am Vermittlungsverfahren teilnahmen und ihre Streitigkeiten ausschließlich mit Anwälten und Richtern austrugen, bestätigt den streitverschärfenden Einfluß der etablierten Verfahrensinterventionen: «Keine Zusammenarbeit» fand vorher zwischen 29,6 Prozent dieser Eltern statt, nach dem Richterspruch erhöhte sich die Sprachlosigkeit auf 48,1 Prozent.[140]

Acht von zehn Erlanger Eltern, die nach dem Zufallsprinzip ausgewählt worden waren, entschieden sich für ein erstes (Einzel-)Informationsgespräch mit dem Mediator. Schließlich votierten zwei Drittel der angeschriebenen Paare für das Vermittlungsverfahren. Von diesen erreichten 72 Prozent eine Vereinbarung; bei 28 Prozent kam es zu einem Abbruch der Mediation.

Viele Eltern sagten, daß sie selbst angesichts ihrer vorherigen Konflikte und Streitereien von ihrer einvernehmlichen Lösung überrascht waren. Nur wenige hatten zunächst erwartet, zu eigenen Ergebnissen zu kommen, denn ihre Beziehung war *vor* der Mediation «durch deutliche Feindseligkeiten» sehr belastet: Die Mehrzahl der Vermittlungspaare berichtete über offene Konflikte, über Ärger und Zorn, von Kommunikation und Kooperation war in der Regel nicht viel übriggeblieben. Mehr als die Hälfte aller Befragten war *vor* der Vermittlung nicht in der Lage, sich sachlich auseinanderzusetzen und zusammenzuarbeiten.

Das Erlanger Modell könnte Schule machen. Ob in naher Zukunft einmal alle Eltern die *Möglichkeit* erhalten werden, ihre Probleme außerhalb der etablierten «Streitschienen» zu regeln, ist jedoch sehr unwahrscheinlich. Momentan stehen Angebot und Nachfrage nach ausgleichender Trennungshilfe auf dem Scheidungsmarkt noch in einem beunruhigenden Ungleichgewicht. Es besteht Grund zu der Annahme, daß sich der Apparat von Trennungsbegleitern mit – sachlich falschen – Hinweisen auf «Sachzwänge und Kostenfragen» neuen (Vermittlungs-)Wegen noch lange in die Quere stellen wird. Alte Familienrechtshüte, das wurde mir während der Recherchen zu diesem Buch immer wieder deutlich, sind nur sehr langsam auszumisten.

Mediation gibt Anlaß zur Hoffnung. Aber selbst, wenn es tausendmal so viele «Pilotprojekte» gäbe, wird es sie immer geben: Trennungs- und Scheidungseltern, die durch keine Beratung, durch keine Therapie, durch keine noch so ausgetüftelte Vermittlung zu besänftigen sind. Trennungsarbeit wird immer ein schweres Stück Arbeit sein. Doch diese Anstrengung lohnt sich. Denn mühsam errungene Vereinbarungen wird keine Seite so schnell wieder umpusten. Gemeinsame, einvernehmliche Lösungen werden sich im Alltag besser bewähren als standardisierte Beschlüsse von Amtspersonen.

Bei Vermittlung geht es nie um *die* perfekte, die immerwährende Lösung. Aber auch ohne abschließende Vereinbarung ist sie für die meisten Vor- und Nachtrennungsfamilien ein Schritt in Richtung *mehr* Kooperation und Kommunikation: Paare mit abgebrochener Mediation finden gewöhnlich eine friedlichere Lösung als jene, die von Anfang an nur auf ihre Anwälte vertraut haben. Insofern bleibt zu hoffen, daß Mediation als Gegenentwurf und Ergänzung zum juristischen Verfahren an Bedeutung gewinnen wird.

Leider gibt es in Deutschland erst wenige (qualifizierte) Mediatoren. Kontaktadressen vermittelt die

Bundes-Arbeitsgemeinschaft für Familienmediation (BAFM), Südliche Auffahrtsallee 57, 80639 München, Tel. 089/1782069. Die BAFM informiert auch über Aus- und Weiterbildung in Mediation sowie über Kurse und Seminare für Psychologen, Sozialarbeiter und Juristen. Geplant sind einheitliche Ausbildungsrichtlinien für angehende Vermittler.

Über Adressen von Familienmediatoren verfügen auch einige Jugendämter sowie Trennungs- und Scheidungsberatungsstellen.

Viele praktische Hinweise über Mediation für Hilfesuchende und Helfende liefert Heiner Krabbe (Hg.): Scheidung ohne Richter. Neue Lösungen für Trennungskonflikte; Rowohlt 1991. Besonders lohnenswert sind die Aufsätze von Hannelore Diez und Heiner Krabbe: Was ist Mediation? – Praktische Gebrauchsanleitung für ein außergerichtliches Vermittlungsverfahren (S. 109–131) sowie von John M. Haynes: Mediation. Basisinformationen für Interessierte (S. 132–147).

Die Fachzeitschrift *Familiendynamik* (Klett-Cotta) widmet sich in Heft 4 vom Oktober 1992 ausführlich dem Thema «Familien-Mediation». Besonders lesenswert: Mähler, Gisela und Hans-Georg: Trennungs- und Scheidungsmediation in der Praxis (S. 347–372) sowie Proksch, Roland: Vermittlung (Mediation) in streitigen Sorge- und Umgangsrechtsverfahren. Erfahrungen aus einer Praxisstudie (S. 395–414).

12. «Wir müssen den seelischen Mißbrauch von Kindern verhindern!»

Interview mit Prof. Dr. Uwe-Jörg Jopt

Prof. Dr. Uwe-Jörg Jopt ist Professor für Psychologie an der Universität Bielefeld. Der Familientherapeut und Trennungs- und Scheidungsberater ist an zahlreichen Familiengerichten als psychologischer Sachverständiger tätig. Nach eigener Scheidung widmet er sich «dem oft menschenverachtenden Umgang des Staates mit Trennungskindern». Von vielen Kollegen wird er als «Nestbeschmutzer» stark angefeindet.

In seiner jüngsten Veröffentlichung *«Im Namen des Kindes – Plädoyer für die Abschaffung des alleinigen Sorgerechts»* (Rasch und Röhring 1992) dokumentiert er den «‹strukturellen Wahnsinn› eines hochkarätigen Apparates beruflicher Scheidungsbegleiter». Das «Kindeswohl», sagt Jopt, ist zu einer «leeren Worthülse» verkommen.

«Väter ohne Kinder», was fällt Ihnen da spontan ein, Herr Jopt?

Das erlebe ich jeden Tag, und ich kann nicht sagen, welches Beispiel schlimmer ist: der Kontaktverlust eines 77jährigen, nichtehelichen Vaters oder das zynische Verbot eines Gerichts, wonach einem nichtehelichen Vater untersagt wurde, seinem Kind drei Zeilen per Postkarte zu schicken.

Die Szenerie im deutschen Nichtehelichenrecht halte ich schlichtweg für pervers und menschenverachtend. Was die Rechte nichtehelicher Kinder betrifft, sind wir schon seit langem europäisches Schlußlicht. Ich bin unglaublich froh, daß es in der nächsten Legislaturperiode zu einer umfassenden Reform im Nichtehelichenrecht kommen soll. Traumverhältnisse werden wir zwar nicht erhalten, sondern günstigstenfalls Verhältnisse wie im Scheidungsrecht. Aber diese menschenverachtenden Behandlungen nichtehelicher Väter wird es dann bestimmt nicht mehr geben.

Ich habe mit vielen Vätern gesprochen, denen nach Trennung von der Partnerin jeglicher Kontakt zum Kind unterbunden wurde.

Hier zahlt das Kind den Tribut für eine Mutter, die unfähig ist, ihre Eigenproblematik, ihre Wünsche nach bedingungsloser Abgrenzung zum Ex-Partner vom Kind getrennt zu halten. Das Kind wird dieser Unfähigkeit geopfert.

Wenn wir wirklich ernst machen wollen mit der Verfassung, die ja nicht Mütter in ihren psychologisch vielleicht verstehbaren «Beschränkungen» und Ängsten schützt, sondern die Bedürfnisse und Rechte von Kindern, dann muß der Staat alles Denkbare unternehmen, um diesen seelischen Mißbrauch von Kindern zu verhindern. Wenn es der Staat nicht tut, tut es keiner.

Was ist der Grund, wo liegen die Wurzeln für diese Verweigerungshaltung, die wir beim sorgeberechtigten Elternteil nach Trennung oder Scheidung häufig antreffen?

Ich sehe ein ganzes Bündel von Motiven, die nicht alle gleichzeitig, die in unterschiedlicher Mischung auftreten. Da ist zum Beispiel die Unfähigkeit, zwischen meinen persönlichen Erwachseneninteressen nach Trennung vom Partner, der mich enttäuscht und verletzt hat, und dem Bedürfnis meines Kindes zu unterscheiden. Erwachsenenbedürfnisse und Kindesbedürfnisse werden einfach gleichgesetzt. Zunehmend habe ich mit Fällen zu tun, bei denen die Wurzeln für dieses Abgrenzungsbedürfnis nur noch in sozialen, tiefenpsychologischen Schichten der Mutter zu suchen sind. Rational sind sie nicht mehr zu verstehen. Das sind die schwersten Fälle. Wenn Sie mich fragen, wo die Motivation für dieses Abgrenzungsbedürfnis liegt, dann hat das immer mit der Lebensgeschichte, mit der Kindheitsgeschichte dieses Erwachsenen selbst zu tun.

Warum diese bedingungslose Abschottung des Kindes vom Vater? Ich erkläre es mir heute so, daß in der durch die Trennung reaktivierten Kindheitskrise – mangelnde Geborgenheit, mangelnde Akzeptanz, letzlich mangelndes Geliebtsein – das eigene Kind zum einzigen Garanten, zum Symbol für die Unerschütterlichkeit und Konstanz einer Liebesbeziehung schlechthin gerät.

Kann man diese Ausgrenzerinnen, von denen Sie sprechen, überhaupt zur Verantwortung ziehen?

Wir Psychologen können besonders gut verstehen, weshalb ein Heimkind wieder leicht auf abschüssige Wege kommt. Kein Mensch käme auf den Gedanken zu sagen: «Deshalb bist du für dein Tun aber nicht mehr verantwortlich, Kind.» Analog genauso hier: Wir verstehen die neurotischen Ängste der abschottenden Mutter. Aber Verstehen ist das eine. Das andere ist, was wir mit den Rechten, den legitimen Ansprüchen des Kindes in bezug auf seine eigene Lebensqualität machen. Ich bin der Meinung, daß niemand das Recht hat, seine eigenen Bedürfnisse, so legitim die auch sein mögen, auf dem Rücken Abhängiger, hier also der Kinder, zu befriedigen. Vor diesem Mißbrauch müssen wir die Kinder schützen.

Die alte Frage: Wieviel Vater braucht ein Kind?

Soviel wie möglich. Vater soviel wie möglich und Mutter soviel wie möglich. Aus der Sicht eines Kindes ist die Familie eine Lebensgemeinschaft aus Kind, Mutter und Vater, im Hintergrund Großeltern, Onkel und Tanten. Dazu gehören auch noch Freunde und vielleicht auch Mimi, die Katze. Dieser psychosoziale Kosmos ist sein Leben, seine Identität. Das ist kein Beiwerk, sondern das ist der Kern seiner kindlichen Persönlichkeit.

Vor diesem Hintergrund ist jede Einschränkung notwendigerweise ein massiver Einschnitt für diese kleine kindliche Persönlichkeit, und ich kann nicht begreifen, woher wir im Trennungs- und Scheidungsfall das Recht ableiten, diese Einschränkungen ohne Not vorzunehmen – Stichwort «Sorgerechtszuteilung im Scheidungsverbund». Wenn man davon überzeugt ist, daß dieser psychosoziale Kosmos zu einer gesunden psycho-sozialen Entwicklung, zur Liebes- und Beziehungsfähigkeit eines Kindes gehört, dann kann es nur einen Gedanken geben: Wie sichere ich dem Kind diese Leute?

Würden Sie sogar so weit gehen und sagen: Besser ein schlechter Vater als gar kein Vater?

Besser das Kind im Spannungsfeld seiner Eltern als gar kein Kontakt zu einem Elternteil: Diesen Satz würde ich vorbehaltlos unterschreiben. Wenn «schlechter Vater» heißt, daß der Vater sein Kind mißbraucht, sage ich natürlich: Nein, kein Kontakt! Wenn «schlechter Vater» jedoch allein die bewertende Sicht der sorgeberechtigten Mutter widerspiegelt, kann ich nur nachdrücklich davor warnen, vorschnell die Norm- und Wertvorstellung eines Elternteils als Kriterium für schlecht oder gut zu machen.

Besuchsväter berichten nach der Trennung häufig von dem Dilemma, daß die seltenen Treffen mit ihren Kindern zu Jahrmarktsaktivitäten verkümmern.

Im Rahmen der herkömmlichen Umgangsregelung erhalten die Vater-Kind-Kontakte eine Exklusivität, die im normalen Lebensalltag einer intakten Familie nicht anzutreffen ist. Ich kann verstehen, daß Väter sich zwei Wochen lang auf das Wochenende freuen, an dem sie mit ihrer Tochter oder ihrem Sohn zusammensein dürfen. Von daher neigen sie dazu, diesen Tag oder diese zwei Tage zu einem Erlebnis, zu einem Höhepunkt zu machen. Natürlich hat diese Form der Kontaktgestaltung herzlich wenig mit einer natürlichen Vater-Kind-Begegnung zu tun.

Den Kindern wünsche ich, daß sie Väter haben, die ihnen soviel wie möglich von ihrer Natürlichkeit und ihrer Eigentlichkeit zeigen. Genau das ist es, was Kinder sich wünschen. Natürlich gehe ich mit meinen eigenen Kindern auch mal in den Safari-Park. Das hat aber nicht diese Ausschließlichkeit im Rahmen unserer Begegnung. Den Vätern möchte ich raten, mehr Alltag in das Miteinander hineinzubringen.

Ich weiß, daß viele Besuchsväter Angst haben, an Attraktion zu verlieren – Angst, daß ihre Kinder sich abwenden könnten. Sie sollten sich aber klarmachen, daß sie keinem etwas nützen, wenn sie sich zum Hampelmann machen. Ich möchte die Väter beruhigen und ermutigen: Eure Kinder wollen keinen Hampelmann-Papa! Die sind sogar noch sehr viel mehr angetan und beeindruckt, wenn sie ihren Vater als lebendigen Alltagsmenschen kennenlernen, der an so einem Wochenende einfach herüberbringt: Kind, ich hab dich lieb. Mehr wollen die Kinder gar nicht.

Wenden wir uns einem anderen Thema zu: den Paragraphen und den Scheidungsbegleitern, die wirken, wenn Partner sich trennen. Ihre These lautet, daß unser Trennungs- und Scheidungssystem zusätzlich zu den bestehenden Elternkonflikten häufig noch nachhaltig zur Eskalation beiträgt. Jede sechste Sorgerechtsauseinandersetzung gilt mittlerweile als strittig. Wie können blockierte Entwicklungsprozesse zwischen den Eltern in diesen Fällen wieder in Gang kommen? Wo ist da anzusetzen?

Meine Position ist ja sehr klar, auch wenn sie nur von wenigen geteilt wird. Ich glaube, daß die Verhaltensweisen in der Sorgerechtsauseinandersetzung aus zwei Elementen resultieren: Das eine ist der Faktor Mensch – seine Biographie, seine Geschichtlichkeit. Das andere ist der Rechtsrahmen, der dieses Verhalten ermöglicht, zuläßt oder unmöglich macht. Wenn ich hier Veränderungen schaffen will, dann muß ich beiden Faktoren Rechnung tragen.

Sind alle Bemühungen fehlgeschlagen, beide Eltern für die Bedürfnisse ihrer Kinder zu sensibilisieren, bleibt nur der rechtliche Raum. Hier ist der «staatliche Wächter», sind Gericht und Jugendamt, gefragt. Ich bin dafür, wo immer es hakt, dem Elternteil, der hier in der Exklusivposition des Machthabers steht – Sorgerecht hat mit Macht zu tun –, diese Macht zu nehmen. Das ist für mich sogar verfassungsrechtliches Gebot: demjenigen, der es erkennbar nicht schafft, seine Eigenproblematik hinter die Bedürfnisse seines Kindes zu stellen, und sein Kind vom anderen Elternteil abschottet, diese Rechtsmöglichkeit, die er als Sorgerechtsinhaber hat, zu nehmen. Dann habe ich das Kind noch nicht weg von ihm, aber ich habe zumindest einen ersten Schritt getan, um von staatlicher Seite zu signalisieren: Das nehme ich nicht hin. Ich bin nicht willens, das Kind der Eigenproblematik eines Elternteils zu opfern und diesem ausgrenzenden Elternteil noch das Sorgerecht zu verleihen. Der Elternteil, der die Beziehungen seines Kindes stört, be- oder gar verhindert, darf auf keinen Fall mit dem Gütesiegel alleiniger Elternverantwortung ausgestattet werden!

Ihre Kritiker sind der Meinung, daß Kinder aus Trennungs- und Scheidungsfamilien zur Ruhe kommen müssen. Garant dafür sei das alleinige Sorgerecht eines Elternparts.

Das ist Unfug. Das ist eine Mär, die sich durch das Familienrecht zieht, seitdem wir das Problem gemeinsames Sorgerecht diskutieren. Dahinter steckt die Illusion, daß es eine rundherum befriedete, nicht-instrumentelle Eltern-Kind-Beziehung gebe. Instrumentalisierte Kinder, wohlgemerkt aus Ehen, sind das tägliche Brot des Familientherapeuten. Aber kein Mensch käme auf die Idee zu sagen: Diese Kinder werden mißbraucht, und deshalb muß hier sorgerechtlich eingegriffen werden.

Aber eine Zwangsberatung im Trennungs- und Scheidungsfall wollen Sie auch nicht?

Doch, bedingungslos! «Zwangsberatung» sagen meine Kritiker, ich nenne das lieber «Pflichtberatung». Eine Pflichtberatung, die einzig und allein dazu dient, dem instrumentalisierten Kind aus seiner seelischen Notlage herauszuhelfen. Um in diese Richtung zu wirken, kann es in meinen Augen überhaupt keinen Zwang geben: Zwang wird vielmehr von unserem Scheidungsunrecht ausgeübt, das in 98 Prozent aller Fälle einen Elternteil aus seiner bis dahin selbstverständlichen Verantwortung für die gemeinsamen Kinder herauskatapultiert.

Warum plädieren Sie so nachdrücklich für das gemeinsame elterliche Sorgerecht nach Trennung oder Scheidung?

Der Titel «gemeinsames Sorgerecht», das möchte ich ausdrücklich betonen, ist nicht das Ziel. Das gemeinsame Sorgerecht ist der Name für ein Programm, vielleicht für das schwerste Programm, das es gibt: Wie können zwei ehemalige Partner Elternschaft praktizieren? Das gemeinsame elterliche Sorgerecht ist der Rahmen, in dem man dieses neue Lebens- und Familienmodell, das uns kein Mensch gelehrt hat, umsetzt. Ein Rahmen, in dem Eltern trotz Trennung, trotz Scheidung dennoch große Stücke Gemeinsamkeit für die gemeinsamen Kinder leben können.

Wenn ein Elternteil sagt: Ich will nicht kooperieren; wenn er dem Kind die Kontakte zum anderen Elternteil verweigert, muß man schleunigst gucken, ob das Kind dann nicht zu dem Elternteil übersiedeln kann, der dieses Problem nicht hat. Wir haben wahnsinnige Angst, ein Kind, das über Jahre bei seiner Mutter gelebt hat, zum Vater übersiedeln zu lassen. Ich halte diese Angst in vielen Fällen für unbegründet.

Welches ist der größere Preis für ein Kind: An der Seite einer gestörten Mutter gefangengehalten zu werden oder an der Seite eines offenen, zulassenden, risikofreudigen Vaters zu leben? Zu leben für den Preis, daß es die emotionale Gebundenheit – Bindung mag ich das hier nicht nennen, das ist ja mehr eine emotionale Gefesseltheit – an die Mutter aufgibt.

Leider wird es immer eine Vielzahl von Kindern geben, denen gar nichts anderes übrigbleibt, als sich zu spalten und zwischen zwei Liebeswelten hin und her zu pendeln: der mütterlichen und der väterlichen. Das ist das, was ich vorhin den Faktor Mensch nannte. Hier scheitert der Staat, hier gibt es für mich keine Möglichkeiten mehr, zu intervenieren.

Sie kommen als Familientherapeut mit vielen Vätern zusammen, die ihre Kinder überhaupt nicht sehen dürfen.

Was ich regelmäßig erlebe, das sind Eltern, zumeist Väter, die beim Gedanken an den oftmals über Jahre anhaltenden Kontaktverlust zu ihren Kindern in tiefste Verzweiflung geraten. Ich kann diese Betroffenheit sehr gut verstehen. Nehmen Sie diesen 77jährigen Vater, der seine Tochter nicht sehen darf: Es sträuben sich einem die Nackenhaare. Aber unsere Rechtsstruktur ist dermaßen stabil und stark, daß es in vielen Fällen überhaupt nicht die geringste Chance gibt, da einzubrechen.

Gibt es Möglichkeiten, einem Vater, der unter der totalen Trennung von seinem Kind leidet, zu helfen?

Das Mittel kenne ich noch nicht. Soll ich einem ausgegrenzten Elternteil helfen, sich von seinem Kind seelisch zu lösen, obwohl dieses Kind vielleicht einen Kilometer entfernt lebt und er es aus der Ferne sieht? Ich weiß es nicht. Ich mag darüber auch nicht nachdenken, welche Techniken sich entwickeln ließen, um hier der menschenverachtenden Realität noch einen Grad von Aushaltbarkeit zu verschaffen.

Gibt es da gar keinen Ausweg, keine Hilfe?

Händchen halten und weinen lassen. Vielleicht finden manche in Selbsthilfegruppen, in Gruppen Gleichbetroffener ein Stück Stärke, eine Stütze. Das ist wirklich ein schwieriger Prozeß. Ist das Kind tot, kannst du in den Prozeß der Trauerarbeit eintreten. Dann kannst du weinen, und irgendwann bist du wieder soweit, um ja zu sagen zu einer veränderten, einer ärmeren neuen Realität. Was soll ich aber einem Menschen sagen, für den sein Kind, das wenige Kilometer weiter entfernt lebt, ein Stück seiner Identität ist? Ich weiß es nicht. Wissen Sie etwas?

Ein Anwalt erzählte mir, er gebe Vätern in diesem Fall den folgenden Tip mit auf den Weg: «Zieht euch zurück und wartet. Eure Kinder werden sich schon bald wieder bei euch melden.» Nach meiner Erfahrung melden sich die Kinder bei verordnetem Null-Umgang jedoch erst nach vielen Jahren, meist erst in der Pubertät, aus eigenem Antrieb. Viele ausgegrenzte Väter berichteten mir, daß sie ihre Kinder auch aus diesem Grund nicht einfach ad acta legen können.

Auch ich würde grundsätzlich sagen: nicht lockerlassen! Nicht das Kind in Ruhe lassen, weil man denkt, so schütze ich es vor den Konfliktmühlen einer abschottenden Mutter. Das ist meistens ein ganz grauenvoller Bumerang: Erfolgte die Trennung vom Vater schon frühzeitig, kommen die Kinder eben nicht drei Jahre später wieder. Wenn sie kommen, dann zumeist erst, wenn sie groß sind. Und dann weinen zwei Menschen einer Geschichte hinterher, die nicht nachholbar ist, die unwiederbringlich weg ist.

Wenn Kind und Vater sich seit Jahren nicht mehr gesehen haben, werden sie einander fremd, nicht nur im äußerlichen Sinne. Da hat das Kind im Kopf: Das ist mein Vater, und der Vater hat im Kopf: Das ist meine Tochter oder mein Sohn. Doch was fehlt, ist die Intimität in der Begegnung miteinander, die ohne regelmäßige Kontakte nicht herstellbar ist. Ich kenne eine ganze Reihe dieser Vater-Kind-Beziehungen, die dann später wieder auflebten. Da ist die Seele weg. Deshalb mein Plädoyer: Vater, laß nicht locker!

Doch eines dürfen wir nicht vergessen: Wir leben in einem System struktureller Gewalt, das gilt ganz besonders für den nichtehelichen Bereich. Der hat für mich kafkaeske Züge. «Vater, laß nicht locker!» das sagt sich so leicht. Spätestens das Landgericht bügelt den nichtehelichen Vater ab, und dann kann er nur noch aus der Ferne zusehen, wie seine kleine Anke da im Kindergarten tollt. Es gibt ja diese Beschlüsse, daß Väter sich ihren Kindern nicht weiter als 500 Meter nähern dürfen. Wie soll so ein Vater es bloß anstellen, den Kontakt nicht abbrechen zu lassen? Da bin ich mit meinem Latein am Ende und weiß nur eines: Radikal in die andere Richtung schauen und fragen, wie wir dieses System struktureller Gewalt verändern können!

Unser Familienrecht müßte, was Kind-Eltern-Beziehungen angeht, eine ganz andere Sichtweise verkörpern: Wir müssen von den Rechten des Kindes, nicht von den Egoismen der streitenden Eltern ausgehen.

Richtig. Für mich hat jedes Kind natürliche Rechte. Zu den vorrangigsten natürlichen Rechten eines Kindes gehört das Recht, in der Geborgenheit, in der Sicherheit, in der Intimität der exklusivsten Menschen, die es in seinem Leben gibt, aufwachsen zu können: mit den Eltern. Das ist für mich ein Kindesrecht und muß nicht dauerhaftes Zusammenleben heißen. Dem Kind macht es über eine große Strecke seines Lebens in der Tat nichts aus, wenn es nur mit einem Elternteil groß wird. Es fängt erst mit drei, vier Jahren an zu fragen: «Warum habe ich denn keinen Papa, bei Tina ist doch auch einer?» Daß ein Kind leidet, wenn es noch nie seinen Vater gesehen hat, kann ich mir schwerlich vorstellen.

Sollen Kinder und Väter, die sich aufgrund frühzeitiger Elterntrennung nicht kennen, trotzdem Kontakt aufnehmen?

Selbstverständlich. Das ist für mich eine Sache von Ethik und Moral. Auch hier muß man vom Kind herschauen: Welche Ansprüche an dieses Leben hat ein Kind? Wir Erwachsenen sind verpflichtet, diese kindlichen Ansprüche zu erfüllen! Das Recht des Kindes auf den anderen Elternteil ist unantastbar, ganz gleich, ob Mama mit dem zusammenlebt oder nicht.

Es ist sinnvoll, den leiblichen Vater so früh wie möglich in das Leben des Kindes hereinzubringen, vor allem dann, wenn seine Mutter ohne neuen Partner lebt und das Kind kein Vaterangebot hat. Das gilt aber auch, wenn das Kind bereits einen anderen, einen sozialen Vater hat. Kinder haben keine Probleme, daß sie auf einmal zwei Papas haben – das sind Probleme der Erwachsenen. Für mich gilt aber auch ein menschliches Gebot dem Vater gegenüber: Einem Vater, der Vater sein will, sollte die Mutter das Kind nicht vorenthalten!

Noch ein ganz anderer Aspekt: Wir leben in einer Zeit hochgradiger Veränderungen, vor allem im Verständnis von Partnerschaft und Familie. Für die nächste Kindergeneration wird es schon ein Stück Normalität sein, im Laufe ihres Kinderlebens verschiedene Familienformen kennenzulernen: Ehe oder nichteheliche Lebensgemeinschaft über einige Jahre, dann nach Trennung der Eltern mit einem Elternteil, dann nach Wiederverheiratung dieses Elternteils gemeinsam mit einem Stiefelternteil, und diese Beziehung geht auch wieder in die Brüche – die Wiederscheidungsquote ist höher als die Scheidungsquote. Wir müssen uns Gedanken machen, wie wir über diesen Wandel hinweg ein Stück Konstanz, was da Kindeswohl heißen soll, hinwegtransportieren können. Ich weiß nur eines: Die für das Kind verläßlichsten und sichersten Menschen sind Eltern, die ihm Eltern sein wollen.

Drei Väter-Gruppen sind heute auszumachen: Da sind zum einen die Väter, die ihre Kinder durch das Leben begleiten, dann ist da die Gruppe der Verdrücker, die sich aus der Verantwortung stiehlt und ihr Kind Kind sein läßt ...

... und es gibt Väter, die darum betteln und flehen, Vater sein zu dürfen, aber nicht gelassen werden. In der Tat gibt es diese Väter, wo die Mütter betteln und flehen: «Sei unseren Kindern ein Vater!» – aber die Väter wollen nicht. Es macht keinen Sinn, darüber zu lamentieren und dann alle Väter zu verteufeln, wie viele Feministinnen das tun. Die einzige Frage, die wir uns stellen müssen, kann nur die sein: Was können wir tun, um diese Väter im Interesse ihrer Kinder einzufangen?

In der Regel sind diese Väter doch keine Schweine oder Bündel von Gleichgültigkeit. Die waren auch einmal Kinder. Wenn ein Vater sich so salopp davonmacht, spiegelt dies im Grunde das Verständnis einer Vaterrolle wider, das er in seiner eigenen Kindheit von seinem Vater kennengelernt hat. Genau dort müssen wir ihn abholen. Das heißt auch hier: Pflichtberatung für flüchtige Väter. Eine Beratung ist auch für diese Väter das richtige Auffangbecken. Wenn ich als Berater einen Kontakt mit so einem Vater habe, höre ich mir dessen Geschichte an und frage ihn: «Wie hast du deinen Vater erlebt? Wie hättest du ihn gerne erlebt?» Ich bin überzeugt, daß dann oft ein Prozeß von Nachdenklichkeit in Gang kommt.

Auch die sogenannten «neuen Väter» fallen ja nicht vom Himmel. Bei aller Lächerlichmachung aus feministischer Ecke: Tatsache ist, daß sich ein Bewußtseinswandel bei den Vätern vollzieht. Der hat seine Wurzeln mit Sicherheit nicht in den Herkunftsfamilien.

Beratung, Hilfe und Vermittlung

Adressen und Informationen für Väter und Mütter (Stand: Mai 1993)

1 «Väteraufbruch für Kinder»

Vereine, die sich für eine aktive Vaterschaft *vor und nach* Trennung oder Scheidung engagieren:

Eltern für aktive Vaterschaft e.V. (EFAV), Auricher Str. 11, 26556 Westerholt, 0 49 75/86 06

EFAV will Väter ermuntern, sich vor allem im Rahmen der «vollständigen Familie» mehr um ihre Kinder zu kümmern: «Aktive Vaterschaft heißt, am täglichen Leben des Kindes teilzunehmen, seine Entwicklung mitzugestalten und zu fördern – zum Wohl des Kindes und zur eigenen Bereicherung.» Wichtigste Voraussetzung hierfür: Die Vereinbarkeit von Pflichten in Familie und Erwerb für Vater und Mutter. Informative Mitgliederzeitschrift: «kind und vater».

Mannege, Information und Beratung für Männer e.V., Friedrichstr. 165, R. 304, 10117 Berlin, 0 30/2 08 21 57 und 6 81 77 93

In der *Mannege* trifft sich u. a. die Vätergruppe «Getrennte Elternschaft».

Väteraufbruch für Kinder e.V., Bundesverband, Burgstr. 22, 10178 Berlin, 01 72/6 80 14 56

«Kinder brauchen für ihre gesunde Entwicklung die gelebte Nähe von Mutter und Vater», heißt der Leitspruch von *Väteraufbruch für Kinder*. «Wir wollen Väter dafür gewinnen, sich um ihre Kinder zu kümmern, mehr mit ihnen zu leben und die Hälfte von dem zu übernehmen, was bisher die Mütter zumeist alleine gemacht haben.» Väter und Mütter müssen Kinderbetreuung und Berufsarbeit besser vereinbaren können (elternorientierte Arbeitszeitflexibilisierungen, Vaterschafts- und Elternurlaub, nettolohnbezogenes Elternurlaubsgeld, ausreichendes und qualifiziertes Netz öffentlicher Kinderbetreuungseinrichtungen etc.).

Der Verein organisiert Kinderbetreuung durch Väter bei öffentlichen Veranstaltungen. Am «Vatertag» wird mit Aktionen und Kinderfesten für ein neues Vaterbild geworben.

Väteraufbruch für Kinder engagiert sich auch für ein gemeinsames Sorgerecht für alle Eltern – vor und nach der Trennung. Väter mit und ohne Kinder erhalten in festen Selbsthilfegruppen, bei Ansprechpartnern sowie auf Seminaren wertvolle Informationen und Beratung. Im März 1993 hat der Verein in Berlin die *Väter-KIB* eröffnet – eine Kontakt-, Informations- und Begegnungsstätte für Väter.

Väter-K.I.B. Kontakt, Information, Begegnung, Burgstr. 22, 10178 Berlin, 01 72/6 80 14 56

Das Angebot dieses Modellprojekts richtet sich in erster Linie an Väter, die von sozialen, psychischen und rechtlichen Problemen durch Trennung oder Scheidung betroffen sind. Aber auch bei Fragen rund um die Themen Vaterschaft, Vaterrolle, Vereinbarkeit von Familie und Beruf finden Väter Ansprechpartner.

Eine Mitarbeiterin und zwei Mitarbeiter unterstützen Väter bei der Entwicklung bzw. Aufrechterhaltung der Kind-Vater-Beziehung. Das Angebot dieses bundesweit einmaligen Projekts umfaßt Einzelgespräche, Kontaktvermittlung zu ähnlich Betroffenen, Gruppengespräche zum gegenseitigen Erfahrungsaustausch sowie Veranstaltungen und allgemeine Informationen. Träger ist der Verband *Väteraufbruch für Kinder* (s. o.).

Ausführliche Informationen über Aktivitäten von Männer- und Vätergruppen, Seminare, Neuerscheinungen auf dem Büchermarkt und Fernsehsendungen bietet:

Switchboard – Informationsdienst für Männer. Switchboard erscheint monatlich und ist für DM 40 jährlich inkl. Zustellungskosten zu beziehen bei: Werner Blum, Veilchenweg 1, 22529 Hamburg. Interessierte Männer und Väter können die «Männerprojekteliste» mit Adressen und Kurzbeschreibungen von mehr als 40 Arbeitskreisen, Gruppen und Vereinen anfordern.

2 «Beide Eltern braucht das Kind, auch wenn sie geschieden sind!»

Initiativen, Verbände und Vereine, die sich für fortbestehende, gemeinsame Elternverantwortung nach Trennung oder Scheidung einsetzen:

Verband Anwalt des Kindes e.V. (VAK), Siegelweg 28, 30519 Hannover, 05 11/8 38 67 31

Anwalt des Kindes engagiert sich besonders für die von Trennung und Scheidung ihrer Eltern betroffenen Kinder und Jugendlichen. Die *VAK*-Idee: In familienrechtlichen Auseinandersetzungen sollte ein Anwalt des Kindes – zum Beispiel in Form eines interdisziplinär besetzten Beraterteams – für die Kinder ihre Eltern beraten und zwischen ihnen vermitteln. Der Verband plant eine integrierte Beratungsstelle im Raum Hannover.

DIALOG Zum Wohle des Kindes e.V., Bundesverband, Herrenbergstr. 58, 52080 Aachen, 02 41/55 19 16

Derzeit wohl der aktivste Verein in Sachen Reform des Kindschaftsrechts. Zentrales Anliegen: gemeinsames Sorgerecht als Regelfall. Mutter und Vater sollen ihren Kindern auch nach Trennung oder Scheidung in gemeinsamer Elternverantwortung erhalten bleiben. *DIALOG* setzt sich zudem für eine neue, konfliktreduzierende Arbeitsweise in allen Scheidungsberufen ein. Gesprächskreise, Ortsgruppen und Ansprechpartner in vielen Städten.

Initiative Streitfall Kind e.V. (ISK), Parkstr. 16, 13086 Berlin, 0 30/9 65 05 01.

Die *ISK* tritt vorrangig für fortbestehende gemeinsame Eltern-Verantwortung nach Trennung oder Scheidung und für einen «ungehinderten Umgang» aller Kinder zu Mutter und Vater ein. In zahlreichen Ortsgruppen in den neuen Bundesländern treffen sich vor allem Väter ohne Trauschein, finden Väter ohne Kinder Rat und Hilfe. Die *ISK* hat die Trägerschaft für das Modellprojekt *KIEK – Kind im Elternkonflikt* (s. 3) übernommen.

ISUV / VDU e.V., Interessenverband Unterhalt und Familienrecht, Raintaler Str. 16 a, 81539 München, 0 89/6 91 11 90

Die größte deutsche Familienrechtsorganisation. Schwerpunkt: Reform des Unterhalts-, Sorge-, Nichtehelichen- und Kindschaftsrechts. Mitglieder erhalten den *ISUV-VDU-Report* mit Rechtstips und ausführlichen Informationen über die neueste Rechtsprechung sowie Merkblätter zu aktuellen Themengebieten. Ortsgruppen in mehreren Städten.

Väter für Kinder, Initiative für Kind, Familie, Menschenrechte e.V., Postfach 380268, 80615 München

Der Verein will das Interesse aller Väter an der Schaffung und Aufrechterhaltung der Kind-Vater-Beziehung verbessern. *Väter für Kinder* setzt sich vor allem für die Beachtung der von der Bundesrepublik Deutschland ratifizierten Menschenrechtsverträge ein und informiert über internationale Rechtsentwicklungen.

Verein Humane Trennung und Scheidung (VHTS), Schneppenhorstweg 5, 13627 Berlin, 0 30/3 82 70 52

Ortsgruppen in Berlin und München. Schwerpunkte: Öffentlichkeitsarbeit zur Reform des Familienrechts und Hilfe zur Selbsthilfe. *VHTS* will die Arbeit «aktiver Betreuer» fördern, die aufgrund ihrer Erfahrung mit Trennung oder Scheidung anderen Ratsuchenden Unterstützung und Zuwendung geben.

3 Dialog zum Wohle der Kinder

An folgende Trennungs- und Scheidungsberatungsstellen können Sie sich wenden. «(**M**)» bedeutet: Hier wird hilfesuchenden Eltern auch Mediation (Vermittlung) angeboten.

Arbeiterwohlfahrt – Beratungsstelle für Eltern, Kinder und Jugendliche, Plivierpark 5, 81737 München, 0 89/6 37 15 00

Arbeitskreis Elterliche Sorge und Kindeswohl, Georgenschwaigstr. 14, 80807 München, 0 89/35 34 59

Arbeitskreis Humane Scheidung, Georg-Staber-Ring 6, 83022 Rosenheim, 0 80 31/8 64 14

Arbeitskreis Partnerschaftskrise, Trennung und Scheidung e.V. (**M**), Schneckenhofstr. 27, 60596 Frankfurt a. M., 0 69/62 06 04 und 72 43 79 sowie 72 16 73 (Auskunft Mediation)

Arbeitskreis Scheidungskinder der sozial-ethischen Arbeitsstelle Hamm, Jägerallee 5, 59071 Hamm, 0 23 81/87 68–69

Augsburger Kreidekreis, Prinzregentenstr. 2, 86150 Augsburg, 08 21/3 79 46

Beratungsstelle für Getrenntlebende und Geschiedene, Diakonisches Werk, Gotenstr. 27, 53175 Bonn-Bad Godesberg, 02 28/35 60 04

Dialog e.V. Beratungsstelle, Haldenstr. 75, 44809 Bochum, 02 34/58 05 04

Dreieck e.V. – Verein zur Förderung der Beratung in Familienkrisen bei Trennung und Scheidung, Kapitelstr. 30, 41460 Neuss, 0 21 01/2 74-072 und -074

Elterntrennungsberatung Hannover, c/o Jugendpsychologischer Dienst der Landeshauptstadt Hannover, Ihmepassage 4, 30449 Hannover, 05 11/1 68-37 56

Ent-Scheidung, Verein zur Beratung bei Familienkrisen, Trennung und Scheidung e.V., Reichsstr. 45–47, 53125 Bonn, 02 28/25 74 74

Familiennotruf München (**M**), Pestalozzistr. 46, 80469 München, 0 89/26 91 94

Hiatus e.V. (**M**), Hilfen und Angebote bei Trennung und Scheidung, Praxis- und Forschungsstelle für Psychotherapie und Beratung des Psychologischen Instituts der Universität Heidelberg, Hauptstr. 47–51, 69117 Heidelberg, 0 62 21/54 73 50–52

Impuls, Verein fachübergreifende Weiterbildung und Krisenhilfe für Kinder / Eltern und Nichteltern bei Trennung und Scheidung e.V., Plessenweg 29, 58256 Ennepetal, 0 23 33/8 96 77

IETE, Intakte Elternschaft trotz Scheidung (**M**), Germersheimer Str. 26, 81541 München, 0 89/49 64 11

pro familia, Lindenstr. 4, 26123 Oldenburg, 04 41/8 80 95

Projekt KIEK – Kind im Elternkonflikt, Herzbergstr. 26 a, 10365 Berlin, 0 30/5 58 94 51. Dieses Modellprojekt in Trägerschaft der *Initiative Streitfall Kind* (s. 1) fördert den Aufbau von Trennungs- und Scheidungsberatungsstellen in den neuen Bundesländern, berät Selbsthilfe- und Gesprächsgruppen und unterstützt betroffene Familien durch (Vermittlung an) ein interdisziplinäres Beratungsteam.

Projekt Kugel – Kinder und getrennte Eltern, Kontakt- und Beratungsstelle für von Trennung betroffene Eltern und Kinder, Camillo-Sitte-Platz 3, 45136 Essen, 02 01/26 51 65

Psychosoziale Beratungsstelle in Familienkrisen, Günterstalstr. 41, 79102 Freiburg, 07 61/7 87 61 und 7 85 86

Trialog e.V., Von-Vincke-Str. 6, 48143 Münster, 02 51/51 14 14

Vertrauensstelle für Ehe-, Partnerschafts- und Trennungsberatung, Winterhuder Weg 31, 22085 Hamburg, 0 40/29 84–34 53

Zusammenwirken im Familienkonflikt e.V. (**M**), Wilhelmsaue 133, 10715 Berlin, 0 30/8 61 01 95

Auch die *Jugendämter* vermitteln Adressen von Trennungs- und Scheidungsberatungsstellen.

Ein Verzeichnis der *Erziehungs- und Familienberatungsstellen* in *öffentlicher Trägerschaft* (informiert zugleich über Einrichtungen der Kinder- und Jugendpsychiatrie) ist erhältlich bei der

Bundeskonferenz für Erziehungsberatung e.V., Amalienstr. 6, 90763 Fürth, 09 11/77 89 11–12.

4 Vermittlung/Mediation bei Trennung oder Scheidung

Folgende Mitglieder der *Bundes-Arbeitsgemeinschaft für Familienmediation (BAFM)*, Südliche Auffahrtsallee 57, 80639 München, 0 89/1 78 20 69, bieten Aus- und Weiterbildung in Mediation an:

Eidos Projekt Mediation, Südliche Auffahrtsallee 57, 80639 München, 0 89/1 78 20 69

Institut für Mediation und Scheidungsberatung, Samerhofstr. 15a, 81247 München, 0 89/88 54 93

Arbeiterwohlfahrt Bundesverband e.V., Zentrale Fortbildung, Oppelner Str. 130, 53119 Bonn, 02 28/55 85-2 55

Deutsche Anwaltsakademie im Deutschen Anwaltsverein, Arndtstr. 43, 53113 Bonn, 02 28 / 26 07-83

Praxis- und Forschungsstelle für Psychotherapie und Beratung des Psychologischen Instituts der Universität Heidelberg, Hauptstr. 47–51, 69117 Heidelberg, 062 21/54 73 40

Institut für soziale und kulturelle Arbeit, Untere Krämersgasse 3, 90403 Nürnberg, 09 11/22 78 99

Paritätisches Bildungswerk Bundesverband e.V., Heinrich-Hoffmann-Str. 3, 60528 Frankfurt a. M., 0 69/67 06-2 74

Institut für berufliche Bildung und Sozialplanung GmbH, Lutherstr. 16–20, 04315 Leipzig, 03 41/6 01 91

Interessenten können bei der BAFM eine Adressenliste der *regionalen Mediations-Arbeitskreise* anfordern.

Soviel Unterhalt bekommt ein Kind

(Stand: Mai 1993)

Der Unterhalt für eheliche Kinder wird in den alten Bundesländern meist nach der «Düsseldorfer Tabelle» berechnet. Sie geht von einer «Normalfamilie» mit zwei unterhaltsberechtigten Kindern aus. Für die neuen Länder gelten bei niedrigem Einkommen reduzierte Sätze.

Nettoeinkommen des Unterhaltspflichtigen in DM	bis 5 Jahre	6 bis 11 Jahre	12 Jahre bis Volljährigkeit	Bedarfskontrollbetrag* in DM
bis 2300	**291**	**353**	**418**	**1150–1300**
2300–2600	**310**	**375**	**445**	**1370**
2600–3000	**335**	**405**	**480**	**1450**
3000–3500	**370**	**450**	**530**	**1550**
3500–4100	**410**	**495**	**590**	**1680**
4100–4800	**450**	**545**	**650**	**1880**
4800–5700	**500**	**605**	**720**	**2100**
5700–6700	**550**	**665**	**790**	**2350**
6700–8000	**600**	**730**	**860**	**2600**

Bei volljährigen Kindern hängen Zahlung und Höhe des Unterhalts davon ab, ob sie eigenes Einkommen haben, im Haus eines Elternteils wohnen, eine Ausbildungsvergütung bekommen oder studieren. Studierenden, die außerhalb wohnen, gestehen die Gerichte in der Regel einen Bedarf von 950 Mark zu.

* Der «Bedarfskontrollbetrag» wird von vielen Gerichten verwendet, um unzumutbare Belastungen zu vermeiden. Er bedeutet: Wenn dem Unterhaltspflichtigen nach Abzug sämtlicher Unterhaltszahlungen weniger als dieser Betrag bleibt, wird er in eine niedrigere Gehaltsgruppe eingestuft, in der ihm

mindestens dieser Kontrollbetrag zum eigenen Lebensunterhalt bleibt. Beispiel: Bei 2700 DM Nettoeinkommen und zwei Kindern von 8 und 14 Jahren bekämen nach der «Düsseldorfer Tabelle» diese 405 und 480 DM Unterhalt, die Frau 500 DM. Dann verblieben dem Unterhaltspflichtigen nur 1315 DM, also 135 DM weniger als der Bedarfskontrollbetrag von 1450 DM. Er wird deshalb zwei Gehaltsgruppen niedriger eingestuft und zahlt entsprechend weniger Unterhalt. In jedem Fall muß dem Unterhaltspflichtigen der notwendige Selbstbehalt bleiben: 1300 DM bei Erwerbstätigen, 1150 DM bei Nichterwerbstätigen.

Quelle: Stern 51/92

Einkommen im Sinne der *Düsseldorfer Tabelle* ist das Nettoeinkommen des Unterhaltsverpflichteten. Ein dreizehntes Monatsgehalt wäre beispielsweise hinzuzurechnen, berufsbedingte Fahrkosten hingegen wären abzuziehen. Bezieht die Mutter, in deren Haushalt die Kinder leben, das Kindergeld, verringert sich die Barzahlung des Vaters um die Hälfte des Kindergeldes. Kinder haben mindestens Anspruch auf den sogenannten *Regelunterhalt* (s. S. 83f.); das *Regelunterhaltssystem* greift bisher jedoch nur für außerehelich geborene Kinder. Bis Ende 1994 soll es nach Plänen des Bundesministeriums der Justiz für alle minderjährigen Kinder nutzbar gemacht werden. Außerdem sollen Unterhaltstitel schneller als bisher und weitgehend ohne gerichtliche Hilfe an veränderte Einkommens- und Lebensverhältnisse angepaßt werden können.

Bei einer größeren/geringeren Anzahl Unterhaltsberechtigter können Ab- bzw. Zuschläge in Höhe eines Zwischenbetrages oder durch Einstufung in niedrigere/höhere Gruppen vorgenommen werden (von Oberlandesgericht zu Oberlandesgericht unterschiedliche Auslegungen). Auch der notwendige Selbstbehalt (Bedarfskontrollbetrag) des Unterhaltspflichtigen sowie der «angemessene Eigenbedarf» bei volljährigen Kindern (lt. *Düsseldorfer Tabelle* = DM 1600) weisen regionale Abweichungen auf.

In den fünf neuen Bundesländern wird die *Düsseldorfer Tabelle* erst ab einem Nettoeinkommen von DM 2300 angewandt. Die unterhaltsrechtlichen Leitlinien unterscheiden sich von Bezirksgericht zu Bezirksgericht geringfügig. Informationen zu allen unterhaltsrechtlichen Fragen erteilt der Verband ISUV/VDU (s. S. 235f.; vgl. auch *Scholz, Harald:* Die Düsseldorfer Tabelle [Stand 1.7.1992], in: FamRZ 1993, H. 2, S. 125–146 sowie *Leitlinien zum Unterhalt* [Stand 1.12.1992], herausgegeben von den Senaten für Familiensachen des Oberlandesgerichts Düsseldorf, in: FuR 1/1993, S. 33–36).

Anmerkungen

1. Väter ohne Kinder (S. 16–26)

1 Ergebnisse der Studie finden sich in: Deutsches Jugendinstitut: Familienalltag. Ein Report des Deutschen Jugendinstituts. Frauensichten – Männersichten. Reinbek 1989 (u.a. S. 40 + 42) und in: NEUBAUER, ERIKA: Alleinerziehende Mütter und Väter – Eine Analyse der Gesamtsituation (Schriftenreihe des Bundesministers für Jugend, Familie, Frauen und Gesundheit, Bd. 219). Stuttgart ^{2}1989 (u.a. S. 173 und S. 185).

2 NAPP-PETERS, ANNEKE: Scheidungsfamilien. Interaktionsmuster und kindliche Entwicklung. Aus Tagebüchern und Interviews mit Vätern und Müttern nach der Scheidung. Eigenverlag des Deutschen Vereins für öffentliche und private Fürsorge 1988, S. 35 ff.

3 Brigitte-Untersuchung '92: «Kinderbetreuung in Deutschland». Hamburg 1992. Teile der Studie sind veröffentlicht in: Brigitte 9/92.

4 BRZOSKA, GEORG et. al.: Aktive Vaterschaft und Elternurlaub. Gutachten für die Senatsverwaltung für Frauen, Jugend und Familie. Berlin 1990, S. 43 ff.

5 LAMB, MICHAEL E.: The father's role – cross-cultural perspectives. Hillsdale (New Jersey) 1987.

6 BENARD, CHERYL/SCHLAFFER, EDIT: Sagt uns, wo die Väter sind. Von der Arbeitssucht und Fahnenflucht des zweiten Elternteils. Reinbek 1991, S. 211.

7 Dies.: S. 219, S. 222, S. 236.

8 STEIN-HILBERS, MARLENE: Männer und Kinder. Reale, ideologische und rechtliche Umstrukturierungen von Geschlechter- und Elternbeziehungen. In: FuR 4/91, S. 203. Weiterhin beklagt sich die Frauenforscherin (ebd.): «Seit Frauen mit wachsender ökonomischer Selbständigkeit und neuem Selbstbewußtsein begonnen haben, nichteheliche Mutterschaft auch als Chance zu mehr Selbstbestimmung zu begreifen, wird ihnen diese Position immer mehr streitig gemacht.» – Wie schön!

9 In einem TV-Nachmittagsmagazin (November 1992) verkündet Mutter

Schewe: «Meine Tochter L. hat keinen Vater, L. hat einen Erzeuger!» (L. sitzt dabei zwei Reihen hinter ihrer Mami.) Vgl. Schewe, Carola: Kinder? Ja, aber ohne Mann! In: Psychologie heute, November 1990, S. 76f.

10 Der Mikrozensus des Statistischen Bundesamtes berücksichtigt leider nur solche «Familien», die eine «Haushaltsgemeinschaft» bilden; «gelebte familiale Beziehungen» bleiben dabei häufig unberücksichtigt.

11 Z. B. Schwarz, K.: In welchen Familien wachsen unsere Kinder auf? In: Zeitschrift für Familienforschung 1/1989, S. 27.

12 Z. B. Proksch, Roland: Vermittlungsangebote als Hilfe zur Konfliktregelung für Eltern in Trennung und Scheidung. Ein Praxismodell zur Mitwirkung der Jugendhilfe in familiengerichtlichen Verfahren nach §§ 50, 17 KJHG. In: Jugendhilfe (1991), S. 350.

2. Aufbruch im Familienrecht? (S. 27–45)

13 Statistisches Bundesamt, Wiesbaden, div. Jahrgänge; eigene Berechnungen.

14 Jayme, Erik: Die Entwicklung des europäischen Familienrechts. In: FamRZ 1981, H. 3, S. 221.

15 Schwenzer, Ingeborg: Die Rechtsstellung des nichtehelichen Kindes. In: FamRZ 1992, H. 2, S. 122.

16 Baer, Ingried: Neue Lösungen im Kindschaftsrecht. Rechtsvergleichende Betrachtungen und Anregungen zu einer Reform. In: ZRP 1989, H. 9, S. 344–350.

17 Abgedruckt in FamRZ 1992, H. 3, S. 266f. Auszüge:
«Die Bundesrepublik Deutschland erklärt darum, daß die Bestimmungen des Übereinkommens auch die Vorschriften des innerstaatlichen Rechts
a) über die gesetzliche Vertretung Minderjähriger bei der Wahrnehmung ihrer Rechte,
b) über das Sorge- und Umgangsrecht bei ehelichen Kindern und
c) über die familien- und erbrechtlichen Verhältnisse nichtehelicher Kinder nicht berühren; dies gilt ungeachtet der geplanten Neuordnung des Rechts der elterlichen Sorge, deren Ausgestaltung in das Ermessen des innerstaatlichen Gesetzgebers gestellt bleibt.»
Der Antrag der SPD-Fraktion, auf die «Erklärung» zu verzichten, wurde von den Abgeordneten von CDU/CSU und FDP abgelehnt.

18 Stöcker, Hans A.: Die UNO-Kinderrechtskonvention und das deutsche Familienrecht. In: FamRZ 1992, H. 3, S. 252.
Ministerialrat Dr. Stöcker ist nach Angaben fortschrittlicher Familienrechtler «der Bremser» im Bundesjustizministerium. Das Kinder-Abkommen betitelt er mittlerweile zynisch als «Jubelgag», der «beim zweiten Lesen in zarte Pastellfarben» zerrinne (ebd., S. 246 und S. 252).

19 Vgl. Schmidt, Andreas: Neues Sorgerecht für Kinder. In: Hamburger Rundschau, 7. 5. 1992 und ders.: Väteraufbruch – Männer und ihr Recht auf Kinder, in: Wochenpost, 29. 4. 1992.

20 Ullmann, Christian: *Diskussion*: Die UNO-Kinderrechtekonvention und das innerstaatliche Recht. In: FamRZ 1992, H. 8, S. 892.
Ullmann beruft sich auf die Rechtsprechung des Bundesverfassungsgerichts und betrachtet die UN-Kinderrechtekonvention als «innerstaatliches Recht», das nach Artikel 59 (2) Grundgesetz auch deutsche Richter binde: «Wäre die *Erklärung* der Bundesregierung als hinterlegter Vorbehalt innerstaatlich rechtswirksam, dann müßte es ein verfassungsrechtliches Verfahren der förmlichen Anweisung an Gerichte geben, dieses Recht nicht anzuwenden. Ein solches Verfahren gibt es jedoch nicht.» (ebd.)

21 Bundesjustizminister a. D. Dr. Klaus Kinkel am 14. November 1991 vor dem Deutschen Bundestag.

22 Gesetz zu dem Übereinkommen vom 20. November 1989 über die Rechte des Kindes vom 17. Januar 1992/Convention on the Rights of the Child (BGBl I 121). Abgedruckt in: FamRZ 1992, H. 3, S. 253–267.

23 Hier unterlief den Beamten aus dem Bundesjustizministerium bei der Übersetzung ein Fehler: In der englischen Originalfassung ist sogar von *maximaler* Ausschöpfung die Rede: «... States Parties shall undertake such measures to the *maximum* extent of their available resources...»

24 Balloff, Rainer: Trennung, Scheidung, Regelung der elterlichen Sorge. Neuere Entwicklungen und Tendenzen aus juristischer und psychologischer Sicht. In: Recht der Jugend und des Bildungswesens 1/92, S. 51.
Diese «lebhaften und kontroversen Diskussionen» zwischen Scheidungsexperten erinnern häufig eher an das Trennungsgebaren von Scheidungspaaren als an eine akademische Gesprächskultur. Verbale Entgleisungen sind an der Tagesordnung, zum Beispiel, wenn selbiger Herr Balloff seinem Bielefelder Kollegen Jopt vor laufender ZDF-Kamera «Schwachsinn» attestiert (vgl. auch S. 204f.).

25 Abgedruckt in: Der Amtsvormund, Juni 1991, S. 425–436, hier S. 432.

26 Coester, Michael: Sorgerecht bei Elternscheidung und KJHG. In: FamRZ 1992, H. 6, S. 621.

27 Diese Umfrage ist leider nicht in einer Fachzeitschrift veröffentlicht worden. Einige Ergebnisse der Umfrage finden sich in: Braune, Hans-Peter/ Meinck, Peter: Gemeinsame elterliche Sorge. Plädoyer für eine gesetzliche Neuregelung (Schriftenreihe des ISUV/VDU, Bd. 1). Nürnberg [2]1992, S. 34.

28 Böhm, Reglindis: Gedanken zu einer Neuregelung des Kindschaftsrechts. In: ZRP 1992, H. 9, S. 335.

29 Heiliger, Anita: Zur Problematik einer Konzeption nachehelicher gemeinsamer elterlicher Sorge als Regelfall im Kontext einer geplanten Reform des Kindschaftsrechts. In: FamRZ 1992, H. 9, S. 1011.

30 Stein-Hilbers, Marlene (1991), S. 200. Vgl. auch: Dies.: Wer bleibt Eigentümer des Kindes? In: Kinderschutz aktuell 4/1989.

31 Flügge, Sibylla: Ambivalenzen im Kampf um das Sorgerecht. Die Geschichte der elterlichen Gewalt und die aktuelle Diskussion um die «gemeinsame Sorge». In: STREIT – Feministische Rechtszeitschrift 1/1991, S. 12.

32 Vgl.: Wallerstein, Judith/Blakeslee, Sandra: Gewinner und Verlierer. Frauen, Männer, Kinder nach der Scheidung. München 1989 sowie: Cherlin, Andrew J./Furstenberg, Frank F.: Divided Families – What Happens to Children when Parents Part. Cambridge, Mass. 1991.

3. Vater werden ist nicht schwer, Vater ohne Trauschein sein dagegen sehr! (S. 46–78)

33 So bestätigte der Verwaltungsgerichtshof Baden-Württemberg in einem Urteil vom 17. 8. 1992 (Az. 9 S 2345/90) die Auffassung des Oberschulamtes Karlsruhe, «daß leibliche Väter ohne Sorgeberechtigung keine Eltern im Sinne der Elternbeiratsverordnung seien. Infolgedessen könnten sie auch nicht zu Elternvertretern gewählt werden.»

34 Zahlen für 1991: Berlin-Ost = 47,2 %; Mecklenburg-Vorpommern = 45,1 %; Sachsen-Anhalt = 43,5 %; Sachsen = 39 %; Thüringen = 37,4 %. Aus dem Bundesland Brandenburg lagen die Daten bis Redaktionsschluß nicht vor. 1989 wurden in Deutschland 136582 Kinder (= 15,5 %) außerehelich geboren – 69668 im Westen und 66914 im Osten der Republik. Im April 1991 wies das Statistische Bundesamt 575000 Kinder unter 18 Jahren als «nichtehelich» aus. Quelle: Div. Familienstatistiken des Statistischen Bundesamtes, Wiesbaden; eigene Berechnungen.

35 Das Deutsche Jugendinstitut, München, berichtet in seinem jüngsten Familien-Survey (untersucht wurden 6486 «Kindschaftsverhältnisse» im Westen Deutschlands), daß 7,2 Prozent der Kinder unter zwei Jahren Nichtehelichenstatus hätten. 62,5 Prozent dieser Kinder lebten zusammen mit ihren nicht verheirateten Eltern. «Kinder aus nichtehelichen Lebensgemeinschaften von mehr als zehn Lebensjahren sind in Deutschland praktisch nicht anzutreffen.» Nauck, Bernhard: Familien- und Betreuungssituationen im Lebenslauf von Kindern. In: Bertram, Hans (Hg.): Die Familie in Westdeutschland, Opladen 1991, S. 401.

36 Groth, Sepp: Kinder ohne Familie. Das Schicksal des unehelichen Kindes in unserer Gesellschaft. Bd. 8 der Schriftenreihe der Arbeitsgemeinschaft für Jugendpflege und Jugendfürsorge. München 1961, S. 164 f.

37 Has, Franziska: Das Verhältnis der unehelichen Eltern zu ihrem Kinde. Ein soziologischer Beitrag zur Reform des Nichtehelichenrechts. Berlin 1962, S. 170.

38 Herrmann, Horst: Die Stellung unehelicher Kinder nach kanonischem Recht. Amsterdam 1971, S. 5 f. Für den Christen Herrmann ist das außerehelich geborene Kind «ein Mängelwesen». Es neige u.a. zu «höherer Straffälligkeit» (S. 8 ff.).

39 Vgl. Böhm, Reglindis (1992), S. 335.

40 Vgl. Kentler, Helmut: Leihväter – Kinder brauchen Väter. Reinbek 1989, S. 199. Sehr empfehlenswert Kentlers «Plädoyer für den väterlichen Mann», ebd., S. 168–219.

41 BECHLER-MINACK, GABRIELE et. al.: Kind und Kegel. Rechtsratgeber für Mütter nichtehelicher Kinder. Hamburg 1992, S. 49 ff.

42 IHARA, TONI/WARNER, RALPH/DZIERMA, HANS MARTIN: Ehe ohne Trauschein. Ein Rechtsratgeber. Reinbek 1990, S. 116.

43 Vgl. OLG Hamm, in: FamRZ 1982, S. 194.

44 Schwenzer, Ingeborg (1992), S. 126.

45 Vgl. z. B. PIAGET, JEAN: Die Bildung des Zeitbegriffs beim Kinde, Frankfurt a. M. 1974, sowie Plattner, Ilse E.: Entsprechen deutsche Sorge- und Umgangsrechtsentscheidungen dem Zeitempfinden des Kindes? In: FamRZ 1993, H. 4, S. 384–386.

46 Amtsgericht München – BGB § 1711 II (VormG, Beschluß vom 21.12.1987 – Az. 89 VIII 1264/85). In: FamRZ 1988, H. 7, S. 767–768. Vgl. auch S. 90f.

47 Landgericht Bonn – BGB § 1711 II (5. Zivilkammer, Beschluß vom 4.8.1989 – Az. 5 T 66/89). In: FamRZ 1990, H. 2, S. 201–202. Vgl. auch S. 91f.

48 Beschluß des Bundesverfassungsgerichtes – Erster Senat – vom 7. Mai 1991 – Az. 1 BvL 32/88. In: Der Amtsvormund, Juni 1991, S. 425–436, hier S. 425.

49 Ebd., S. 432–433.

50 Nachzulesen in der vom Bundesministerium der Justiz herausgegebenen Information «recht», Nr. 55/91, 1. November 1991, S. 1.

51 Vgl. SCHMIDT, ANDREAS: Kleine Menschen mit großen Rechten. In: Frankfurter Rundschau, 12. September 1992.

52 LEMPP, REINHART: Zur Umgangsbefugnis des nichtehelichen Vaters. In: FamRZ 1989, H. 1, S. 17.

53 LEMPP, REINHARD: Kindeswohl und Kindesrecht. In: Zentralblatt für Jugendrecht und Jugendwohlfahrt 1974, H. 4, S. 133.

54 Verhandlungen des siebenundfünfzigsten Deutschen Juristentages, Mainz 1988. Bd. II (Sitzungsberichte), S. I 179.

55 Im Reformzirkel teilzeitarbeiten ferner: Prof. Dr. Dagmar Coester-Waltjen, Familienrechtlerin, Universität München; Jürgen Kuhrts, Bezirksgericht Neubrandenburg; Dr. Petra Lingelbach, Jena; Dr. med. Carl Nedelmann, Chef des Hamburger Michael-Balint-Instituts; Jutta Puls, Hanseatisches Oberlandesgericht Hamburg; Ursula Seiferth, Leiterin des Stadtjugendamtes Nürnberg; Otto Wesche, Amtsgericht Goslar und Prof. Dr. Gisela Zenz, Universität Frankfurt a.M.
Der Vorsitzende der Arbeitsgruppe, Ministerialdirigent Dr. Alfred Wolf aus dem Bundesministerium der Justiz, hält meine Kritik für unangebracht: «Unser Gesetzentwurf wird als ein moderner in die Geschichte eingehen!» – Hoffentlich!

56 Devant la cour d'appel de Lyon. Un ex-concubin obtient l'autorité parentale conjointe. In: Le Monde, 29.2.1992.

57 CHOMBEAU, CHRISTIANE: Les pères d'enfants naturels pourraient bénéficier automatiquement de l'autorité parentale. In: Le Monde, 29.4.1992.

58 Bundesverfassungsgericht, Band 74, S. 370. Auch abgedruckt in: NJW 1987, H. 39, S. 2427–2429, hier: S. 2427.

59 Eine Verfassungsbeschwerde beim Bundesverfassungsgericht muß inner-

halb eines Monats nach dem letzinstanzlichen Bescheid eingereicht werden.

60 Vgl.: FAHRENHORST, IRENE: Die Individualbeschwerde vor den Organen der Menschenrechtskonvention. In: Jura 1987, H. 3, S. 130–138; dies.: Sorge- und Umgangsrecht nach der Ehescheidung und die Europäische Konvention zum Schutze der Menschenrechte und Grundfreiheiten, in: FamRZ 1988, H. 3, S. 238–242; BÖRGERS, MICHAEL: Die Europäische Menschenrechtskonvention als Rechtsquelle des deutschen Familienrechts, in: FuR 3/1990, S. 141–145 sowie STACKELBERG, CURT (SEN. + JUN.) FREIHERR VON: Die Verfahren der deutschen Verfassungsbeschwerde und der europäischen Menschenrechtsbeschwerde. Köln 1988.

61 BRÖTEL, ACHIM: Der Anspruch auf Achtung des Familienlebens. Rechtsgrund und Grenzen staatlicher Einwirkungsmöglichkeiten in familiäre Rechtspositionen nach der Europäischen Konvention zum Schutze der Menschenrechte und Grundfreiheiten. Baden-Baden 1991.
Wem Brötels 457seitiges Werk zu voluminös ist, der findet eine hervorragende Zusammenfassung in: Ders.: Europäische Impulse für das deutsche Nichtehelichenrecht. In: ZfJ, Nr. 5/92, S. 241–250. Vgl. auch ders.: Das alleinige Sorgerecht der Mutter für ihr nichteheliches Kind – ein grundrechtswidriges Dogma? In: NJW 1991, H. 49, S. 3119–3124.

62 Oberlandesgericht Bamberg, Beschluß vom 9.2.1988 – Az. 7 UF 135/87. In: FamRZ 1988, H. 7, S. 752–753 (vgl. auch S. 129f. in diesem Buch). Interessierten Lesern empfehle ich: KOEPPEL, PETER/REEKEN, MICHAEL: Die für das deutsche Familienrecht bedeutsamen «General Comments» des Menschenrechtsausschusses der Vereinten Nationen. In: ZfJ, Nr. 5/92, S. 250–257.

63 Verabschiedet auf einem Seminar in Bad Honnef am 24. Mai 1992 nach zum Teil «kontroversen Diskussionen». Die einzelnen Punkte geben mitunter sehr knappe Mehrheitsbeschlüsse wieder. Vgl. FuR 4/92, S. 185–186. Außerdem legten die Juristinnen Vorschläge zur Neuregelung der Elternschaftsvermutung und zum Unterhaltsrecht vor.

64 Beschlüsse des 59. Deutschen Juristentages Hannover 1992. In: FuR 5/92, S. 278–282.

4. Zehn Tips für Väter ohne Trauschein (S. 79–93)

65 BULLINGER, HERMANN: Wenn Männer Väter werden. Schwangerschaft, Geburt und die Zeit danach im Erleben von Männern. Überlegungen – Informationen – Erfahrungen. Reinbek 1991, S. 217. Mit einem «Kleinen Rechtsratgeber für Väter», S. 212–226.

5. Hilflose Helfer – Die Trennungsbegleiter (S. 94–118)

66 In: HÄSING, HELGA/GUTSCHMIDT, GUNHILD: Handbuch Alleinerziehen. Reinbek 1992, S. 88 f.

67 GAIER, OTTO R.: Der Riß geht durch die Kinder. Trennung, Scheidung und wie man Kindern helfen kann. München 1991, S. 179.

68 Statistische Jahrbücher, div. Jahrgänge; eigene Berechnungen.
Immer häufiger fällt in Scheidungsverfahren der Vorwurf des Kindesmißbrauchs, vor allem dann, wenn Eltern verbittert um das «Sorge- oder Besuchsrecht» für ihre Kinder streiten. Amerikanische Scheidungsforscher berichten bereits vom «SAID-Syndrom» – Sexual Allegations in Divorce (sexuelle Beschuldigungen in Verbindung mit Scheidungsverfahren).
«In jeder dritten Akte, die ein Gutachter heute zu Gesicht bekommt, spielt der Vorwurf des sexuellen Mißbrauchs eine Rolle», sagt der psychologische Sachverständige Ernst Ell. Seine Kollegin Marie-Luise Kluck mahnt zur Vorsicht: «Man muß da sehr genau prüfen, ob diese Beschuldigungen nicht ganz bewußt eingesetzt werden. Wenn eine Mutter die Mißbrauchskarte zieht, kann sie ihre Interessen sehr viel leichter durchsetzen, weil die Beweislage äußerst schwierig ist.»
Alltäglich werden Kinder bedroht, bedrängt, mißhandelt und sexuell mißbraucht. Das Verbrechen sexueller Mißbrauch und Kindesmißhandlung in Familien wird endlich öffentlich thematisiert. 150000 Kinder sind pro Jahr betroffen, vermuten Fachleute. Die Dunkelziffer übertrifft die Zahl der aufgeklärten Fälle um ein Vielfaches; Schätzungen gehen von 1:20 aus. Ein ganz entsetzliches Kapitel unserer «Zivil-Gesellschaft»!
In Auseinandersetzungen um das Sorgerecht sind derartige Vorwürfe jedoch häufig Querschläger, die erst dann abgefeuert werden, nachdem andere Argumente versagt haben (vgl. Der Spiegel 35/1992, S. 221, +16/1993, S. 111–121, sowie SALZGEBER, JOSEPH, et. al.: Die psychologische Begutachtung sexuellen Mißbrauchs in Familienrechtsverfahren, in: FamRZ 1992, H. 11, S. 1249–1256).

69 In: HÄSING, HELGA/GUTSCHMIDT, GUNHILD (1992), S. 88. Interessante Einblicke in ihre eigene Biographie geben Helga Häsing und Tochter Christine in: SIEBENSCHÖN, LEONA: Wenn du die Freiheit hast... Die antiautoritäre Generation wird erwachsen; dort unter dem Abschnitt: «Meine linke Mutter und die Politik». München 1988, S. 40–50.

70 HÄSING-LEVEND, HELGA: Kommt die Hilfe vom Mediator? In: Frankfurter Rundschau, 15.8.1992.

71 SCHADE, BURKHARD/SCHMIDT, ANITA: Position und Verhalten von Rechtsanwälten in strittigen Sorgerechtsverfahren. In: FamRZ 1991, H. 6, S. 650.

72 ZILLICH, FRANK: Rechtsanwälte in streitigen Sorgerechtsverfahren – geldgierige, kontraproduktive Hemmschuhe? In: FamRZ 1992, H. 5, S. 509f.

73 Ebd., 510.

74 Schade/Schmidt (1991), S. 651.

75 Erste Ergebnisse in: Journal für die Frau, Nr. 21 / 92.

76 Gaier, Otto R. (1991), S. 109.

77 Aus: WILDE, BARBARA: Eine Familie bleiben. Das Gemeinsame Sorgerecht – Ein neuer Weg bei Ehescheidungen. München 1989, S. 180.

78 Vgl. LEMPP, REINHART: Die Ehescheidung und das Kind. Ein Ratgeber für

Eltern. München [4]1989, S. 18. Lempps Sachverstand: «Die innere Beziehung, die das Kind in seinen ersten Lebensjahren entwickelt hat, meist zur Mutter, manchmal zur Großmutter, seltener zum Vater, muß beachtet werden» (S. 33). «Kleine Kinder bis zum dritten oder vierten Lebensjahr sollten im allgemeinen nur stundenweise zum nicht sorgeberechtigten Elternteil kommen» (S. 47). «Wer eine vollkommene Scheidung will, muß auch auf das Kind und jeden Kontakt mit ihm verzichten können» (S. 49).

79 Deutscher Familiengerichtstag e.V. Brühl (Hg.): Brühler Schriften zum Familienrecht. Bd. 5, Bielefeld 1988.
Vgl. auch Spangenberg, Brigitte und Ernst: Psychotherapeutische Interventionen während der Gutachterexploration in Familiensachen? – Neuro-Linguistisches Programmieren. In: FamRZ 1990, H. 12, S. 1321–1324.

80 Grotevent, Jürgen: «Ein ganz normaler Sitzungstag». In: Fabricius-Brand, Margarete (Hg.): Wenn aus Ehen Akten werden. Scheidungsprotokolle. Frankfurt a. M. / New York 1989, S. 103–115.

81 Jopt, Uwe-Jörg: Nacheheliche Elternschaft und Kindeswohl – Plädoyer für das gemeinsame Sorgerecht als anzustrebenden Regelfall. In: FamRZ 1987, H. 9, S. 881.

82 OLG Bamberg, 7. Senat, Beschluß vom 26.1.1988 – Az. 7 UF 135/87. In: Der Amtsvormund (1988), S. 448.

6. «Das Kind braucht seine Ruhe!» (S. 119–133)

83 Koeppel, Peter: Das deutsche Kindschaftsrecht kennt das Wort «Liebe» nicht! In: FamRZ 1992, H. 1, S. 31.

84 Napp-Peters, Anneke: Ehe geschieden – Familie intakt? In: Kinderschutz aktuell 4/89, S. 5.

85 Mackscheidt, Elisabeth: Loyalitätsprobleme bei Trennung und Scheidung – Überlegungen zum Kindeswohl aus familientherapeutischer Sicht. In: FamRZ 1993, H. 3, S. 257.

86 Benard, Cheryl/Schlaffer, Edit (1991), S. 238. Das «doppelte Lottchen der Frauenbewegung» nennt fünf dieser «wohlüberlegten Gründe»:
1. Der Vater zahle zu wenig oder gar keinen Unterhalt für die Kinder.
2. Die «Qualität der väterlichen Erziehung» lasse zu wünschen übrig.
3. Die Kinder würden den Vater nicht sehen wollen.
4. Das Verhalten der Kinder nach einem Besuch beim Vater sei schwierig.
5. Die im Zusammenleben angestauten Aggressionen der Mutter gegen den Vater seien zu groß (ebd., S. 238 f.).

87 Figdor, Helmuth, s. Fußnote 91, S. 120.

88 Cierpka, Astrid et. al.: «Männer schmutzen nur!» – Eine Untersuchung über alleinerziehende Mütter in einem Mutter-Kind-Programm. In: Praxis der Kinderpsychologie und Kinderpsychiatrie 1992, S. 173.

89 Jopt, Uwe-Jörg (1987), S. 880.

7. Väter in der Zeit danach (S. 134–150)

90 Mackscheidt, Elisabeth (1993), S. 256.

91 Figdor, Helmuth: Kinder aus geschiedenen Ehen. Zwischen Trauma und Hoffnung. Mainz (1991), S. 175.

92 Ebd., S. 172 f.

93 Ebd., S. 173.

94 Abgedruckt in: *Väteraufbruch Info* Nr. II/92, S. 10.

95 Verwaltungsgerichtshof Baden-Württemberg (Az. 9 S 2163/90), zitiert nach Nürtinger Zeitung vom 10.6.1992.

8. Kinder ohne Väter (S. 151–170)

96 In: Eltern 8/1991.

97 Gaier, Otto R. (1991), S. 74.

98 Krappmann, Lothar: Über die Verschiedenheit der Familien alleinerziehender Eltern – Ansätze zu einer Typologie. In: Lüscher, Kurt et. al. (Hg.): Die «postmoderne» Familie. Familiale Strategien und Familienpolitik im Übergang. Konstanz 1988, S. 131–142.

99 Quellen: Familienwissenschaftliche Forschungsstelle im Statistischen Landesamt Baden-Württemberg und Statistisches Bundesamt, Wiesbaden, div. Jahrgänge; eigene Berechnungen. Das Deutsche Jugendinstitut, München, kommt in seinem jüngsten Familien-Survey (untersucht wurden 6486 Kinder in ihren «*Familien*», nicht in ihren «*Haushaltsverhältnissen*») zu etwas anderen Ergebnissen: «Über 90 % werden als Kinder *verheirateter, zusammenlebender Eltern* geboren, doch reduziert sich dieses Kindschaftsverhältnis mit zunehmenden Alter auf etwa 80 %»; «nur noch 68,5 Prozent der 16–17jährigen haben keinerlei Familienereignis (d. h. Familienlösung und/oder -bildung, A.S.) erlebt» (Nauck, Bernhard, 1991, S. 399 und 417).

100 Napp-Peters, Anneke (1988), S. 40 ff.

101 Fthenakis, Wassilios E.: Väter. Band 1: Zur Psychologie der Vater-Kind-Beziehung. München u.a. 1985, S. 370.

102 Heiliger, Anita: Alleinerziehen als Befreiung. Mutter-Kind-Familien als positive Sozialisationsform und als gesellschaftliche Chance. Pfaffenweiler 1991, S. 44.

103 Heiliger, Anita: Ohne Partner geht's oft besser. In: Psychologie heute, November 1990, S. 74 f.

104 Wilde, Barbara (1989), S. 24.

105 Ell, Ernst: Psychologische Kriterien zur Umgangsregelung. In: Der Amtsvormund, 10/1986, S. 746.

106 Vgl. Schnack, Dieter/Neutzling, Rainer: Kleine Helden in Not. Jungen auf der Suche nach Männlichkeit. Reinbek 1990, S. 28 ff.

107 Beal, Edward W./Hochmann, Gloria: Wenn Scheidungskinder erwachsen sind. Psychische Spätfolgen der Trennung. Frankfurt a. M. 1992, S. 63.

108 Helga Levend: Ein Patriarchat ohne Väter. In: Psychologie heute, Februar 1992, S. 26.

109 Steinbrecher, Sigrid: Die Vaterfalle. Die Macht der Väter über die Gefühle der Töchter. Reinbek 1991, S. 14 f.

110 Beal, Edward W./Hochman, Gloria (1992), S.11, S. 35. Vgl. auch Wallerstein, Judith/Blakeslee, Sandra (1989).

111 Gaier, Otto R.: «Manchmal mein' ich, ich hätt' auf der Welt nix verloren». Scheidungskinder erzählen. Hamburg 1988, S. 218.

112 Mackscheidt, Elisabeth (1993), S. 257.

113 Alle neueren Forschungen aus dem Adoptionsbereich stimmen darin überein, daß erwachsene Adoptierte es zeitlebens als Belastung empfinden, ihre Eltern oder einen Elternteil nicht zu kennen. Wissenschaftler betonen, wie wichtig es für die Heranwachsenden ist, sich mit ihren leiblichen Eltern auseinandersetzen zu können (vgl. u.a. Swientek, Christine: «Ich habe mein Kind fortgegeben». Die dunkle Seite der Adoption. Reinbek 1988.

114 Gaier, Otto R. (1991), S. 135.

9. Väter auf Visite – Stunden gehetzter Zärtlichkeit (S. 171–183)

115 Figdor, Helmuth (1991), S. 182.

116 Gaier, Otto R. (1991), S. 137.

10. Perspektiven für Teilzeitväter (S. 184–203)

117 Parallele Elternschaft als realistische Alternative zur gemeinsamen Elternschaft. In: Bundeskonferenz für Erziehungsberatung e.V. (Hg.): Trennung und Scheidung. Materialien zur Beratung. Fürth 1992, S. 122. Einige Wissenschaftler werten das Modell «Parallele Elternschaft» als Synthese von Konflikt- und Reorganisationsmodell (s. S. 35f.).

118 Napp-Peters, Anneke (1988), S. 46 f.

119 Mutter und Kinder in Hamburg, Vater in Frankfurt – also Null-Umgang? Eine Mutter berichtete mir, daß ihre beiden Töchter (vier und sechs Jahre alt) jedes zweite Wochenende ihren Vater besuchen. Der «Rotkäppchen-Service» – Kinder fliegen zum halben Preis – macht's möglich: Stewardessen geleiten die alleinfliegenden Steppkes in die Maschine und beaufsichtigen sie während des Fluges. Bei der Ankunft werden die kleinen Passagiere nur aus der Hand gegeben, wenn sich der Abholer entsprechend ausweisen kann.

120 Schattner Heinz/Schumann, Marianne: Meine Kinder, deine Kinder, unsere Kinder – Stieffamilien. In: Deutsches Jugendinstitut (Hg.): Wie geht's der Familie? Ein Handbuch zur Situation der Familien heute. München 1988, S. 84.

121 FRIEDL, INGRID/MAIER-AICHEN, REGINE: Hauptsache eine Familie? Wie Kinder in Stieffamilien leben. In: Psychologie heute, September 1991, S. 48.

122 FIGDOR, HELMUTH (1990), S. 160.

11. Weniger Streit durch mehr Hilfe und Beratung (S. 204–223)

123 Erste Ergebnisse in: Journal für die Frau, Nr. 21 / 92 (vgl. S. 99).

124 Am 30. September 1992 in Essen. Titel des Meetings: «Gemeinsames Sorgerecht – Zwischen Ideologie und Realität.» Veranstalter: Der Verband alleinstehender Mütter + Väter, Landesverband Nordrhein-Westfalen e.V.; vgl. die Dokumentation selben Titels: BALLOFF, RAINER: Reaktionen der Kinder auf die Scheidung der Eltern bei alleiniger oder gemeinsamer elterlicher Sorge, S. 35.

125 Ebenda.

126 MAAR, NELE und BALLHAUS, VERENA: Papa wohnt jetzt in der Heinrichstraße. Lohr 1988. Weitere Kinderbücher zum Thema Trennung und Scheidung finden sich auf S. 256.

127 Neue Wege beschreitet hier zum Beispiel der Allgemeine Soziale Dienst in Geesthacht (bei Hamburg): Experten berichten betroffenen Eltern in einer Reihe von vier Informationsabenden über psychosoziale und rechtliche Aspekte von Trennung und Scheidung. Schwerpunktmäßig stellen sie die verfügbaren Hilfsangebote für Eltern und Kinder in der Region dar (vgl. LASSE, ULRICH: Beratungs- und Unterstützungsangebote für Kinder und Eltern in Trennungs- und Scheidungssituationen. In: ZfJ, Nr. 2/19, S. 76–78).

128 Als *Pflichtlektüre* für alle Trennungs- und Scheidungsbegleiter in den Jugendämtern bietet sich an: WEBER, ROLAND/BECK, LOTHAR: Elterliche Verantwortung und Sozialarbeit. In: KRABBE, HEINER (Hg.): Scheidung ohne Richter. Neue Lösungen für Trennungskonflikte. Reinbek 1991, S. 207–225 (mit vielen praktischen Hinweisen über Gesprächs- und Vermittlungstechniken).

129 «Formalrechtlich» kann ein Scheidungsverfahren nur dann ausgesetzt werden, wenn ein Paar um die Gelegenheit bittet, über eine Fortsetzung der Ehe nachzudenken (§ 614 Zivilprozeßordnung).

130 Vgl. den Beschluß des OLG Frankfurt a.M vom 28.10.1991. In: FamRZ 1992, H. 2, S. 206–208.
In § 50 (Mitwirkung in Verfahren vor den Vormundschafts- und den Familiengerichten) Absatz 2 KJHG heißt es: «Das Jugendamt unterrichtet insbesondere über angebotene und erbrachte Leistungen, bringt erzieherische und soziale Gesichtspunkte zur Entwicklung des Kindes oder des Jugendlichen ein und weist auf weitere Möglichkeiten der Hilfe hin.»

131 COESTER, MICHAEL (1992) S. 619.

132 In Großbritannien und Dänemark hat sich der Ausdruck «Conciliation/Konziliation» durchgesetzt.

133 Die Bundesarbeitsgemeinschaft für Familienmediation (s. S. 238f.) entwickelt zur Zeit Berufs- und Ausbildungsstandards für angehende Vermittler.

134 MÄHLER, GISELA und HANS-GEORG: Trennungs- und Scheidungsmediation in der Praxis. In: Familiendynamik, H. 4, Oktober 1992, S. 352.

135 PROKSCH, ROLAND: Scheidungsfolgenvermittlung (Divorce Mediation) – ein Instrument integrierter familiengerichtlicher Hilfe. In: FamRZ 1989, H. 9, S. 919.
1990 war die «Vermittlung in Familiensachen» bereits in jedem zweiten amerikanischen Bundesstaat gesetzlich vorgeschrieben oder den Richtern zur Durchführung überlassen. Eine Trennungsberatungspflicht vor der Scheidung gibt es auch für finnische Paare.

136 HAYNES, JOHN M.: Mediation. Basisinformationen für Interessierte. In: Krabbe, Heiner (Hg.) 1991, S. 133.

137 DIEZ, HANNELORE/KRABBE, HEINER: Was ist Mediation? Praktische Gebrauchsanleitung für ein außergerichtliches Vermittlungsverfahren. In: Krabbe, Heiner (Hg.) 1991, S. 124 f.

138 WERNER-SCHNEIDER, CORNELIA: Was heißt denn hier neutral? – Die Zauberformel Mediation. Referat auf der VAMV-Veranstaltung «Gemeinsames Sorgerecht – Zwischen Ideologie und Realität»; Dokumentation, S. 57.
Werner-Schneider: «Ich befürchte, daß über das ‚Kindeswohl', Mediation und das gemeinsame Sorgerecht die Frauen einen Teil ihrer mühsam errungenen Emanzipation, d. h. weibliche Freiheit, opfern sollen.» (ebd., S. 59).

139 PROKSCH, ROLAND (1989), S. 921.

140 Ders. (1991), S. 357. Die Daten habe ich entnommen aus PROKSCH, ROLAND: Vermittlung (Mediation) in streitigen Sorge- und Umgangsrechtsverfahren. Erfahrungen aus einer Praxisstudie. Unv. Manuskript, Mai 1992 (veröffentlicht in: Familiendynamik, H. 4, Oktober 1992, S. 395–414).

Abkürzungen

AG	Amtsgericht
Az.	Aktenzeichen
BGB	Bürgerliches Gesetzbuch
BVerfG	Bundesverfassungsgericht
EGMR	Europäischer Gerichtshof für Menschenrechte
EMRK	Europäische Menschenrechtskonvention, auch: Konvention zum Schutze der Menschenrechte und Grundfreiheiten
FamRZ	Zeitschrift für das gesamte Familienrecht
FGG	Gesetz über die freiwillige Gerichtsbarkeit
FuR	Familie und Recht
GG	Grundgesetz

IPBPR	Internationaler Pakt über bürgerliche und politische Rechte
KJHG	Kinder- und Jugendhilfegesetz
LG	Landgericht
NJW	Neue Juristische Wochenzeitschrift
OLG	Oberlandesgericht
ZfJ	Zentralblatt für Jugendrecht
ZRP	Zeitschrift für Recht und Politik

Literaturempfehlungen

BAER, INGRID: Neue Lösungen im Kindschaftsrecht. Rechtsvergleichende Betrachtungen und Anregungen zu einer Reform. In: ZRP 1989, H. 9, S. 344 bis 350

BAUMGARTEN-WEYMAR, SIGRID/TEWES, UWE und WOLFF, GUSTEL: Vom Recht am Kind. Reinbek 1990

BEAL, EDWARD W./HOCHMAN, GLORIA: Wenn Scheidungskinder erwachsen sind. Psychische Spätfolgen der Trennung. Frankfurt a. M. 1992

BECK, ULRICH/BECK-GERNSHEIM, ELISABETH: Das ganz normale Chaos der Liebe. Frankfurt a.M. 1990

BRITT, INGE: Ich brauche euch doch beide. Kinder aus geschiedenen Ehen. Frankfurt a.M. 1985

BRÖTEL, ACHIM: Der Anspruch auf Achtung des Familienlebens. Rechtsgrund und Grenzen staatlicher Einwirkungsmöglichkeiten in familiäre Rechtspositionen nach der Europäischen Konvention zum Schutze der Menschenrechte und Grundfreiheiten. Baden-Baden 1991

BRÖTEL, ACHIM: Europäische Impulse für das deutsche Nichtehelichenrecht. In: Zentralblatt für Jugendrecht, Nr. 5/1992, S. 241–250

BRZOSKA, GEORG et. al.: Aktive Vaterschaft und Elternurlaub. Gutachten für die Senatsverwaltung für Frauen, Jugend und Familie. Berlin 1990

BULLINGER, HERMANN: Wenn Männer Väter werden. Schwangerschaft, Geburt und die Zeit danach im Erleben von Männern. Überlegungen – Informationen – Erfahrungen. Reinbek 1991

BUNDESKONFERENZ FÜR ERZIEHUNGSBERATUNG E.V. (Hg.): Trennung und Scheidung. Materialien zur Beratung. Fürth 1992 (Die Materialien sind für DM 20 zzgl. Versandkosten bei der Bundeskonferenz für Erziehungsberatung, Amalienstr. 6, 8510 Fürth, zu beziehen; sie enthalten eine vorzügliche «Bibliographie Trennung und Scheidung – Literatur für Berater und Betroffene»)

BUSKOTTE, ANDREA (Hg.): Ehescheidung: Folgen für Kinder. Ein Handbuch für Berater und Begleiter. Hamm 1991

BUTOLLO, WILLI: Die Suche nach dem verlorenen Sohn. Von der Lebendigkeit des Totgeschwiegenen. München 1993

COESTER, MICHAEL: Sorgerecht bei Elternscheidung und KJHG. In: Zeitschrift für das gesamte Familienrecht 1992, H. 6, S. 617–625

DIECKMANN, DOROTHEA: Der Mittelstandsvati oder Ein Mann für gewisse Stunden. In: Dies.: Unter Müttern. Eine Schmähschrift. Berlin 1993, S. 60–74

DOLTO, FRANÇOISE: Scheidung, wie ein Kind sie erlebt. Stuttgart 1990.

ELL, ERNST: Psychologische Kriterien zur Umgangsregelung. In: Der Amtsvormund, Oktober 1986, S. 745–752

FABRICIUS-BRAND, MARGARETE (Hg.): Wenn aus Ehen Akten werden. Scheidungsprotokolle. Frankfurt a.M./New York 1989

FIGDOR, HELMUTH: Kinder aus geschiedenen Ehen. Zwischen Trauma und Hoffnung. Mainz 1991

FRIEDL, INGRID/MAIER-AICHEN, REGINE: Hauptsache eine Familie? Wie Kinder in Stieffamilien leben. In: Psychologie heute, September 1991, S. 46–53

FRIEDL, INGRID/MAIER-AICHEN, REGINE: Leben in Stieffamilien. Familiendynamik und Alltagsbewältigung in neuen Familienkonstellationen. Weinheim/München 1991

FRISÉ, MARIA/STAHLBERG, JÜRGEN: Allein – mit Kind. Alleinerziehende Mütter und Väter. Lebensbilder, Gespräche, Auskünfte. München 1992

GAIER, OTTO R.: «Manchmal mein' ich, ich hätt' auf der Welt nix verloren». Scheidungskinder erzählen. Hamburg 1988

GAIER, OTTO R.: Der Riß geht durch die Kinder. Trennung, Scheidung und wie man Kindern helfen kann. München 1991

HAHN, JOCHEN/LOMBERG, BERTHOLD/OFFE, HEINZ (Hg.): Scheidung und Kindeswohl. Beratung und Betreuung durch die scheidungsbegleitenden Berufe. Heidelberg 1992

IHARA, TONI/WARNER, RALPH/DZIERMA, HANS MARTIN: Ehe ohne Trauschein. Ein Rechtsratgeber. Reinbek 1990

JOPT, UWE-JÖRG: Nacheheliche Elternschaft und Kindeswohl – Plädoyer für das gemeinsame Sorgerecht als anzustrebenden Regelfall. In: Zeitschrift für das gesamte Familienrecht 1987, H. 9, S. 875–886

JOPT, UWE-JÖRG: Psychologie und Kindeswohl; Plädoyer für einen neuen Sachverstand im Familienrecht. In: Hahn, Jochen/Lomberg, Berthold/Offe, Heinz (Hg.): Scheidung und Kindeswohl. Heidelberg 1992, S. 169–196

JOPT, UWE-JÖRG: Im Namen des Kindes. Plädoyer für die Abschaffung des alleinigen Sorgerechts. Hamburg 1992

KENTLER, HELMUT: Leihväter – Kinder brauchen Väter. Reinbek 1989

KEYSERLINGK, LINDE VON: Liebe aus der Ferne. Wie Kinder mit dem abwesenden Vater in Kontakt bleiben. Freiburg 1983

KRABBE, HEINER (Hg.): Scheidung ohne Richter. Neue Lösungen für Trennungskonflikte. Reinbek 1991

MACKSCHEIDT, ELISABETH: Loyalitätsproblematik bei Trennung und Scheidung – Überlegungen zum Kindeswohl aus familientherapeutischer Sicht. In: Zeitschrift für das gesamte Familienrecht 1993, H. 3, S. 254–258

MACKSCHEIDT, ELISABETH/TULL, S.: Hilfen für Eltern und Kinder bei Trennung und Scheidung. In: Katholische Bundesarbeitsgemeinschaft für Beratung (Hg.): Kirchliche Beratung – Hilfe zum Leben. Freiburg 1990, S. 209–217

MÄHLER, GISELA/MÄHLER, HANS-GEORG: Trennungs- und Scheidungsmediation in der Praxis. In: Familiendynamik, H. 4, Oktober 1992, S. 347–372

NAPP-PETERS, ANNEKE: Scheidungsfamilien. Interaktionsmuster und kindliche Entwicklung. Aus Tagebüchern und Interviews mit Vätern und Müttern nach der Scheidung. Eigenverlag des Deutschen Vereins für öffentliche und private Fürsorge 1988
PETRI, HORST: Verlassen und Verlassenwerden. Stuttgart 1991
PIAGET, JEAN: Die Bildung des Zeitbegriffs beim Kinde. Frankfurt a. M. 1974
PILGRIM, VOLKER ELIS: Muttersöhne. Reinbek 1989
PILGRIM, VOLKER ELIS: Vatersöhne. Reinbek 1993
PLATTNER, ILSE E.: Entsprechen deutsche Sorge- und Umgangsrechtsentscheidungen dem Zeitempfinden des Kindes? In: Zeitschrift für das gesamte Familienrecht 1993, H. 4, S. 384–386
PROKSCH ROLAND: Vermittlung (Mediation) in streitigen Sorge- und Umgangsrechtsverfahren. Erfahrungen aus einer Praxisstudie. In: Familiendynamik, H. 4, Oktober 1992, S. 395–414
ROWLANDS, PETER: Wochenend-Eltern. Intakte Elternschaft trotz geschiedener Ehe. München 1983
SAUERBORN, WERNER: Vater Morgana? Notwendigkeit, Voraussetzungen und Ansatzpunkte eines wesentlichen Wertewandels bei Vätern. In: WSI Mitteilungen 11/1992, S. 735–743
SCHNACK, DIETER/NEUTZLING, RAINER: Kleine Helden in Not. Jungen auf der Suche nach Männlichkeit. Reinbek [6]1992
SCHNEIDER, PETER: Paarungen. Berlin 1992
SCHWENZER, INGEBORG: Die Rechtsstellung des nichtehelichen Kindes. In: Zeitschrift für das gesamte Familienrecht 1992, H. 2, S. 121–127
STEIN, SUSANNE: Wenn die Liebe zerbricht: Wie Sie es schaffen, Ihre Trennung positiv zu bewältigen. München 1992
WALLERSTEIN, JUDITH/BLAKESLEE, SANDRA: Gewinner und Verlierer. Frauen, Männer, Kinder nach der Scheidung. München 1989
WILDE, BARBARA: Eine Familie bleiben. Das Gemeinsame Sorgerecht – Ein neuer Weg bei Ehescheidungen. München 1989.

Bücher zum Thema Trennung und Scheidung für Kinder und Eltern

BROWN, LAURENE und MARC: Scheidung auf Dinosaurisch. Ein Ratgeber und Bilderbuch für Kinder und Eltern. Reinbek 1988
CLEARY, BEVERLY: Ruf doch mal an, Papa. Wien 1986, ab ca. 12 J
DONELLY, ELFIE: Tine durch zwei geht nicht. Hamburg 1990, ab ca. 10 J
MAAR, NELE und BALLHAUS, VERENA: Papa wohnt jetzt in der Heinrichstraße. Lohr 1988, ab ca. 5 J
NÖSTLINGER, CHRISTINE: Der Zwerg im Kopf. Weinheim 1989, ab 6 J
RIHA, SUSANNE: … und mittendrin Cornelia. Wien 1988, ab ca. 12 J
UEBE, INGRID: Die Zeit, als Papa kochen lernte. Würzburg 1989, ab ca. 10 J